Alexander Wiessner

Der wiedererstandene Wunderglaube

Eine kritische Besprechung der spiritualistischen Phänomene und Lehren

Alexander Wiessner

Der wiedererstandene Wunderglaube
Eine kritische Besprechung der spiritualistischen Phänomene und Lehren

ISBN/EAN: 9783743461567

Hergestellt in Europa, USA, Kanada, Australien, Japan

Cover: Foto ©Thomas Meinert / pixelio.de

Manufactured and distributed by brebook publishing software (www.brebook.com)

Alexander Wiessner

Der wiedererstandene Wunderglaube

Der wiedererstandene Wunderglaube.

Eine kritische Besprechung

der spiritualistischen Phänomene und Lehren,

mit Einschluß

der Unsterblichkeits- und Wiedergeburtsfrage.

Unter specieller Bezugnahme auf

„die wissenschaftliche Ansicht des Uebernatürlichen"

von Alfred Russel Wallace,

und die

„Studien über die Geisterwelt"

von Adelma Freiin von Vay.

Von

Alexander Wießner.

> Wunder sind nicht als Wirkungen „unbekannter" Ursachen, sondern als Wirkungen ohne Ursachen — nicht als „Verletzungen der Naturgesetze", sondern als realisirte logische Widersprüche zu definiren — wenn man ihre Unmöglichkeit einsehen will.

Leipzig,

Theodor Thomas.

1875.

Vorrede.

Je mehr sich die Argumente häufen, welche von den Jüngern der spiritualistischen Lehre für deren Wahrheit geltend gemacht werden und je bedeutendere Männer wir in ihren Reihen auftreten sehen, um so unerläßlicher wird es, zu der so hochmerkwürdigen Zeiterscheinung Stellung zu nehmen, und zwar im Wege einer objectiven Kritik, welche ohne jede Voreingenommenheit den rein logischen Maaßstab an die behaupteten Thatsachen legt, und die Stichhaltigkeit der versuchten Motivirungen prüft. Mit dem bloßen Ignoriren ist nichts mehr gethan, denn der Jäger verschwindet bekanntlich nicht, wenn der Strauß seinen Kopf in den Busch steckt. Wenn ein Gelehrter von dem Range eines Wallace, der sich mit Darwin in das Verdienst der Aufstellung der Descendenz- und Selectionstheorie theilt, dessen unermüdlichen Detailforschungen die Naturwissenschaft hochwichtige Bereicherungen verdankt, ein nüchterner Denker, dessen ganzer Entwickelungsgang sich eingeständlich in den Bahnen einer rein mechanisch-materialistischen Weltauffassung, einer unerschütterlichen philosophischen Skepsis bewegte — nach dem Bekanntwerden mit den spiritualistischen Phänomenen und nachdem er denselben durch 16 Jahre die eingehendste Aufmerksamkeit gewidmet — sich offen (noch neuerdings in einem Schreiben an den Redacteur der Times) zu der neuen Lehre bekennt, und mit ihm andere Männer von hervorragender Stellung auf den verschiedensten Lebens- und Wissensgebieten: Aerzte, Physiologen, Chemiker, Rechtsgelehrte, Philosophen, ja Astronomen und Mathematiker — so ist es nicht länger zulässig, die Anhänger des Spiritualismus einfach in das Gros des leicht düpirbaren vulgus zu verweisen, sondern es wird nöthig, an die Stelle vornehmen Negirens die ernste Untersuchung treten zu lassen, und zwar eine solche, welche nicht nur die Stützen der neuen Weltauffassung, sondern vor Allem auch die Festigkeit der eigenen Argumente prüft, damit es nicht heißen könne, daß dieselben unbesehen gehandhabt würden, „weil Schulgewöhnung und Tagesmeinung den Schimmer der Unfehlbarkeit um sie verbreitet haben."

Freilich reicht eine rein logische Untersuchung — so unerläßlich an sich — allein nicht hin, um die Nebel zu verscheuchen, die zur düsteren Wolke geballt, sich tiefer und tiefer auf die Häupter der Menschen herabsenken sondern es müssen die umfassendsten und eingehendsten Experimentalforschungen die logische Kritik unterstützen und begleiten. Den vereinigten Anstrengungen wissenschaftlicher Männer möchte es aber wohl gelingen, in den Gegenstand endlich jene Klarheit zu bringen, die ein allgemeines objectives Urtheil ermöglicht. Handelt es sich um einen Wahn, so muß derselbe in seiner psychologischen Genesis bis auf die letzten Wurzeln bloß gelegt werden; ist es kein Wahn, so muß dieß eben so offen ausgesprochen und bekannt werden.

Die Würde der Wissenschaft und ihrer Vertreter kann nicht unter dem Thema leiden, das sie zum Objecte ihrer Forschung macht, denn alle unklaren Gebiete gehören ihr zu; auf diesem aber wären nur Lorbeeren — entweder durch Aufdeckung von Wahn und Täuschung, oder durch Feststellung unermeßlich wichtiger Wahrheiten zu gewinnen. Selbst der Staat wäre hier berechtigt, im Interesse der für das Gesammtwohl hochwichtigen Gemüthsruhe seiner Angehörigen thätig einzugreifen, und durch Eruirung der objectiven Thatbestände zur Klärung des Dunkels beizutragen. Wissenschaftliche Commissionen hätten alle hervorragenderen Vorkommnisse auf dem Gebiete des Sonnambulismus und Spiritualismus genau zu untersuchen, Delegirte derselben den von Medien geleiteten Sitzungen beizuwohnen.

Bis dahin aber bleibt der Einzelne auf Selbsthülfe angewiesen, und darf, so gut er kann, die Last mystischer Zumuthungen von sich abschütteln.

Die vorliegende Schrift ist ein Versuch in diesem Sinne. Sie bezweckt den Nachweis, daß die Sätze und Lehren der Uebernatürlichkeitsapostel nicht nur mit den verbürgten Thatsachen der naturwissenschaftlichen Empirie und den Denkgesetzen unvereinbar sind, sondern daß sich die spiritualistische Theorie mit ihren eigenen Aufstellungen in die absurdesten Widersprüche verwickelt.

Wäre der Verfasser vielleicht hier und da, beim Umgraben so weit gedehnten Reviere, unter der Schicht der Regenwürmer auf Stufen gediegenen Erzes gestoßen, — nun, so mögen diese für jene entschädigen, und seine Arbeit wird um so weniger verloren sein.

Prag im Januar 1875.

Alexander Wießner.

Inhalt.

	Seite
Vorrede	III—VI

Erste Studie:
Der Spiritualismus und seine Argumente für die Substantialität und Unsterblichkeit der Seele . . . . 1—126

   A. Darstellung der spiritualistischen Theorie, nach Alfred Russel Wallace . . . . 3— 41

      Wallace's Einwürfe gegen die gebräuchlichen Definitionen des Wunders 4

      W.'s eigene Definition des Wunders. Seine Ansicht vom „Uebernatürlichen". Annahme außermenschlicher Intelligenzen, und Argumente für diese Annahme 6

      W.'s Ideen über die muthmaßliche Beschaffenheit solcher Wesen und die ihnen zuzutrauenden Fähigkeiten . . . 9

      Hinweis auf die wachsende Ausbreitung des Spiritualismus, namentlich unter den gebildeten Ständen . . . 14

      Vom Od, vom thierischen Magnetismus und von den verschiedenen Graden des Hellsehens 17

      Zeugnisse für die Realität von Geistererscheinungen . . 22

      Vorführung der eigentlich spiritualistischen Phänomene, nach den bezeugten Selbsterlebnissen hochansehnlicher Männer 26

      Der Dualismus von Materie und Geist als philosophische Grundlage der spiritualistischen Weltauffassung . . . 32

      Der Gedanke einer ewigen Höherentwicklung der Individualgeister als Fundamentalsatz der von den „Ent=

züchungs Medien" gepredigten spiritualistischen Moral‑
lehre. . . . . 35—41

B. Kritische Studien über das Vorige . . . . . 42—63

I. **Principielle Gesichtspunkte. Natürliche Er‑
klärungsversuche und deren Grenzen** 42

Von der ausnahmslosen Geltung der logischen Gesetze,
welche jedoch eine zum Irrthum führende unrichtige
Handhabung nicht ausschließt 43

Von der unbewußten Objectivirung von Phantasiegebilden. 44

Von der Wahrscheinlichkeit, daß ein großer Theil der
spiritualistischen Phänomene sich aus den schon erkannten
oder in der Erforschung begriffenen Naturgesetzen werde
ableiten und verstehen lassen.

Versuche solcher Anknüpfung:
für die obische Lohe; 44
für die einfacheren Erscheinungen des thierischen Magne‑
tismus; 45
für das spiritualistische Fundamentalwunder der sich
drehenden und hebenden Tische 47

Die darüber hinausgehenden Phänomene dürfen, gerade
wenn und weil sie als Manifestationen intelligenter We‑
sen gelten sollen, von intelligenten Wesen aus dem Ge‑
sichtspunkte geprüft werden: ob sie wirklich sinnvoll, d. h.
Wesen angemessen sind, welche, gleich uns, vernünftige
Zwecke mit entsprechenden Mitteln verfolgen. Angeb‑
liche Facta, welche diesen Maaßstab nicht aushalten,
dürfen daher für sinnlos, solche wieder, die zu logischen
Widersprüchen führen, für undenkbar erklärt werden . 49

II. **Besprechung von Phänomenen aus der Kate‑
gorie des Absurden:** 50

Der trotz zusammengebundener Hände aus‑ und angezogene
Rock 50
Die von „Geisterhänden" überreichten Blumen 51
Das „ohne wahrnehmbare Thätigkeit auf dem Instru‑
strumente" — dazu in der Schwebe — gespielte Accordeon. 52
Die „Geisterhände", welche mit eherner Gewalt packen,

Seite

obwohl das zu ihnen gehörende dirigirende Individuum unfaßlich, von ätherischer Natur sein soll ... 52

Die geistvolle Kurzweil eines Geistes, der einem Sterblichen Knoten in das in der Tasche steckende Schnupftuch bindet; u. dgl. m. 53

III. **Besprechung von Phänomenen aus der Kategorie des logisch-Ungeheuerlichen.**

(Mit Bezugnahme auf Berichte über angeblich sichtbar erschienene Geister von Verstorbenen) 53

Folgerungen aus der Versicherung, daß die Geister zweier alt gestorbenen Leute das Aussehen des Alters gehabt hätten 54

Untersuchung über die allgemeine Behauptung, daß die Geister in Gewändern erscheinen 55

Untersuchung über die Behauptung, daß die Geister die Form des menschlichen Körpers haben und Nachweis der totalen Unsinnigkeit dieser Annahme 56

Schluß der Betrachtung über das angebliche Bekleidetsein der Geister 59

Versuch, in die psychologische Genesis derartiger Phantasiegespinnste einzudringen 61

C. **Untersuchungen über den axiomatischen Werth der spiritualistischen Haupt-Dogmen, nebst Excursen auf das Gebiet ihrer Consequenzen** 64

I. Beurtheilung des Satzes von einem den Zerfall des Leibes überdauernden selbstständigen Individualgeiste des Menschen 64

Aufdeckung der fabelhaften Consequenzen aus der Annahme, daß Geister beliebig citirt werden können .. 69

Vorschlag eines Experiments in großem Style zur Erledigung dieser Frage 71

Wichtigkeit des Ausfalls dieses Experimentes in Betreff der Heiligenanrufung der Katholiken 72

Betrachtungen über die Macht der Phantasie, als der versteckten Wirkerin aller „Wunder." 74

Von der Gefühlsphilosophie der Frauen und den Jenseitsmalereien der spiritualistischen Entzückungsmedien .. 76

Seite

II. Der Gedanke einer ewigen Höherbildung der Seele, und die Kreislaufsnatur aller Entwicklung. (Fundamentaluntersuchung) 77

III. Das Sittengesetz und die angebliche Unverständlichkeit seiner Forderungen bei Wegfall der Individualunsterblichkeit. (Fundamentaluntersuchung) 94

IV. Die Ungleichheit der Lebensloose und das menschliche Elend als Gründe für den Unsterblichkeitsglauben 113

V. Von der absoluten Unmöglichkeit eines vollkommenen Glückes, unter Nachweis, daß ein liebevoller und allwissender Gott als das unglückseligste aller Wesen gedacht werden müßte . . 120

VI. Der Gesichtspunkt der Continuität und seine Consequenz: die Präexistenzhypothese 125

Zweite Studie:

Die Welterklärung und die Wiedereinverleibungslehre des „spiritualistischen Mediums" Adelma, Freiin von Vay. (Kritik des Buches: „Studien über die Geisterwelt") . . 127—303

A. Darstellung und Beurtheilung der Grundzüge des Vay'schen Lehrgebäudes. (Abschnitt I. des Buches). 131—189

[Anmerkung: In den durch * markirten Nummern spricht vorzugsweise der Verfasser, in den nicht markirten das Medium].

*Der Logos des Johannes, und die secundäre Natur des Wortes 130

*Der Unbegriff des „Schaffens" und die daraus eo ipso folgende Undenkbarkeit eines „Schöpfers" . . 133

*Die Harmonie und Consequenz in der Gestaltungsaction als Collaborationsergebniß der ihre unveräußerliche Grundnatur bethätigenden selbstherrlichen Einzelenergien, (Atome). Vermehrung der Erklärungsschwierigkeiten, wenn man diese Energien abermals dirigirt denkt 134

*Die Copernikanische Ideen-Correctur kann sich

	Seite
auch auf den Satz: Deus creator mundi — erstrecken	136
*Von dem Ungedanken, eine unvollkommene Welt aus einem vollkommenen Wesen abzuleiten	137
*Die Bay'sche Kosmogenie fußt auf diesem Ungedanken, und ist deshalb die Darstellung eines Degenerationsprocesses, der consequenter Weise beim Atom, als dem Schlußgliede aller „Entartung" anzulangen hätte	137
*Schein eines anderen Ergebnisses durch das unwillkürliche und unbewußte Umschlagen des Deductionsganges der Verfasserin	146
Der „Nabelpunkt" der Erde; (und sonstige Beblamismen)	147
Das Bay'sche Buch ein Prachtobject für das logische Secirmesser	149
Von den zu „physikalischen Fluiden" herabgesunkenen Geistern und der durch ihre „Mitarbeit an den allgemeinen tellurischen Functionen" bedingten und ermöglichten Rückkehr auf den Correctionsweg. (Erstes Auftauchen des Gedankens der Palingenesie)	151
Von den planetarischen Einflüssen, und was die Verfasserin darunter versteht	152
Belehrungen über Homöopathie und über sonstige „dynamische" Heilmethoden	153
Belehrungen über das Unterschiedsverhältniß von Magnetismus und Elektricität	156
Ausspruch über die Natur des Geistes, und Uebersetzung dieses Ausspruchs in das Deutsch des Verfassers. (Verse von Sallet)	157
Die Idee von den „Dualgeistern" (männliches und weibliches Wesen in einer Hülle) als angeblicher Urform der ersterschaffenen Geistwesen	158
Lösung des Dualbandes und deren Folgen	159
Der weibliche Teil der „Duale" als Hauptschuldträger an der Trennung, oder das kosmische Evathum	160
Buße und Sühne des Weibes. Hinweis auf die Präponderanz weiblicher Leiden. Treffliche Bemerkungen über die Emanzipationswuth der Frauen als Abweg von ihrer wahren Aufgabe	160
Schuld- und Bußeantheil des Mannes	162

Seite

Von den Modalitäten der Einverleibung und den furcht=
baren Folgen widergesetzlicher Einverleibungen . . . 163
Von der endlichen Wiedervereinigung der Dualpaare, und
der „durch Gottes Glanz und Licht erhellten" Braut=
„nacht" 164
Das organisatorische Verhalten des Geistes gegenüber dem
von ihm belebten Embryo und sein Zurückgehen in sich
beim Acte der Entkörperung (vulgo Sterbens) . . . 166
Rathschläge hinsichtlich des Verhaltens bei möglichen Starr=
krampf= oder Scheintodfällen. Am Sichersten sei es,
durch ein „gutes Medium" den Geist selbst zu fra=
gen, wie ihm am besten zu helfen sei 166
Von der Unmöglichkeit eines plötzlichen Todes, und dem
dreifachen Leiden bei Mord und Hinrichtung : . . . 167
Von der durch die Uebereinstimmung der die Menschen=
wie die Geistwesen constituirenden Factoren bedingten
Möglichkeit, in gegenseitigen Verkehr zu treten. (Ueber=
gang zur spiritualistischen Doctrin) 168
Von den qualitativen Unterschieden in dem die Brücke
des Verkehrs bildenden Magnetismus 170
Ueber die Stufenunterschiede der auf dem Corrections=
gange begriffenen Geister, und über das charakteristische
Sondergepräge der auf den einzelnen Sternen vorzugs=
weise cultivirten Leistungen 172
Führung der Erde und aller übrigen Sterne durch Schaa=
ren guter Geister unter Leitung eines Messias für jede
der Welten. (Die Zahl der „eingebornen" Söhne Gottes
wäre demnach Legion!) 174
Jeder Mensch hat seinen „Schutzgeist" 175
Höhere Geister, oder Geister aus höheren Welten werden
einzeln oder in Schaaren (als edle Völker) auf niederen
Sternen (zur Aufmunterung und Aufbesserung!) ein=
verleibt 176
Sogenannte „Einfälle", (gute Gedanken, wie Versuchungen)
sind „Zuflüsterungen von uns umgebenden Geistern";
auch Irrsinn und viele Krankheiten sind das Werk
solcher Einwirkungen 177
Der Normalzustand, die Abfallsweisen und die Restitution
der Geister, veranschaulicht an dem Bilde des Triangels.

	Seite
Der Mensch selbst repräsentirt in seiner oberen Gestalthälfte den gesetzmäßigen, in seiner unteren den umgestürzten Triangel	178
Von der Schwierigkeit, die es für den Einverleibung suchenden Geist hat, „passende Eltern" zu finden. . . .	181
Von der Weise, wie der Leibesaspirant beim Acte der Begattung auf die Eltern, und während der Schwangerschaft auf Mutter und Fötus einwirkt	181

* Drei Einwürfe gegen die Wiedereinverleibungslehre.

Fundamentaleinwand:

a) Da Niemand von einem früheren Dasein etwas weiß, eine continuirliche Verantwortlichkeit aber bei mangelnder Continuität des Bewußtseins keinen Sinn hat — so ist die Reincarnation zwecklos, auch in Nichts von einem nur einmaligen Dasein unterscheidbar, somit die ganze Lehre ein Faß ohne Boden 183

Specialeinwände:

b) Elternschaft, Kindschaft — Verwandtschaft überhaupt — werden Schattenbegriffe, wenn der verstorbene Vater der Sohn seiner Tochter werden kann. Auch ist dann die als Regel auftretende Erscheinung unerklärlich, daß die Kinder nicht nur in leiblicher, sondern auch in geistiger Hinsicht den Eltern nachzugerathen pflegen 188

c) Bei den durch Jahrtausende fortgesetzten Wiedereinverleibungen der Geister müßte die Mehrzahl derselben wohl endlich den Cyklus ihrer Bußen erfüllt, mindestens das Bürgerrecht auf „besseren Welten" sich erkämpft haben, die Menge der Menschen also mehr und mehr abnehmen. Wir sehen aber, daß gerade das Umgekehrte der Fall ist 189

B. **Special-Revue über den praktischen Theil der Bay'schen „Geisterstudien".** (Abschnitte II bis VIII des Buches) . . . . 190—303

Allgemeine Uebersicht des Inhalts . . 191

	Seite
Auslese aus den einzelnen Kapiteln, nebst Glossirung	196
Aus und zu Abschnitt II. — Die Entwicklung der Bay'schen Mediumschaft. Blicke in die psychologische Genesis ihrer Theoreme. Widersprüche in den Aussagen der Geister. Absurditäten	196
Aus und zu Abschnitt III. — Die drei „geistigen Leiter" des Mediums. Angebliche Kundgebungen Buddha's, der Jungfrau Maria, des Märtyrers Laurentius und Johannes des Täufers	205
Aus und zu Abschnitt IV. — Grenzenloser Unsinn in den Selbstbekenntnissen des „in eine Marmorstatue gefahrenen" Geistes der Frau von Pompadour	212
Aus und zu Abschnitt V. — Zwei Beispiele von „Gesichten im Wasserglase":	
1) Die anno 1394 in Cöln „als Hexe zu Tode gefolterte" jetzige Baronin von Bay	214
2) Kaiser Franz Joseph im Sturm. — Betrachtungen des Verfassers über Consequenzen aus diesem Thema.	216
Aus und zu Abschnitt VII. — („Buch der Kuren.")	219
a) Vollständige Wiedergabe der Geschichte des seinen neuen Körper entschieden perhorrescirenden Geistes eines ehemaligen Lebemannes	219
b) Bruchstücke aus der Geschichte des Geistes Moritz (eines vormaligen Grafen) der zu seinem namenlosen Verdrusse seine frühere Geliebte in einen jungen Mann verwandelt findet	229
c) Drastische Wehklagen des ganz versumpften Geistes Jairus, der zur Buße als einer der „Thiermenschen des Mercur" einverleibt wird	237
Aus und zu Abschnitt VIII. — Verschiedene Jenseitsnovellen. Ueber die Alogismen in denselben und ihre völlige Leerheit an positiven Daten. Von der seltsamen Uebereinstimmung der bibactischen Kundgebungen „höherer Geister" mit dem Ideengange, dem Style und der eigenartigen Terminologie der Verfasserin — Schlußbetrachtungen	240

Erste Studie.

Der Spiritualismus
und seine Argumente
für die Substantialität und Unsterblichkeit der Seele.

> Die Wünsche des menschlichen Herzens sind nicht Gesetze für die Welt.
> Ludwig Feuerbach.

A. Darstellung der spiritualistischen Lehren.
Nach Alfred Russel Wallace.

„The Scientific Aspect of the Supernatural" — (Die wissenschaftliche Ansicht des Uebernatürlichen) — so lautet der Titel einer bereits vor acht Jahren in London erschienenen Abhandlung von Alfred Russel Wallace, deren deutsche Uebersetzung der russische Staatsrath Herr Aksakow der von ihm herausgegebenen „Bibliothek des Spiritualismus für Deutschland" vor Kurzem einverleibt hat.

Diese Abhandlung erscheint in hohem Grade geeignet, den nachfolgenden Besprechungen zur Grundlage zu dienen, da ihr Verfasser es verstanden hat, objective Gesichtspunkte geltend zu machen, welche dem spiritualistischen Problem einen neutralen Boden und damit die Discutirbarkeit sichern. Diese letztere stand nämlich so lange in Frage, als das Hauptargument der Widersacher: die Aufstellungen der Spiritualisten seien schon um deßwillen jeder Erörterung, ja nur der Beachtung vernünftiger Menschen unwürdig, weil sie die Annahme der Verletzbarkeit der Naturgesetze involvirten — auf einem logisch unerschütterlichen Felsen zu ruhen schien.

Wallace läßt nun dieses Argument in seiner Allgemeinheit ganz unangetastet, aber er unterminirt den tragenden

Felsen durch die einfache Frage: ob wir denn sicher seien, schon alle Naturgesetze zu kennen, und ob, wenn dieß Niemand zu behaupten vermöge, die auf dem Standpunkte unserer heutigen Naturerkenntniß als Wunder erscheinenden und deshalb für unmöglich erklärten Erscheinungen nicht vielleicht solchen bis jetzt noch unentdeckten Naturgesetzen resp. Kräften ihren Ursprung verdanken könnten, deren Wirksamkeit die der uns bekannten überwindet, was dann verbieten würde, sie als aus dem Rahmen der Naturordnung herausfallend anzusehen.

Nachdem Wallace der Siegesgewißheit der Gegner diesen Dämpfer aufgesetzt, zeigt er, daß die Deductionen, durch welche Hume und die in seinen Fußstapfen wandelnden Theoretiker das Uebernatürliche aus der Welt hinauszucomplimentiren versuchten, sämmtlich von jener unerwiesenen Prämisse ausgehen, als sei der unserer Erfassung bisher zugänglich gewordene Theil kosmischer Wirksamkeiten deren factischem Umfange gleich zu achten, daß sie also hinfällig würden unter der Annahme, daß unser geistiger Horizont noch der ungeheuersten Erweiterungen fähig sei. Für diese Annahme aber, nicht für jene, spreche die fortwährend zunehmende Vertiefung unserer Naturerkenntniß, deren heutige practische Resultate einer früheren Zeit als übernatürliche und unmögliche erschienen sein würden. Vor 100 Jahren würde z. B. ein 3000 Meilen durchfliegendes Telegramm, eine in 5 Secunden erzeugte Photographie als Märchen verlacht worden sein, „Götter" würden es gewesen sein, die sich vor den Augen einer athenienischen Volksmenge in einem Luftballon zu den Wolken erhoben hätten, und wer im Mittelalter etwa eine Bildsäule im Wege der Galvanoplastik zu vervielfältigen verstanden hätte, wäre wohl als Schwarzkünstler verbrannt worden. Jetzt aber seien dieß alles Vorgänge, deren Causalnexus durchschaut ist, Naturwirksamkeiten, die wir in unseren

Dienst gezwungen haben, die wir zwar bewundern, aber nicht mehr Wunder nennen.

Eine zweite von Hume gegebene Definition des Wunders, wonach dasselbe „als die Uebertretung eines Naturgesetzes durch den besonderen Willen der Gottheit oder durch die Vermittelung eines unsichtbaren Agens" zu denken wäre, nennt Wallace ungenau; es müsse heißen: durch Vermittelung eines „intelligenten" unsichtbaren Agens — denn sonst würden die Thatsachen des Galvanismus, der Elektricität, des Magnetismus u. s. w., als diese Agentien zuerst entdeckt wurden, und ehe noch ermittelt war, daß sie einen Theil der Naturordnung bilden, genau jener Definition des Wunders entsprechen. Die Hauptfrage bleibe aber immer, woher denn Hume oder sonst Jemand wisse, daß ein besonderes Wunder die „Verletzung" eines Naturgesetzes sei. Wenn ein unsichtbares Wesen einen Apfel in der Luft schwebend hielte, so würde ein solcher Vorgang noch nicht beweisen, daß das Gesetz der Schwere verletzt worden sei.

Wallace bespricht nun die von Hume behauptete „totale Unerweislichkeit" von Wundern, namentlich den zu großer Autorität gelangten, von David Strauß in seinem Hauptwerken als Axiom benutzten Satz: daß keine noch so große Summe von Zeugnissen die Realität eines Wunders beweisen könne, „weil eine feste und unveränderliche Erfahrung die Unwandelbarkeit der Naturgesetze constatirt habe, mithin das überwältigende Zeugniß der menschlichen Majorität Denen gegenüber stehe, welche das Vorkommen von Abweichungen behaupteten." — Wäre dem so, sagt Wallace, so würde keine vollkommen neue Thatsache jemals bewiesen werden können, da das erste und jedes folgende Zeugniß derselben die allgemeine Erfahrung vermeintlich wider sich haben würde. Eine solche einfache Thatsache, wie z. B. die Existenz eines fliegenden Fisches, könnte niemals bewiesen werden; denn der erste Mensch, der einen solchen sah und beschrieb, würde die allgemeine Erfahrung wider sich haben: daß Fische nicht fliegen, oder zu fliegen versuchen, — und nachdem sein Zeugniß verworfen worden, würde sich dasselbe Argument bei dem zweiten und allen folgenden Zeugen wiederholen lassen; es dürfte somit heutigen Tages kein Mensch, der nicht selbst einen fliegenden Fisch gesehen, an die Existenz solcher Wesen glauben.

Nicht anders wie mit diesem Falle verhalte es sich nun auch mit denjenigen Fällen, in welchen durch das Zeugniß einer hinlänglichen Anzahl urtheilsfähiger Personen Wahrnehmungen als Thatsachen verbürgt würden, die den Charakter des Uebernatürlichen an sich tragen; gerade solche Zeugnisse lieferten den Beweis, daß die von Hume behauptete Uebereinstimmigkeit der Erfahrung eben nicht vorhanden sei, sondern daß ihr in den zahlreichen, aus allen Perioden der Geschichte gemeldeten Wunderereignissen eine Summe von Gegenerfahrungen gegenüber stehn, deren Gewicht durch bloßes Leugnen nicht erschüttert werden könne.

Nachdem Wallace so den principiellen Einwürfen der Gegner die Spitze abgebrochen, giebt er seine eigene Definition eines Wunders. Ein solches sei „jede Handlung und jedes Ereigniß, das die Existenz und Wirksamkeit übermenschlicher Intelligenzen" in sich schließt" — und indem er hinzufügt: die Seele oder der Geist des Menschen, wenn er sich außerhalb des Körpers manifestirt, sei als eine von diesen übermenschlichen Intelligenzen zu betrachten, langt er bei den spiritualistischen Theoremen an, die sein Buch verficht.

Es dürfte unter Denen, welche den bis hierher wiedergegebenen Deductionen Wallace's vorurtheilslos gefolgt sind, Wenige geben, die auf dessen Hauptfrage: ob wir denn schon alle Naturgesetze kennten und deshalb anzugeben vermöchten, ob oder wann dieselben „verletzt" worden seien — mit einem zuversichtlichen Ja zu antworten sich getrauten und nicht vielmehr zugeständen, daß viele uns unglaublich scheinende Ereignisse noch unerkannten Naturkräften ihren Ursprung verdanken könnten. Gegen Wunder in diesem Sinne wird daher — eben weil sie aufgehört hätten, diesen Namen zu verdienen — auch nicht zu protestiren sein. Um so mehr aber ist man berechtigt, die auf das physische Wirkungsvermögen unsichtbarer „Intelligenzen" zurückgeführten sogenannten übernatürlichen Thatsachen aus dem Gesichtspunkte zu prüfen, ob sie einmal sinnvoll, d. h. Wesen angemessen sind, welche, gleich uns, vernünftige Zwecke mit entsprechenden Mitteln verfolgen, und dann, ob sie mit den allgemeinen Denkgesetzen übereinstimmen. Angebliche Facta, welche diesen Maaßstab nicht aushalten, entweder offenbare Absurditäten sind, oder zu logischen Widersprüchen führen, dürfen sicherlich theils ignorirt, theils als undenkbar verworfen, d. h. für unmöglich erklärt werden. Wie weit das Eine oder das Andere von den spiritualistischen Phänomenen sich behaupten läßt, wird sich im weiteren Verlaufe dieser Untersuchungen ergeben.

Kehren wir jetzt zu den Gedanken Wallace's zurück, welche er für die Einfügbarkeit der übernatürlich genannten Erscheinungen in das gesetzmäßige Gesammtgetriebe des Kosmos ins Feld führt, und hören wir seine weiteren Argumente für die Ansicht: daß es intelligente Wesen geben könne, welche fähig sind, auf die Materie einzuwirken, obwohl sie selbst nicht direct unseren Sinnen erkennbar sind. Diese Ansicht bildet die Brücke, durch welche er die Gebiete des Sinnlichen und Uebersinnlichen verbindet, und so nach Wegräumung der Grenzen des Physischen und Metaphysischen das ganze Weltgeschehen für einen in sich einheitlichen Vorgang erklärt, an welchem zwei Factoren betheiligt sind, die je nach dem Uebergewichte des einen oder des anderen den Kraft=

äußerungen ein mechanisch=physikalisches oder ein intellectuell= physikalisches Gepräge geben.

Wallace befindet sich auch hinsichtlich dieser Annahme wieder in der vortheilhaften Lage, dem Gegner den Beweis der Negative aufbürden zu können und ihm das Geständ= niß abzunöthigen, daß ein solcher Beweis nicht erbracht, die Herleitung der sogenannten übernatürlichen Ereignisse aus der Mitwirkung intelligenter Kräfte als logisch unzulässig nicht bezeichnet werden könne. Er sagt in dieser Beziehung: „Die Existenz solcher außermenschlicher Intelligenzen würde nur ein neues, mehr als jedes andere schlagendes Beispiel dafür bei= bringen, von einem wie kleinen Theile des großen Kosmos unsere Sinne uns Zeugniß geben. Selbst solche Skeptiker über den Gegenstand des Uebernatürlichen, wie Hume und Strauß werden doch wahrscheinlich die Gültigkeit der Vor= stellung derartiger Intelligenzen oder die abstracte Möglichkeit ihres Daseins nicht leugnen, sondern etwa nur sagen können: Wir haben noch keinen genügenden Beweis von der That= sache; die Schwierigkeit, die Art und Weise ihrer Existenz zu begreifen, ist groß; die meisten intelligenten Menschen ver= bringen ihr ganzes Leben in totaler Unwissenheit über der= gleichen unsichtbare Intelligenzen; nur unter den Unwissenden und Abergläubischen allein lebt der Glaube an solche. Als Philosophen können wir zwar nicht ihre Möglichkeit leugnen; wir müssen aber den klarsten, befriedigendsten Beweis erhal= ten, bevor wir sie als Thatsache annehmen können."

Nun dieser Beweis biete sich eben in den Erscheinungen des Spiritualismus, in Phänomenen, deren objective That= sächlichkeit durch vieltausendfaches Zeugniß außer Zweifel ge= stellt, jeder Erklärung aus der gebundenen Naturordnung spotte, und nur unter der Annahme begreiflich werde, daß intelligente Wesen an der kosmischen Gesammtaction in relativ freier Weise betheiligt sind. Dann würden die als unmöglich erachteten Eingriffe in die uns bekannten Normen physikalischer Causalität aufhören unmöglich zu heißen, da man die Actionen von Wesen, die selbst als integrirende Glieder einer in's Unermeßliche erweiterten Kosmorganik anzusehen wären, nicht mehr „Eingriffe" zu nennen das Recht hätte.

Auf die weitere Frage, welche Vorstellung man sich von der Beschaffenheit von Wesen machen solle, die unsichtbar und daher von unendlicher Feinheit, gleichwohl für befähigt zu erachten wären, schwere Körper zur Schwebe zu zwingen und sonstige wunderbare Wirkungen hervorzubringen, antwortet Wallace mit einem Hinweise auf den fortwährend steigenden Umfang der Rolle, welche die neuere Naturwissenschaft dem Aether einzuräumen sich genöthigt sieht, jenem in unsäglich winzigen Vibrationen wirksamen Agens, welches sich immer mehr als das allmächtige Triebrad enthüllt, das in den Wirkungsformen des Lichts, der Wärme, der Elektricität und des Magnetismus die zartesten wie die gewaltigsten Naturvorgänge vermittelt und wahrscheinlich auch den als Lebenskraft sich äußernden Erscheinungen zum Grunde liegt.

„Es giebt" — sagt er — „keine einzige Manifestation von Kraft, die sich nicht aus der einen oder anderen jener Wirkungsformen herleiten ließe. Aetherwirksamkeit ist es, die las Wärme die Oberfläche des Erdballs gestaltet und umgestaltet, Berge in die Ebenen hinabgefegt, Thäler zu Bergen erhoben, die meilentief unter der Erde liegenden Krystalle wie die Metalladern gebildet, oder bilden geholfen hat, nicht minder jedes grüne Blatt und jede prächtige Blüthe, welche die Oberfläche der Erde schmückt; und höchst wahrscheinlich sind es Manifestationen desselben Alles durchdringenden Aethers, vielleicht nur besondere Weisen seiner Bewegung, welche bei Thieren und Menschen jenen wundervollen telegraphischen Apparat in Thätigkeit setzen, dessen Batterie das Gehirn ist und dessen Drähte die Nerven bilden."

Er erinnert dann an die Fähigkeit des Magneten, feste Körper zu erheben und zu bewegen, ihre Schwere und Trägheit sogar par distance zu überwinden; an die Wirkung der Elektricität, die sich als Blitz so machtvoll offenbart, obwohl sie, wie alle auf die Imponderabilien zurückgeführte Manifestationen von Kraft, durch die Bethätigung einer so unendlich feinen Form der Materie erzeugt wird, daß sie uns überhaupt erst in ihren Summenwirkungen erkennbar ist. Mit dergleichen Erscheinungen allenthalben um uns, müsse zugegeben werden, daß, wenn Intelligenzen von einer sogenannten ätherischen Natur existirten, es nicht unmöglich zu nennen wäre, daß sie sich jener ätherischen Kräfte bedienten, als der übersprudelnden Quelle, aus welcher alle Kraft, alle Bewegung, alles Leben auf Erden entspringen. Unsere beschränkten Sinne und Verstandeskräfte befähigten uns nur für Eindrücke und Wahrnehmungen einiger von den mannigfaltigen Manifestationen ätherischer Bewegung, wie sie in den so verschiedenen Phasen des Lichtes, der Wärme, der Elektricität zu Tage treten; aber kein Denker werde auch nur einen Augenblick behaupten, daß es außer diesen keine anderen Weisen der Thätigkeit für dieses ursprüngliche Element mehr geben könne." Wie würde doch „—ruft W. aus—"einem Geschlechte blinder Menschen die Fähigkeit des Gesichts ganz unbegreiflich erscheinen, wie absolut unerkennbar selbst die Existenz des Lichtes und seine Myriaden Manifestationen von Formen und Schönheit! Ohne diesen einzigen Sinn könnte unsere Erkenntniß der Natur und des Universums nicht der tausendste Theil von dem sein, was sie jetzt ist. Durch seinen Mangel würde sogar unser Verstand in kaum bestimmbarem Maaße beeinträchtigt sein, ja wir dürfen glauben, daß ohne ihn unsere moralische Natur sich niemals vollständig hätte entfalten können, und wir schwerlich zur Würde und Oberhoheit des Menschen gelangt sein würden. Nun ist es aber möglich und sogar wahrscheinlich, daß es

Wahrnehmungsweisen giebt, welche um soviel höher sind, als alle die unsrigen, wie etwa das Gesicht höher steht, als Gefühl und Gehör . . . Im unendlichen All kann es unendliche Möglichkeiten der Empfindung geben, deren jede von allen übrigen ebenso unterschieden ist, wie das Gesicht vom Geruch und Gehör, und ebenso fähig, die Sphäre des Wissens ihres Besitzers und die Entwicklung seines Verstandes zu erweitern, als dies der Sinn des Gesichtes thun würde, wenn er erst zu unseren übrigen Sinnen hinzu käme. Wesen von einer ätherischen Ordnung, wenn solche existiren, werden wahrscheinlich einen oder mehrere Sinne von der angedeuteten Art besitzen, welche ihnen eine vermehrte Einsicht in die Constitution des Universums und eine verhältnißmäßig erhöhte Intelligenz verleihen, die sie in den Stand setzt, über diese neuen Weisen ätherischer Bewegung zu verfügen und sie ihren besonderen Zielen dienstbar zu machen. Jede ihrer Fähigkeiten würde den Thätigkeitsweisen des Aethers entsprechen: so können sie vielleicht eine ebenso schnelle Kraft der Fortbewegung haben, wie das Licht oder der elektrische Strom; vielleicht eine ebenso scharfe Sehkraft, wie sie unsere stärksten Teleskope und Mikroskope vermitteln; ja vielleicht einen den Leistungen des Spektroskops analogen Sinn besitzen, der sie befähigt, augenblicklich die innerste Beschaffenheit der Materie unter jeder Form, ob in organisirten Wesen oder in Sternen und Nebeln zu erkennen. Dergleichen im Besitz solcher uns unerfaßlicher Kräfte befindliche Wesen würden nicht **übernatürlich** sein, außer in einem beschränkten und unrichtigen Sinne des Wortes, und wenn diese Kräfte auf eine von uns wahrnehmbare Weise ausgeübt würden, so würde das Resultat kein Wunder sein in dem Sinne, in welchem dieses Wort von Hume oder Tyndall gebraucht wird. Es würde weder eine „Verletzung eines Naturgesetzes", noch (wie letzterer meint) ein „Eingriff in das Gesetz der Erhaltung der Kraft" zu nennen sein. Weder Materie noch Kraft werden jemals erschaffen noch vernichtet werden, selbst wenn uns dieß so erscheinen möchte. Aber in einem unendlichen Universum muß die Menge von beiden unendlich sein, und die Thatsache, daß ein ätherisches Wesen im Stande sein sollte, eine, vielleicht aus dem unbegrenzten Aether, vielleicht aus der Lebensenergie (?) der menschlichen Wesen gezogene Kraft auszuüben und uns ihre Wirkungen sichtbar zu machen, als eine scheinbare „Schöpfung", wäre ebensowenig ein wirkliches Wunder, als das beständige Sicherheben von Millionen Tonnen Wassers aus dem Ocean, oder die beständige Ausübung thierischer Kraft auf der Erde. Alles würde doch natürlich zugehen, und die großen Gesetze der Natur würden nicht aufhören ihre unverletzliche Hoheit zu bewahren. Wir sollten einfach zugestehen, daß unsere fünf Sinne nur plumpe Instrumente zur Erforschung der Imponderabilien sind, und eine neue und tiefere Bedeutung in den oft citirten, aber wenig beachteten Worten des großen Dichters erblicken, daß „es mehr Dinge im Himmel und auf Erden giebt, als unsere Schulweisheit sich träumen läßt."" —

Man wird zugestehen, daß nicht leicht in glänzenderer Weise für die Existenz ätherischer Wesen plaidirt werden kann, als es hier von Wallace geschehen ist, und daß jede Umschreibung seiner beredten Argumentation eine Abschwächung und zugleich ein Unrecht gegen den trefflichen Denker gewesen sein würde, der Genauigkeit in der Wiedergabe seiner Begründungen verlangen kann.

Wallace kritisirt nunmehr den Einwurf, der gegen die Denkbarkeit der spiritualistischen Phänomene aus dem oft trivialen Charakter derselben hergeleitet wird und behauptet, daß dieses Argument seine Bedeutung verliere, wenn man die zwar sehr verbreitete aber ganz unmotivirte Annahme fallen läßt, als ob die sogenannten Wunder directe Wirkungen der Gottheit sein müßten. Er gesteht zu, daß wenige, wenn überhaupt irgend welche dieſer Manifeſtationen eines Gottes würdige ſeien. Aber — ſagt er — dieſer Umſtand würde doch nichts gegen ihre Thatſächlichkeit beweiſen, ſondern nur darthun, daß man die Quelle verkennt, aus der ſie ſtammen. Ja es ſei nicht einmal die Vorausſetzung zuläſſig, daß die Weſen, welche die in Rede ſtehenden Phänomene erzeugen, geiſtig von einer höheren Ordnung ſein müßten, als der Menſch. Werde angenommen, daß der Geiſt des Menſchen im Tode nicht vernichtet wird, daß alſo Millionen von Unseresgleichen beſtändig in einen anderen Zuſtand des Daſeins übergehen, ſo müſſe, bei dem unendlich verſchiedenen Bildungsgrade, der den Einzelnen im Erdenleben eigen geweſen — wenn nicht das Wunder einer geiſtigen Umwandlung ſtattfinde — die Intelligenz des zu Aeußerungen veranlaßten Geiſtweſens oft weit unter der des mit ihm in Rapport getretenen noch im Fleiſche ſteckenden Fragers ſtehen. Wenn ſomit kein Grund zu der Annahme vorliege, daß alle außermenſchlichen Intelligenzen intellectuell höher ſtehend, verſtändiger ſein müßten als die Menſchen in ihrer Durchſchnittsbildung, ſo verlören die Argumente, die aus der angeblich trivialen oder ſcheinbar nutzloſen Natur jener Phänomene gegen dieſelben geltend gemacht würden, jeden logiſchen Einfluß auf die Entſcheidung der Frage.

Liege nun nach allen dieſen Erwägungen nichts Selbſtwiderſprechendes, nichts abſolut Unerfaßliches in der Vorſtellung von Intelligenzen, die zwar nicht direct durch unſere Sinne erkennbar, gleichwohl aber fähig wären, mehr oder weniger kräftig auf die Materie einzuwirken, ſo bleibe nur die Anſicht ihrer hohen Unwahrſcheinlichkeit übrig, die von Denen feſtgehalten werde, welche ſich auf den vermeintlichen Mangel alles Beweiſes berufen. Werde Solchen der directe Beweis geführt, ſo müſſe auch der ſkeptiſcheſte Philoſoph ſich für überzeugt erklären. Die ſpiritualiſtiſchen Phänomene würden dann ein Gegenſtand wiſſenſchaftlicher Unterſuchung wie alle anderen Fragen. Die Forschungsresultate der verschiedenen Beobachter würden zu sammeln, zu vergleichen und aus dem Gesichtspunkte des den Abgebern der Zeugnisse zuzutrauenden Wissens, ihrer Genauigkeit und Ehrlichkeit zu prüfen und zu sichten, vor Allem aber durch directe Beobachtung und Experimente zu recapituliren sein. Auf diese Weise nur sei es möglich, etwaige Irrthümer aufzudecken, und über eine Lehre von so überwältigender Wichtigkeit zur Klarheit zu gelangen.

Ein gewiß bemerkenswerthes Factum sei es, daß während der letzten 18 (nunmehr 26) Jahre, in denen der unter der Aegide der reißend vorgeschrittenen Naturwissenschaften stetig gewachsene Geist des Rationalismus zu einer allgemeinen Bezweiflung aller Thatsachen von vermeintlich wunderbarem oder übernatürlichem Charakter geführt habe — eine beständig sich vermehrende Anzahl von Personen ihren Glauben an die Existenz von Wesen der gedachten Art, bekannt und aufrecht erhalten habe. „Alle diese Personen erklären, sie hätten directe und oft wiederholte Beweise von der Existenz solcher Wesen empfangen. Die meisten derselben berichten, daß sie allen ihren früheren Begriffen und Vorurtheilen zum Trotz überzeugt worden seien. Sehr viele von ihnen waren früher Materialisten, welche weder an die Existenz irgend welcher von einer sichtbaren, greifbaren Form losgelöster Wesen, noch an die Fortdauer des Menschengeistes nach dem Tode glaubten. Im gegenwärtigen Augenblick (es ist vom Jahre 1866 die Rede) giebt es mindestens drei Millionen Menschen in den Vereinigten Staaten Nordamerikas, welche für sie selbst befriedigende Beweise von der Existenz solcher unsichtbarer Intelligenzen erhalten haben, in England viele Tausende von Personen, welche dasselbe erklären. . . . . Eine nur kleine Forschung nach der Literatur des Gegenstandes, welche bereits sehr umfassend ist, enthüllt die erstaunliche Thatsache, daß dieses Wiederaufleben des sogenannten Supernaturalismus nicht etwa auf die Unwissenden und Abergläubischen oder bloß auf die niederen Klassen der Gesellschaft beschränkt ist, sondern daß im Gegentheil unter den mittleren und höheren Ständen sich die Mehrzahl seiner Anhänger befinden, darunter Personen von Wissen und Rang, welche über jede Zumuthung von Falschheit oder Trug erhaben sind und niemals Andeutungen von Wahnsinn gegeben haben. Auch ist dieser Glaube nicht nur auf eine religiöse Sekte beschränkt; sondern Menschen aller Religionen und von keiner Religion sind zugleich in den Reihen der Gläubigen zu finden, mit Einschluß solcher Zweifler, die Alles perhorrescirten, was nur metaphysisch heißt."

Als über Alles beherzigungswerth hebt Wallace endlich die Thatsache hervor, daß in der beträchtlichen Zeit, die seit dem Wiederaufleben des Glaubens an das Uebernatürliche verflossen sei, nicht ein einziges Individuum die Erscheinungen mit Sorgfalt erforscht habe, ohne ihre Realität zuzugeben, und daß, während Hunderttausende zu dem neuen Glauben sich bekehrten, kein einziger (?) neuer Anhänger wieder abtrünnig geworden sei. Während die eigenthümlich constituirten Individuen, die sogenannten „Medien" der Erscheinungen, zu Tausenden zählen, habe nicht ein Einziges jemals den vermeintlichen Betrug verrathen. Und von den Wenigen, welche gegen Bezahlung ihre Zeit denen widmen, welche die Manifestationen zu sehen wünschen, habe merkwürdiger Weise bis jetzt noch Keiner es unternommen, die Einrichtung des wundervoll sinnreichen Apparates oder die Kunstgriffe zu enthüllen, welche es ermöglicht hätten, Millionen Menschen zu düpiren und eine neue Literatur und eine neue Religion zu begründen; obwohl sie sehr blind sein müßten, um nicht einzusehen, daß eine solche Aufdeckung eine höchst vortheilhafte Spekulation sein würde.

Nachdem Wallace seinem Thema so die Bahn gründlich frei gemacht und sich auch bei Denen Aufmerksamkeit erzwungen,

welche „mit den hölzernen Waffen des Spottes, des Lächerlich=
machens, der verächtlichen Weigerung, auf die Frage näher
einzugehen, dieselbe abthun zu können glauben" — führt er
uns in einer Reihe von Beispielen die hauptsächlichsten spiri=
tualistischen Erscheinungen vor, wie sie theils von ihm selbst
beobachtet wurden, theils durch solche Zeugen erhärtet sind,
deren Respectabilität, Zurechnungsfähigkeit und gesundes Ur=
theilsvermögen er auf das Entschiedenste betont. Es figuriren
darunter Männer wie: Professor A. de Morgan (Mathematiker
und Logiker); Professor Challis (Astronom); Professor Wm.
Gregory (Dr. med. und Chemiker); Professor Robert Hare
(Dr. med. und Chemiker); Professor Herbert Mayo (Dr. med.,
Mitglied der königl. Gesellschaft der Wissensch. — Physiolog);
Mr. Rutter (Chemiker); Dr. Elliotson (Physiolog); Dr. Had=
dock (Arzt); Dr. Gully (Arzt); Edmons (Richter und Rechts=
gelehrter); Lord Lyndhurst (Rechtsgelehrter); Charles Bray
(philos. Schriftsteller); Whately (Erzbischof); W. Kerr (Ma=
gister der freien Künste, Geistlicher); E. B. Wilbraham
(Obrist); R. F. Burton (Capitain); E. Senior (National=
Oekonom); dann die Schriftsteller Thackeray, Trollope, Owen,
Howitt und Hall — und man muß zugeben, daß Niemand
ein Recht hat, die Beobachtungs= und Urtheilsfähigkeit dieser
Personen für geringer anzuschlagen, als seine eigene, oder den
Professor Challis (preisgekrönten Lehrer der Astronomie zu
Cambridge) über die Achsel anzusehen, wenn er öffentlich er=
klärt: „Obgleich ich zwar keine Gründe habe, aus eigener
persönlicher Beobachtung den, wie behauptet wird, von selbst
erfolgenden Bewegungen der Tische Glauben zu schenken,
so bin ich doch nicht im Stande gewesen, der großen Menge
von Zeugnissen über derartige Thatsachen, welche von vielen
unabhängigen Quellen und von einer ungeheuren Menge von
Zeugen stammen, Widerstand zu leisten. England, Frankreich,
Deutschland, die Vereinigten Staaten von Amerika nebst den

meisten anderen Nationen der Christenheit trugen gleichzeitig ihre bestimmten Beweise dafür bei … kurz, der Zeugnisse sind so zahlreiche und übereinstimmende, daß entweder die Realität der Thatsachen so, wie sie berichtet sind, zugestanden oder die Möglichkeit aufgegeben werden muß, Thatsachen überhaupt durch menschliches Zeugniß zu erhärten."

Vor den eigentlich spiritualistischen Erscheinungen bespricht Wallace zunächst die „odische Kraft", den „thierischen Magnetismus" und das „Hellsehen", als Phänomene, welche gewissermaßen den Uebergang zu den speciell übernatürlich genannten Manifestationen bilden. Dieselben constatirten, daß gewisse Individuen durch ungewöhnliche Wahrnehmungskräfte befähigt wären, Naturwirksamkeiten zu erkennen, welche im Allgemeinen den gewöhnlichen Sinnen verborgen bleiben, ja Leistungen zu vollbringen, welche keine Erklärung aus einer Steigerung der gewöhnlichen Sinne zuließen, sondern das Vorkommen von Fähigkeiten im menschlichen Geiste bewiesen, ganz analog den gewöhnlich übernatürlich genannten, welche sich in der Wirksamkeit uneingekörperter Intelligenzen offenbaren. In der odischen Kraft handelte es sich bekanntlich um die durch den Freiherrn von Reichenbach entdeckten und beschriebenen Phänomene, deren Wahrnehmung zwar vorzugsweise sensitiven Individuen aber auch Personen von durchaus normaler Constitution gelinge. Hierher gehörten die durch die Berührung von Magneten und Krystallen hervorgerufenen bestimmten und deutlich unterschiedenen Empfindungen, sowie leuchtende Ausströmungen bei totaler Finsterniß; welche Thatsachen von einer großen Anzahl von Personen der verschiedensten Stände, darunter von angesehenen Professoren und Aerzten bekundet würden, die sämmtlich die Lichter und Flammen auf den Magneten gesehen und nach Größe, Farbe und Gestalt, dann ihre Ausdehnung am positiven und negativen Pol, ihr Aussehen unter verschiedenen Zuständen, Verbindungen verschiedener Magnete, von Brennlinsen gesammelte Odbilder u. s. w. beschrieben und die für ungenügend erachteten Zeugnisse von sensitiven Patienten einer niedrigeren Klasse als durchaus genau bestätigt hätten. Dabei komme es vor, daß einzelne Personen die leuchtenden Erscheinungen nicht sähen, dagegen für die von Magneten und Krystallen veranlaßten verschiedenartigen Empfindungen hoch sensitiv seien. Die durch jene Männer, sowie durch die gleichartigen Wahrnehmungen von etwa fünfzig Personen jeden Alters und Geschlechts bestätigten Erscheinungen seien somit, sagt Wallace, als verbürgt zu betrachten, und könnten nicht, wie geschehen, für bloß „subjective Vorgänge" erklärt werden. Es gereiche der modernen Wissenschaft nicht zum Ruhme, wenn sie die mühsamen Untersuchungen Reichenbach's ohne Widerlegung verwerfe oder ohne nähere Prüfung ignorire, vielmehr dürfe man von den Leugnern dieser Thatsachen fordern, daß sie die wohlbekannten Personen, welche Reichenbach ihr Zeugniß gaben, um eine genaue Wiederholung der Experimente ersuchten und abwarteten, ob auch dann übereinstimmende Beschreibungen von odischen Flammen gegeben, oder dergleichen Erscheinungen bezeugt werden würden, wenn man theils ächte, theils scheinbare Magnete zur Prüfung verwendete und dem von allem Eisen isolirten Beobachter in's Finstere reichte. So lange jedoch nur einige die Thatsachen bloß leugnende Behauptungen aufgestellt, die ganze Reihe von Thatsachen dagegen unberührt gelassen würde, welche Männer bezeugten, die ihrer wissenschaftlichen Stellung nach ihren Widersachern mindestens ebenbürtig seien, könne kein vorurtheilsloser Denker die Berechtigung bestreiten, diese große und zusammenhängende Kette neuer und wichtiger Naturphänomene als erwiesen anzusehen. „Professor Dr. Endlicher in Wien sah an den Polen eines Electromagneten Flammen von 40 Zoll

Höhe, in unsteter Bewegung, von einem reichen Farbenspiel und in einem leuchtenden Rauch endigend, der sich bis zur Zimmerdecke erhob und dieselbe erhellte. Die Herren Dr. Gregory und Dr. Ashburner in England erklären, daß sie mehrere von Reichenbach's Experimenten unter Prüfungsbedingungen wiederholt und ganz genau befunden hätten. Mr. Rutter in Brighton hat ganz selbstständig eine Anzahl der merkwürdigsten Untersuchungen angestellt, denen Hunderte von Aerzten und sonstigen Männern der Wissenschaft beigewohnt haben und dieselben in seinem Buche: Ueber magnetische Strömungen und das Magnetoskop — eingehend beschrieben. Er zeigte, daß die verschiedenen Metalle und andere Substanzen, die Berührung einer männlichen oder weiblichen Hand, ja die eines von einem Manne oder einer Frau geschriebenen Briefes (!) deutliche Wirkungen auf das Magnetoskop hervorbrachten. Ja selbst ein einzelner Wassertropfen aus einem Glase, in welchem ein homöopathisches Körnchen aufgelöst worden war, veranlaßte eine charakteristische Bewegung des Instrumentes, wenn es auf die Hand des Experimentators fiel. Dr. King bestätigt diese Erscheinungen und behauptet, den Decilliontheil (!) eines Grans Kiesel, ein Billiontel Gran Chinin auf den Apparat eine Bewegung hervorbringen gesehen zu haben. Jede Vorsichtsmaßregel war bei Ausführung der Experimente getroffen worden, und dieselben gingen ebenso erfolgreich von Statten, auch wenn ein Dritter zwischen den Operator und das Magnetoskop gestellt wurde. Magnete und Krystalle brachten ebenfalls kräftige Wirkungen hervor, ganz wie bei Reichenbach. Dennoch wurden Mr. Rutter's Experimente gleich denen Reichenbach's von den Gelehrten ignorirt, obwohl ihnen mehrere Jahre die bequemste Gelegenheit zu ihrer Prüfung geboten war."

Aehnlich verhalte es sich mit dem vielbestrittenen „thierischen Magnetismus", dessen Phänomene bereits sehr entschieden in das perhorreszirte Gebiet des angeblich Uebernatürlichen hinüberspielen, dessen einfachere als Hypnotismus und Elektro-Biologie bezeichnete Erscheinungen jetzt allgemein als wirklich zugestanden werden, obwohl auch sie sich ihren Weg durch dieselben Leugnungen, Beschuldigungen und Anrichtungen zu erkämpfen hatten, welche noch jetzt gegen das Hellsehen und den Phreno-Mesmerismus erhoben werden. Wenn nun dieselben Männer, welche die Wahrheit der einfacheren Thatsachen vertraten und begründeten, auch für die Zuverlässigkeit der höheren Erscheinungen ihre Stimme erheben und dieselbe Classe wissenschaftlicher und medicinischer Männer, welche die ersten leugneten, jetzt auch die letzteren leugnen, so sei der Werth der beiderseitigen Behauptungen sehr ernstlich in Vergleich zu ziehen.

Die nunmehr für die Thatsächlichkeit des Hellsehens von Wallace beigebrachten Beläge beschränken sich auf Fälle des „wahren Hellsehens", als der höheren Stufe dieser Begabung, da die Thatsachen der als Sympathie und Gedankenlesen bekannten geringeren Stufe so „beinahe überall zu finden und so allgemein zugestanden seien", daß auf die Vermehrung der hierher gehörigen Beweise verzichtet werden könne.

Als jener höheren Stufe entsprechend figuriren nun Leistungen, wie die genauen Beschreibungen von Personen, ihres Aufenthaltsortes, ja ihrer körperlichen Gebrechen durch Somnambulen, lediglich auf Grund von Haarlocken, Schriftproben und Gebrauchsgegenständen, die ihnen von jenen völlig unbekannten Personen vorgelegt werden. — Die Eruirung von Dieben, z. B. der Diebin einer Uhr durch genaue Angabe der kleinsten Nebenumstände als: Beschreibung der Person und der Zimmereinrichtung der entfernt wohnenden Bestohlenen, der Diebin selbst, ja der Gedanken derselben durch die Angabe, dieselbe gehe damit um, die Uhr mit der Erklärung zurückzustellen, daß sie dieselbe wieder aufgefunden habe, was noch vor Eintreffen dieser Verheißung der Hellsehenden bei der bestohlenen Dame sich bewahrheitete.

In einem anderen Falle wurde nicht nur der Dieb einer Geldkasse, sondern deren Inhalt, ihr erster und zweiter Versteckort, die Kleidung des Diebes und seiner Genossen so bestimmt angegeben, daß der darauf hin der Sonnambule vorgeführte Verdächtige, der Wucht solcher Ueberführung erliegend, geständig wurde, unter Bestätigung aller Einzelmomente.

Einfaches directes Hellsehen nennt Wallace Fälle wie diesen: Personen, die sich die Phänomene ansehen gingen, kauften in einem beliebigen Laden einige Dutzend gedruckter Motto's, steckten sie in Nußschaalen und diese in einen Sack, aus dem dann die Hellsehende Nuß um Nuß hervorzog und den Wortlaut des darin verborgenen Motto's angab. Die Schaale wurde dann geöffnet und der Text verglichen. Hunderte von Motto's, die zum Theil gegen hundert Worte enthielten, seien auf diese Weise richtig gelesen worden. (?!)

Solchen und ähnlichen außerordentlichen Thatsachen gegenüber, für welche wissenschaftliche Männer, wie die Doctoren Gregory, Mayo, Hoddeck, die Herren Trevelyan, Willshire und andere bürgten, erklärt Wallace die noch immer gebräuchliche Taktik des Ignorirens für unverantwortlich; es stehe dieses Verfahren auf einer Linie mit der Weigerung der Widersacher des Galilei durch sein Teleskop zu blicken, weil sie von mehr als sieben Planeten nichts wissen wollten; als ob sie dadurch die von Jenem entdeckten Trabanten des Jupiter hätten vernichten können. „Aber — ruft er aus — „weder die Verachtung, noch das Schweigen unserer Vertreter der modernen Wissenschaft werden im Stande sein die Welt dauernd über jene großartigen und geheimnißvollen Geistesphänomene zu beirren, deren Erforschung uns allein zur Erkenntniß dessen führen kann, was sie wirklich sind!"

Man muß zugestehen, daß Wallace vom Standpunkte seiner Ueberzeugungen aus so sprechen darf, nicht minder aber wird man zugeben müssen, daß die angeblichen Leistungen Hellsehender alle unsere Begriffe von. möglich und unmöglich derartig zu verwirren drohen, die unserer Fassungskraft gestellten Zumuthungen so ungeheure sind, daß der Horror der menschlichen Majorität, einen so schwankenden Boden zu betreten, sich mit dem kleinen Boote des Verstandes auf ein so uferloses Wundermeer hinauszuwagen, wohl begreiflich ist. Und doch sind die bisher geschilderten Phänomene nur das Vorspiel der „eigentlich spiritualistischen" Erscheinungen, zu deren Besprechung Wallace nun übergeht.

„Zeigen jene Proben, welcher Leistungen (besonders organisirte) menschliche Intellectualwesen schon in der grob materiellen Leibeshülle fähig sind, um wieviel weiter wird demnach nicht — so schließt W. — die Begabung der dieser Fessel ledigen nur noch ätherischen Intelligenzen sich erstrecken können!" —

Da sich der Zweck dieser Schrift, an die behauptete Realität der betreffenden Phänomene den rein logischen Maaßstab anzulegen, nur durch ein tieferes Eindringen in die Specialitäten erreichen läßt, indem gerade scheinbar unbedeutende Nebenfragen die anzugreifenden Blößen bieten, so wollen wir aus den — den eigentlich spiritualistisch genannten Erscheinungen gewidmeten drei Capiteln — die markantesten Beispiele kurz hervorheben.

Das erste dieser Capitel bringt unter der Ueberschrift: „Zeugnisse für die Realität von Geistererscheinungen", einige spukhafte Erzählungen, welche größtentheils dem von dem ehemaligen amerikanischen Gesandten Owen in Neapel unter dem Titel: „Fehltritte an der Grenze einer anderen Welt" herausgegebenen Werke entnommen sind, von dem W. sagt, daß es das philosophischeste unter den bisherigen Werken über den Gegenstand des Uebernatürlichen sei, und die bestgeordnete und verbürgteste Reihe hieher gehöriger Thatsachen biete. Außer dem von Owen selbst als Augenzeugen verbürgten (in der spiritualistischen Phänomenalpraxis oft wiederkehrenden) Wunder, daß ein schwerer Tisch, auf dessen Platte die Hände aller Anwesenden ruhten, sich 8—10 Zoll vom Fußboden erhoben und 6—7 Secunden in der Schwebe geblieben sei, dann einer Erzählung von allerlei Spuk an Geräuschen und sichtbaren Kraftdarstellungen: als Kratzen, Hämmern, Hauserschütterungen, Bewegungen von Tischen und Pulten, Umherschleuderung von Werkzeugen, die trotzdem ohne Geräusch zur Erde fielen, und dergl. — was Alles in der französischen Pfarrei von Cideville im Winter 1850—51 stattfand und zu einem Verhöre Anlaß gab, bei welchem jene Vorkommnisse durch die Aussagen vieler Zeugen beglaubigt wurden — sind es besonders zwei in die Kategorie der eigentlichen Gespenstergeschichten gehörige Berichte, welche darthun sollen, daß Verstorbene ihren Angehörigen und sonstigen Personen und zwar in der Form ihrer ehemaligen Leiblichkeit erscheinen, ja sprechen können. Wir wollen von dem einen Falle, wo ein in Indien in der Schlacht gefallener Offizier seiner in England wohnenden Gattin in der Nacht seines Todes erschien und zwar erst im Traum, dann vor der Erwachten neben dem Bette, nur den für unsere späteren Betrachtungen wesentlichen Punkt hervorheben, daß die Frau „jede kleinste Besonderheit der Kleidung (!) des in seiner Uniform sich ihr darstellenden Gatten so deutlich gesehen habe, wie jemals in ihrem Leben." — Die zweite Erzählung dagegen, überschrieben: „Das alte Herrenhaus in Kent" — mag hier im wörtlichen Abdruck folgen, da sie der kritischen Erörterung ein besonders reiches Material darbietet:

„Im October 1857 und noch mehrere Monate später, wohnte Mrs. R., die Frau eines Feldoffiziers von hohem

Range, im Ramhurster Herrenhause in der Nähe von Leigh in der Grafschaft Kent. Von da an, wo sie es zuerst bezog, wurde jeder Bewohner des Hauses mehr oder weniger zur Nacht gestört durch Klopfen und Geräusche wie von Fußtritten, aber noch mehr durch Stimmen, welche nicht erklärt werden konnten. Mrs. R's Bruder, ein junger Offizier, hörte diese Stimmen des Nachts und versuchte vergeblich alle Mittel, um die Quelle derselben zu entdecken. Die Dienerschaft war sehr erschreckt. Am zweiten Sonnabend im October kam Miß S., eine junge Dame, welche gewohnt gewesen war, Erscheinungen von Kindheit an zu sehen, auf Besuch zu Mrs. R. die sie auf der Eisenbahnstation traf. Als sie im Hause anlangte, sah Miß S. auf der Thürschwelle zwei Gestalten, ein anscheinend ältliches Paar, in altmodischer Tracht. Da sie ihre Freundin nicht verstimmen wollte, so sagte sie zur Zeit über dieselben nichts. Während der nächsten 10 Tage sah sie dieselben Gestalten mehrere Male in verschiedenen Theilen des Hauses, immer bei Tageslicht. Sie erschienen mit einer Atmosphäre von einer neutralen Farbe umgeben. Bei der dritten Gelegenheit sprachen sie zu ihr und sagten ihr, daß sie dieses Haus früher besessen hätten und daß ihr Name Children laute. Sie erschienen traurig und niedergeschlagen und sagten, daß sie ihr Eigenthum vergöttert hätten und daß es sie nun beunruhigte zu wissen, daß es aus ihrer Familie gekommen und in den Händen Fremder wäre. — Als Mrs. R. die Miß S. fragte, ob sie etwas gehört oder gesehen hätte, theilte sie ihr dies mit. Mrs. R. hatte selbst die Geräusche und Stimmen beständig gehört, aber nichts gesehen und nach einem Monate alle Hoffnung, dies zu können, aufgegeben, als sie eines Tages, da sie sich eben in einem wohlerleuchteten Zimmer mit einem hellen Kaminfeuer zum Diner angekleidet hatte und eilig herabkam, nachdem sie wiederholt von ihrem Bruder, welcher ungeduldig auf sie wartete, gerufen worden war, die beiden Gestalten im Eingange stehen sah, genau so gekleidet (!) wie Miß S. sie beschrieben hatte; aber oberhalb der Gestalt der Frau standen in der dunklen Atmosphäre mit phosphorisch glänzenden Buchstaben die Worte „Frau Children" und noch einige andere Worte geschrieben, welche andeuteten, daß sie „an die Erde gebunden" sei. In diesem Augenblicke rief ihr Bruder abermals nach ihr, daß das Diner warte, worauf sie ihre Augen schloß und durch die Gestalten hindurchrauschte. Die Damen stellten nun Untersuchungen an, wer in dem Hause früher gewohnt hatte und erst nach vier Monaten erfuhren sie es durch eine steinalte Frau, die sich eines alten Mannes erinnerte, welcher ihr erzählt hatte, daß er in seiner Knabenzeit die Jagdhunde für die Children=Familie, welche damals in Ramhurst lebte, hätte dressiren helfen. Alle diese Einzelnheiten erfuhr Mr. Owen der Autor des genannten Buches, aus dem diese Erzählung entnommen ist, selbst von den beiden Damen im December 1858. Miß S. hatte viele Unterhaltungen mit den Erscheinungen und als Mr. Owen nach einigen Details fragte, erzählte sie ihm, daß der Mann gesagt habe, sein Vorname wäre Richard und er sei im Jahre 1753 gestorben. Mr. Owen beschloß nun, wenn möglich, die Genauigkeit dieser Thatsachen zu ermitteln, und nach langem Umherforschen auf den benachbarten Kirchhöfen und bei älteren Geistlichen wurde er auf „Hasted's Blätter" im brittischen Museum gelenkt. Aus diesen ermittelte er, daß „Richard Children sich zu Ramhurst niederließ", nachdem seine Familie vorher in einem Hause, das Haus Children's genannt, im Kirchspiele Turnbridge gewohnt hatte. Es bedurfte noch weiterer Nachforschungen um das Datum zu ermitteln. Dieses wurde mehrere Monate später in einer alten „Geschichte von Kent", von demselben Hasted im Jahre 1778 veröffentlicht, gefunden, wo festgestellt ist, daß „Ramhurst durch Kauf an Richard Children,

Esq., überging, welcher daselbst wohnte und im Besitze des=
selben, 1753, 83 Jahre alt, starb." In „Hasted's Blättern"
wird auch constatirt, daß Children's Sohn nicht in Ramhurst
lebte und daß der Sitz der Familie nach Richards Zeit
Ferox=Hall in der Nähe von Turnbridge war. Seit 1816
war das Haus als ein Landwirthschaftsgebäude benutzt wor=
den, nachdem es ganz aus der Familie Children gekommen war."

Wallace macht hier die Bemerkung, man werde finden,
daß bei dieser Erzählung keine der gewöhnlichen Arten und
Weisen, den Schwierigkeiten einer „Geistergeschichte" zu ent=
schlüpfen, anwendbar sei.

Wie groß auch die Verlockung sein mag, den Einwen=
dungen endlich Worte zu leihen, zu denen die bisher und
namentlich in dieser letzten Geschichte vorgetragenen Unge=
heuerlichkeiten Anlaß geben, so wird es sich doch empfehlen,
zuvor noch von den, die nächstfolgenden zwei Capitel der Ab=
handlung füllenden, Berichten über die vorzugsweise spiritua=
listisch genannten Phänomene Kenntniß zu nehmen, um das
Urtheil aus der ganzen Fülle des Materials schöpfen zu
können.

Wir werden den Inhalt der auf zwei Capitel vertheil=
ten Zeugnisse von Männern der Wissenschaft und von Ge=
lehrten und Standespersonen für unsere Ueberschau zusammen=
fassen und in Betreff der Phänomene selbst uns auf eine
Hervorhebung des Frappantesten beschränken. Die zunächst
angezogenen Gewährsmänner sind die schon früher namhaft
gemachten Professoren de Morgan und Hare und der eminente
amerikanische Jurist und hohe Staatsfunctionär Edmons.

Der Erstgenannte, Professor der Mathematik und Decan
des University=College in London, vorher durch 18 Jahre
Secretär der königl. astronomischen Gesellschaft erklärt, in der
Vorrede seines Werkes „Von der Materie zum Geiste":
— „ich bin durch den Augenschein meiner eigenen Sinne von

einigen der (in dem Werke) erzählten Thatsachen überführt, von anderen habe ich so gute Beweise erhalten, als Zeugnisse sie nur liefern können. Ich bin vollkommen überzeugt, daß ich auf eine Weise, welche jeden Unglauben unmöglich machen sollte, sogenannte spirituelle oder geistige Dinge gesehen und gehört habe, welche von keinem vernünftigen Wesen durch Täuschung, zufälliges Eintreffen oder Mißverständniß erklärt werden können. So weit fühle ich den Boden fest unter mir."

Dann folgt die Schilderung der Ereignisse bei einer Sitzung, die mit dem amerikanischen Medium, Mrs. Hayden in seinem eigenen Hause stattfand. „Acht oder neun Personen von jedem Alter und von allen Graden des Glaubens und Unglaubens an die ganze als Betrug verrufene Sache waren anwesend." De Morgan fragte, ob er auch auf eine nur geistig, d. h. in Gedanken gestellte Frage Antwort erwarten dürfe, was sofort durch einige Klopflaute zugestanden wurde. Auch seinem weiteren Wunsche, die Antwort in einem einzigen Worte zu erhalten, wurde entsprochen, indem bei seinem nun folgenden lautlosen Durchsehen eines Alphabetes durch Klopflaute das seiner Frage entsprechende Wort: chess (Schach) hervorbuchstabirt wurde.

Richter Edmons, der mit der Absicht, „den muthmaßlichen großen Betrug zu entlarven", ein Medium besuchte, konnte diesen nicht nur nicht finden, sondern wurde zum Gläubigen und schrieb ein Werk über „Geister-Manifestationen", aus dem Wallace zunächst wieder den Fall eines in die Luft erhobenen schweren Tisches, „der dabei so leicht wie ein Becher in der Hand geschüttelt wurde",*) dann aber noch andere Phänomene citirt, wie z. B. daß Edmons,

---

*) Wobei man sich nur wundern muß, daß die auf demselben stehende Lampe nicht umfiel.

in einer Ecke des Zimmers stehend, wo ihn Niemand erreichen konnte, eine Hand in seine Tasche geschoben fühlte und nachher fand, daß in sein Schnupftuch sechs Knoten gebunden worden waren; daß eine Baßgeige ihm in die Hand gelegt und auf den Fuß gestellt und dann auf ihr gespielt wurde (!) Ferner empfand er am Arme den Griff einer scheinbar eisernen Hand; er sagt: „ich empfand deutlich Daumen und Finger, die innere Handfläche und den Ballen des Daumens und sie hielt mich mit einer Kraft fest, der ich vergebens zu entrinnen strebte. Mit meiner anderen Hand fühlte ich rings um die Stelle, wo der Druck stattfand, und überzeugte mich, daß es keine irdische Hand war, die mich so festhielt, noch auch in der That sein konnte, denn ich war unter diesem Griffe so kraftlos, wie eine Fliege unter dem Griffe meiner Hand." Es folgen dann noch andere Erlebnisse, mit der Schlußerklärung: er, Edmons, sei mit der Vermuthung, daß bei diesen Dingen Täuschung im Spiele sei und mit der Absicht, dieselbe vor der Oeffentlichkeit bloßzustellen, den Phänomenen näher getreten; nachdem er aber durch seine Forschungen zu einem ganz anderen Schlusse gekommen sei, fühle er eine eben so starke Verpflichtung, das Resultat derselben zu veröffentlichen und seinen Mitmenschen eine Erkenntniß mitzutheilen, welche dieselben nach seiner Ueberzeugung nur glücklicher und besser machen könne.

Der med. Dr. und Chemie=Professor Hare in Pennsylvanien, ein sehr bedeutender Gelehrter, ersann die verschiedensten Apparate, um zu beweisen: daß keine andere Kraft als die der an einem Tische sitzenden Personen bei den Bewegungen desselben im Spiele sei, mußte aber, trotz aller Vermannigfaltigungen seiner Experimente schließlich zugestehen, daß allerdings noch eine andere Kraft dabei mitwirke, und zwar eine intelligente Kraft, da sonst die Phänomene nicht zu erklären seien. Ein von ihm herausgegebenes, 460 eng=

gedruckte Seiten enthaltendes Buch „Experimentelle Untersuchungen über Geister=Manifestationen" war die Frucht dieser Erkenntniß und man muß gestehen, daß manches darin Enthaltene wohl geeignet ist, den größten Skeptiker stutzig zu machen. Hier ist auch zum ersten Male von solchen, und zwar unter dem Schutze der Hare'schen Apparate gewonnenen Antworten die Rede, welche Fragen über das „zukünftige Dasein des Menschen" betreffen — Auskünfte und Beschreibungen, von denen Wallace sagt, „daß sie, als Ganzes genommen, seiner Meinung nach, eine weit erhabenere und zu gleicher Zeit vernünftigere und zusammenhängendere Ansicht vom Geisterleben geben, als die Lehren irgend einer anderen Religion oder Philosophie, daß sie sicherlich zu größerer Moralität leiteten und aufs Strengste die Wichtigkeit einschärften, jede unserer geistigen Fähigkeiten aufs Höchste auszubilden."

Es folgen nunmehr Beurkundungen von einer Reihe in England lebender Gewährsmänner, und deren Beobachtungen, Gedanken und Urtheile in Briefen und öffentlichen Aussprüchen. Alle haben den Ton tiefer Ueberzeugung, während die berichteten Phänomene zum Theil einen noch außerordentlicheren Charakter tragen als die bisher erwähnten. So behauptet der als Dichter und Schriftsteller wohlbekannte Mr. Howitt: es sei ihm einmal ein Geraniumzweig von Geisterhand überreicht worden, ein ganz veritabler, da derselbe von ihm eingepflanzt, lustig weiter wachse. Die Geisterhand will er so deutlich gesehen haben, „wie je seine eigene." Ein anderes Mal habe er eine solche Hand sogar mehrfach berührt, als sie ihm eine Blume einhändigte. Aber Howitt berichtet noch fabelhaftere Dinge: bei einer abendlichen Zusammenkunft (einige Tage nach jener Blumenspende) „wurde einer Dame, welche wünschte, daß „die letzte Rose" von einem Geiste auf dem Accordeon gespielt werden möchte, dieser

Wunsch erfüllt, aber in einer so erbärmlichen Weise, daß die Gesellschaft um das Aufhören der Melodie bat. Dies geschah auch, aber bald nachher wurde, offenbar durch einen anderen Geist, das Accordeon über der Dame Kopf erhoben und schwebend gehalten und dort, ohne irgend welche sichtbare Unterstützung oder Thätigkeit auf dem Instrumente (!!) die Weise im Angesicht und vor dem Gehör Aller auf die wunderbarste Art durchgespielt."

„Hier spricht die Thatsache" — sagt Wallace — „daß die Zuhörer schlechte Musik nicht, weil sie von übermenschlicher Quelle ausging, für gute hielten, entschieden zu Gunsten der Nüchternheit ihres Urtheils, und die Thatsache selbst war eine solche, welche die Sinne gewöhnlicher Sterblicher sehr wohl zu bestätigen vermögen."

Aber es kommt noch besser: Nach Wiedergabe einiger brieflicher Bekenntnisse von Personen, welche ihrer Ueberzeugung von der Realität der Phänomene Ausdruck geben und nach der Mittheilung, daß auch der englische Erzbischof Whately zum Gläubigen an Mesmerismus, Hellsehen und Spiritualismus geworden, wird der Inhalt eines Briefes citirt, in welchem der (in der Mormonenstadt Mecca ansässige, als ein Mann von practischem Scharfblick geschilderte) Capitain Burton dem Dr. Ferguson sein Urtheil über die vielbesprochenen und beargwöhnten Leistungen der Herren Davenport und Fay darlegt. Nachdem Burton in diesem später von ihm selbst veröffentlichten Briefe erwähnt, „daß er jenen Manifestationen unter den denkbar günstigsten Umständen und in Privathäusern beigewohnt habe, wo die Zuschauer sämmtlich Skeptiker, die Thüren verriegelt, die Stricke, Bänder und musikalischen Instrumente von ihnen selbst beschafft waren" — behauptet er: „Mr. Fay's Rock wurde ihm ausgezogen, während er an Händen und Füßen fest gebunden war, und ein in demselben Moment entzündetes Streich=

hölzchen zeigte uns die beiden Herren fest gebunden und den Rock in der Luft auf seinem Wege nach der anderen Seite des Zimmers. Unter genau ähnlichen Umständen wurde einem Herrn sein Rock angezogen."

Mit diesem — wie Jeder gestehen wird — etwas starken Stücke schließt die Reihe der vorgeführten Beispiele und wir wollen nur noch hervorheben, daß Wallace auch Wunder, wie das Schweben mancher Personen durch die Luft für verbürgt und thatsächlich erklärt; so gäbe es allein in London wohl 50 Personen, die das berühmte Medium Mr. Home durch das Zimmer hätten schweben sehen; von Franz von Assisi und einer spanischen Nonne werde das Gleiche behauptet, ja die Zahl der aus verschiedenen Perioden der Geschichte berichteten Fälle dieser Art sei nicht klein. Sogar die Heilwunder perhorreszirt er nicht, wie der Ton beweist, in welchem er an einer anderen Stelle des Buches die geschichtlichen Berichte über die Wunderheilungen bespricht, welche auf dem Grabe des berühmten Jansenisten Abbé Paris laut Zeugniß einer ungeheuren Menge von Personen gewirkt worden sein sollen, unter anderen die Heilung der Nonne Coirin, deren durch ein 11jähriges Krebsleiden total zerstörte eine Brust in Folge eines Besuches an jenem Grabe nicht nur geheilt sondern durch eine völlige Neubildung von Brust und Warze regenerirt wurde. Die Zeugnisse über diesen Fall stammen von den berühmtesten Aerzten und sind theils in amtlichen Erklärungen theils in notariellen Protokollen niedergelegt.

In dem nächsten Capitel versucht nun Wallace eine Theorie des Spiritualismus zu geben, im Einzelnen darzuthun, wie sich die Phänomene dem Systeme des Universums einreihen und dadurch ihres bedrückenden Charakters entkleiden ließen. Als geeignet, dies zu leisten, jene merkwürdigen Erscheinungen mit den anderen Gebieten der Natur zu verknüpfen, ohne weder mit der fortgeschrittenen Wissenschaft noch mit der höchsten Philosophie in Widerspruch zu gerathen, bezeichnet Wallace jene alte Hypothese, nach welcher Dasjenige was wir in Ermangelung eines besseren Namens „Geist" nennen, den wesentlichen Theil aller empfindenden Wesen ausmacht, während die Leiber nur die Maschinerie und die Instrumente sind, vermittelst deren sie andere Wesen und Stoffe wahrnehmen und auf sie einwirken. Es ist „der Geist" allein, der da fühlt, wahrnimmt und denkt — der Kenntnisse erwirbt, urtheilt und höher strebt, — obgleich er dies nur zu thun im Stande ist vermittelst und im genauen Verhältnisse zu der Organisation, an die er gebunden ist. Der Geist des Menschen ist der eigentliche Mensch, sein denkendes Wesen; Gehirn und Nerven sind nur die magnetische Batterie und der Telegraph, durch die der Geist mit der Außenwelt in Verkehr tritt.

Wir haben damit jenen alten starren Dualismus zwischen „lebendigem Geist" und „todter Materie" vor uns, dessen Abschüttelung gerade das Ziel ist, welches die Naturwissenschaft und Philosophie unserer Tage gemeinsam erstreben. Natürlich ist es nun Wallace leicht, das als besondere Entität gedachte Geistige die Rolle des allmächtigen Zauberers spielen zu lassen, wenn der todte Stoff nur zu gehorchen hat.

Die Schwierigkeit aber, wie es denn ein todtes, ein rein passives Etwas geben könne, oder als was denn jene nur das „Arbeitswerkzeug", den „Leib" des Geistes bildende Materie zu denken sei, berührt Wallace gar nicht, sondern er errichtet auf jenen von ihm für plausibel erachteten Vordersätzen das nachfolgende Speculationsgebäude:

„Obgleich der Geist im Allgemeinen unzertrennlich ist vom lebenden Körper, dem er ein thierisches und intellectuelles

Leben verleiht,*) so giebt es doch nicht selten Individuen, die so constituirt sind, daß der Geist gänzlich oder theilweis (!) ihren Körper eine Zeit lang verlassen und dann wieder in ihn zurückkehren kann. Beim Tode verläßt er den Körper für immer. Der Geist hat gleich dem Körper seine Gesetze und eine bestimmte Grenze für seine Kräfte. Er tritt mit Geist leichter als mit Materie in Verbindung und in den meisten Fällen kann er Materie wahrnehmen und auf sie einwirken nur durch das Medium eines „geistigen Leibes".**) Der Geist, welcher mit einem menschlichen Körper umkleidet gelebt und seine Kräfte entwickelt hat, wird, wenn er den Körper verläßt, dennoch seine frühere Denkweise, seinen früheren Geschmack, seine vorigen Gefühle und Neigungen beibehalten. Der neue Zustand des Daseins ist eine natürliche Fortsetzung des alten. Es findet keine plötzliche Erwerbung neuer Geistesneigungen, keine Revolution der moralischen Natur statt. Genau das, wozu der verkörperte Geist sich selbst gemacht hat, oder was er geworden ist — dasselbe ist auch der körperlose Geist; wenn er sein Leben unter neuen Bedingungen beginnt. Er ist derselbe an Charakter wie zuvor, aber er hat neue leibliche und seelische Kräfte, neue Weisen, seine moralischen Gefühle zu offenbaren, und eine größere Fähigkeit gewonnen, physische und geistige Kenntnisse zu erwerben. Das große Gesetz des „ununterbrochenen Zusammenhangs", welches die

---

*) Von den vegetativen Functionen des thierischen Organismus sagt er, dieselben könnten auch „ohne Geist" von Statten gehen. Dann ist aber zu fragen, was denn das die vegetative Oekonomie — die bei den Pflanzen mit ihrer Wesenserscheinung zusammenfällt — Regelnde sei.

**) Hier hätten wir an dem Aetherleibe eine zweite Schaale; „Geist" wäre somit das beim Tode Freiwerdende noch nicht zu nennen. Weitere Häutungen, ohne Zahl und Ende, könnten noch dahinter liegen!

ganze Natur durchdringt,*) erscheint nach der spirituellen Doctrin auch vollkommen anwendbar auf unseren Uebergang in und unseren Fortschritt durch einen vorgerückteren Zustand des Daseins, und gewährt eine Ansicht, die sich Männern der Wissenschaft an und für sich selbst als die wahrscheinlichste empfiehlt gegenüber den theologischen Lehren, welche die seelische und moralische Natur des Menschen bezüglich seines gegenwärtigen und künftigen Daseins als durch einen weiten Abgrund getrennt darstellen."

Durch diese Auffassung — sagt Wallace — sei es einerseits möglich, die übernatürlich genannten Thatsachen zu erklären, wie andererseits eine Theorie über den zukünftigen Zustand des Menschen zu begründen, die verständlicher, zusammenhängender und harmonischer sei, als die Lehren irgend einer Religion oder Philosophie.

An speciellen Erklärungen giebt er Folgendes: „In den einfachsten Phänomenen des thierischen Magnetismus, wo die Muskeln, die Sinne und die Vorstellungen des Patienten dem Willen des Operators unterworfen sind, wirkt Geist auf Geist durch die Vermittlung einer eigenthümlichen Verwandtschaft (!) zwischen der magnetischen (!) oder Lebenskraft der beiden Organismen, und der Magnetiseur ist im Stande, für den Patienten eine ideale Welt zu erzeugen. In der höheren Erscheinung des einfachen Hellsehens wird der Geist bis zu einem gewissen Grade frei von den Banden des Körpers und nimmt durch andere Processe, als die der gewöhnlichen Sinne, die Dinge wahr. In dem noch höheren Zustande des „geistigen Wanderns" vermag der Geist den Körper in der Art zu verlassen, daß er mit demselben nur durch ein ätherisches Bindeglied verknüpft bleibt, vermag den Raum auf jede (!) Entfernung zu durchdringen, mit Per=

---

*) Wallace denkt hier an seine und Darwin's Theorie.

sonen in entfernten Ländern zu verkehren und (vielleicht durch Vermittelung von deren Organisationen) wahrzunehmen, was um sie her vorgeht. Von den abgeschiedenen Geistern könnte gedacht werden, daß sie unter gewissen Umständen fähig wären, sich einen sichtbaren Leib aus den Ausströmungen lebender Körper zu bilden, wenn dieselben zu ihnen in geeigneter magnetischer Verwandtschaft stehen, ja diesen Leib unter gewissen noch günstigeren Umständen fühlbar zu machen, und so die Actualitätsbedingungen der Mediumschaft hervorbringen. Die Schwere wird durch eine Form von Lebens-Magnetismus überwunden, der zwischen dem Geiste und dem Medium hergestellt wird; sichtbare Hände oder sichtbare Körper werden hervorgebracht, welche zuweilen schreiben oder zeichnen oder sogar sprechen (!) ...

Es scheint daher, daß all' die seltsamen Thatsachen, welche von so Vielen bloß deshalb geleugnet werden, weil sie für übernatürlich gelten, der Einwirkung von Wesen einer ähnlichen geistigen Natur, wie wir selbst — ja die wir in der That selbst sind, (nur einen Schritt weiter voraus auf dem langen Wege durch die Ewigkeit) zugeschrieben werden können.

Diese Hypothese von der Existenz des Geistes, sowohl im Menschen wie außerhalb desselben und ihres möglichen wie wirklichen Zwischenverkehrs muß genau auf dieselbe Weise beurtheilt werden, wie jede andere Hypothese — nach der Natur und Mannigfaltigkeit der Thatsachen, wobei sich zeigen muß, ob dieselben anders als hier geschehen, erklärt werden können."

Das Schlußcapitel der Abhandlung bespricht die „moralischen Lehren des Spiritualismus", und versucht den Nachweis, daß der Verkehr mit Wesen, die in eine höhere Phase des Daseins hinübergegangen sind, uns weiser und besser machen müsse. Die aus den verachteten Quellen des klopfenden Tisches, der schreibenden Hand, des entzückten Sprechers (der sogenannten Entzückungs=Medien) stammenden Aufschlüsse gäben ein Bild unseres zukünftigen Daseinszustandes, welches nicht nur unseren geheimsten Wünschen sondern auch dem modernen philosophischen Geiste (?) entspreche. Die Contoure dieses Bildes oder die Grundzüge der spiritualistischen Religion sind folgende: „Der Geist des Menschen lebt nach dem Tode in einem ätherischen Leibe weiter, mit neuen Kräften begabt, aber geistig und moralisch als das nämliche Individuum, das er bereits im Fleische war. Er beginnt einen neuen Lebenslauf von unermeßlicher Perspective, dessen Forschritte hinsichtlich der Raschheit ganz und gar von der auf Erden erreichten Ausbildung seiner moralischen und intellectuellen Fähigkeiten abhängen, ebenso nur von ihm selbst sein künftiges Wohl oder Leid. Genau in dem Verhältniß, als seine höheren menschlichen Fähigkeiten an allen seinen irdischen Freuden Theil genommen, wird er sich in einem Zustande des Daseins glücklich fühlen, in welchem gerade jene Fähigkeiten ihrer Ausbildung entgegengehen. Derjenige daher, welcher in Betreff seiner Freuden mehr vom Körper als vom Geiste abhing, wird, wenn dieser Körper ihm fehlt, eine schmerzliche Lücke empfinden und seine intellectuelle und moralische Natur langsam und mühevoll zu entwickeln haben, bis ihre Aeußerungen ihm leicht und angenehm werden. Es giebt weder Belohnungen noch Bestrafungen von Seiten einer äußeren Macht,*) sondern eines Jeden Zustand ist die natürliche und unvermeidliche Folge seines Zustandes hienieden. Jeder geht auf der Ebene moralischer und intellectueller Entwickelung weiter, zu der er sich auf Erden erhoben hat."

---

*) In den in der zweiten Studie dieser Schrift besprochenen Offenbarungen des Mediums Adelma werden wir dagegen Fegefeuer und Hölle vertreten finden.

Wallace sieht in dieser Doctrin zugleich den universellsten Ausdruck für seine und Darwin's Entwicklungslehre. Was wir auf Erden das Gesetz der „Fortdauer des Geeignetsten" nennten, sei in der geistigen Welt der „Fortschritt des Geeignetsten", der die hienieden begonnene Entwicklung des menschlichen Geistes ununterbrochen weiter führe.

Er spricht dann von den, den Qualitätsunterschieden der Geister entsprechenden „Sphären", welche nicht bloß Abtheilungen des Raums, sondern auch einer sozialen und moralischen Sympathie seien, die den Geistern von geringerer Qualität den Verkehr mit den höheren verwehre, wenn auch nicht umgekehrt*). Für alle aber herrsche das Gesetz eines ewigen (?) Fortschrittes, der allein von der entwickelten Willenskraft des Einzelgeistes abhänge.... Das jenseitige Leben biete Schönheiten und Annehmlichkeiten, von denen wir keinen Begriff haben; dort sei der „Wille unmittelbar fähig, Ideen der Kraft und der Schönheit zu realisiren"**) und der Verstand dürfe sich an die Erwerbung grenzenloser (!) Kenntnisse wagen.

Wallace citirt hierzu Stellen aus einer Rede, die das vielgefeierte Entzückungsmedium, Miß Hardinge über den Fortschritt in jenen Sphären und den Vorbereitungszustand im „Hades" gehalten hat.

Daselbst heißt es:

„Von der Natur jener Sphären und ihrer Bewohner haben wir unmittelbar aus der Kenntniß der noch immer den Hades bewohnenden Geister gesprochen. Wünschen Sie eine sofortige Definition Ihres künftigen Zustandes, und vielleicht

---

*) Also comme chez nous; etwa wie der Erwachsene zwar auf den Standpunkt des Kindes eingehen, nicht aber dieses sich zu dem seinigen erheben kann.

**) Hier hätten wir also den absolut unverständlichen Begriff der Magie!

zu erfahren, wie Sie einst wohnen, welches Ihre Kleider (!), Ihr Haus (!), Ihre Umgebung, Ihre Erscheinung, Ihre Beschäftigung sein werden? Wenden Sie Ihre Augen nach innen und fragen Sie sich, was Sie gelernt und in diesem Dasein, der Vorschule für die Sphären des Geisterlandes, sich angeeignet haben*). Es giebt, ja, es giebt dort eine Aristokratie und selbst einen königlichen Rang und eine mannigfaltige Abstufung; aber diese Aristokratie ist eine Aristokratie des Verdienstes und dies Königthum ist ein Königthum der Seele. Nur die wahrhaft Weisesten regieren und da die weiseste Seele zugleich die beste ist, wie die wahrhafte Weisheit die höchste Liebe ist, so ist auch das Königthum der Seele Wahrheit und Liebe. Und innerhalb der Geisterwelt müssen alle Kenntnisse dieser Erde, alle Formen der Wissenschaft, alle Offenbarungen der Kunst, alle Geheimnisse des Raumes verstanden werden. Die erhabene Seele, welche dann vollkommen bereit ist für ihren Eingang in einen höheren Zustand als den Hades, muß alles das wissen, was die Erde lehren kann und alles das vorgeübt haben, was der Himmel erfordert. Der Geist verläßt niemals die Sphären der Erde eher, als bis er im vollkommenen Besitze alles Lebens und aller Kenntnisse dieses Planeten und seiner Sphären ist. Und wiewohl der Fortschritt hienieden schon begonnen werden mag, und nicht ein Iota von dem, was Sie erfahren, denken oder erstreben, verloren geht (!), so muß doch alle Ausbildung erst dort vollendet werden**); denn keine Seele kann ihren Flug höher nehmen zu dem, was in Anbetracht seiner Vollkommenheit der Himmel heißt, bis sie nicht die Erde und den Hades

---

*) Es möchte doch schwer fallen, daraus Antworten auf jene Specialfragen herzuleiten.

**) Wie kann aber ein „ewiger" Fortschritt je „vollendet" werden?!

durchschritten hat und in ihrer vollständig vollendeten Pilger=
fahrt bereit steht, in die neuen und unaussprechlichen Herr=
lichkeiten der himmlischen Bereiche des Jenseits einzugehen."
An einer anderen Stelle sagt sie, die befragten Geister be=
kundeten, daß ihre Welt gleichsam (!) wie die Seele oder die
spirituelle und sublimirte Wesenheit dieser menschlichen Welt
sei, daß sich die Geisterwelt rings um unseren Planeten er=
strecke, daß Geistersphären in Zonen und Gürteln auch alle
anderen Planeten, Erden und Körper im Raume umgäben,
bis die Sphäre eines jeden die des anderen berühre und so
den Zusammenhang eines ungeheuren und harmonischen Sy=
stems natürlicher und geistiger Welten durch das ganze Uni=
versum herstelle.

Daß wir Geister sind und für die Unsterblichkeit leben,
daß wir den Consequenzen unseres Handelns nicht entrinnen
können — diese Erkenntniß zu begründen, erklärt sie für die
eigentliche Sendung des modernen Spiritualismus; alles
Uebrige sei nur die phänomenale Basis der Wissenschaft,
welche uns die Gewißheit gebe, daß der Geist lebt. Das
Hauptziel bleibe die Erfassung der Natur des Geistes und
seiner Aufgabe: sich zu immer größerer Vollkommenheit empor=
zuringen.

Wallace fragt nun, ob diese Lehren, die im Wesentlichen
mit denen aller entwickelteren Medien übereinstimmten, danach
aussähen, das Werk von Betrügern oder Hirngespinnste schwach=
sinniger Personen zu sein! Besonders beachtenswerth sei auch
die große Verschiedenheit dieser Lehren von allen theologischen
und philosophischen Satzungen. So würden z. B. in den
meisten religiösen Beschreibungen die Himmelsbewohner als
geflügelte Wesen geschildert, die auf Wolken ruhten, auf golde=
nen Harfen spielten und sich mit Singen, Beten und Lob=
preisung Gottes beschäftigten; während in den von den besten
Medien stammenden Berichten über unseren zukünftigen Zu=

stand, sowie über die von Einzelnen geschauten Erscheinungen verstorbener Personen die Geister übereinstimmend in der Form menschlicher Wesen dargestellt und ihre Beschäftigungen als analog*) mit denen dieser Erde geschildert würden. Wären nun die spiritualistischen Ideen das Werk erkrankter Einbildungskraft, so müsse es doppelt Wunder nehmen, daß die populären Vorstellungen darin keine Stelle finden, niemals wiedererzeugt würden, daß dagegen in den Aussagen über die Natur jener außermenschlichen Wesen, gleichviel ob das Medium Mann, Weib oder Kind, unwissend oder gebildet, englisch, deutsch, oder amerikanisch sei, eine so völlige Uebereinstimmung herrsche. Bemerkenswerth sei noch, daß die spiritualistischen Lehren über einen Begriff nichts aussagten, in den die Theologie tief eingedrungen zu sein glaube, den der Gottheit nämlich. Während diese Gottes Attribute definirt, von seinen Motiven, Gefühlen, Absichten Kenntniß zu haben vorgiebt, und uns verkündet, daß wir nach dem Tode zu ihm gelangen, ihn anschauen und erkennen werden, ist in den Lehren der Geister nur von Intelligenzen von noch höherer Art, als sie selbst, die Rede, mit denen sie verkehrten, und hinter welchen wieder andere noch höhere und immer höhere Intelligenzen in scheinbar endloser Stufenfolge sich befinden; von der Gottheit selbst aber fehlt jedes Wort**). Und dies sei ganz begreiflich, und stimme durchaus zu jener höchsten Philosophie, welche erklärt, daß wir von dem Ewigen, dem Unendlichen, von dem absoluten Wesen schon deshalb nichts wissen können, weil dasselbe für endliche Verstandeskräfte nothwendig unerkennbar und unausdenkbar bleiben muß.

---

*) Aber in so vagen Redewendungen, daß sich nicht das Geringste daraus entnehmen läßt.
**) In den „Geisterstudien" des Mediums Bay sind Aussagen über die Wesensnatur und die speciellen Prädikate Gottes in Menge zu finden!

Zum Schlusse weist Wallace nochmals auf den moralischen Nutzen des Spiritualismus hin, auf die Tausende, die er von der Realität einer anderen Welt überzeugt und sie angeleitet habe, ihr Leben Werken der Menschenliebe zu widmen; sowie auf die Beredsamkeit und Poesie, welche die große Lehre von einem ewig fortschreitenden zukünftigen Daseinszustande vielen ihrer Bekenner verliehen habe. Jedenfalls glaube er einen der Beachtung werthen Gegenstand nachgewiesen und gezeigt zu haben, daß derselbe nicht ferner, als der Untersuchung unwürdig, bespottet werden dürfe. Er selbst sei von der Wahrheit und objectiven Realität vieler der erzählten Thatsachen so überzeugt, daß er ein gleiches Ergebniß bei jedem Manne der Wissenschaft erwarte, der sich entschlösse, einige Stunden wöchentlich, durch mehrere Monate der Prüfung der Erscheinungen zu widmen. Die Phänomene des thierischen Magnetismus, des Hellsehens, des modernen Spiritualismus, alle seien dazu angethan, unsere Kenntniß von der wahren Natur des Menschen und seiner höchsten Interessen gewaltig zu erweitern und verdienten schon deshalb eine ehrliche und gründliche Untersuchung

B. Kritische Studien über das Vorige.

I. Allgemeine Gesichtspunkte. Natürliche Erklärungsversuche und deren Grenzen.

Der Leser hat jetzt in gedrängter, aber möglichst präciser Wiedergabe den Inhalt der Wallace'schen Abhandlung vor Augen und wir können nunmehr zu einer kritischen Zergliederung des phänomenalen Materials und der aus ihm abgeleiteten Theoreme schreiten. Eingestandenermaaßen soll sich diese Kritik hauptsächlich mit der Frage beschäftigen, ob und wie weit sich die Aufstellungen des Spiritualismus mit den allgemeinen Denkgesetzen in Einklang bringen lassen, da diese dasjenige Forum bilden, welches durch Wallace's Satz: „Wenn Ihr nicht behaupten könnt, alle Naturgesetze schon zu kennen, so könnt Ihr auch nicht entscheiden, ob ein Naturgesetz verletzt worden sei" — völlig unberührt bleibt. Denn wenn man auch zugestehen muß, daß die seltsamsten Dinge sehr wohl möglich sein können, auch wenn sie unseren gewohnten Erfahrungen widersprechen (da sie da für ihrerseits eine neue Erfahrung begründen), so darf man doch mit apodiktischer Gewißheit behaupten, daß solche Thatsachen absolut unmöglich sind, die einen logischen Widerspruch zu denken fordern. Ein solcher wäre z. B. eine Wirkung ohne Ursache oder ohne hinlängliche Ursache, oder ohne vermittelnde Zwischenglieder. Die absolute Geltung der logischen Gesetze muß auch für Denjenigen bestehen bleiben, der alle anderen für schwankend erklärt, denn auf sie muß er wie jeder Andere sich stützen, der eine Thatsache als möglich beweisen, eine Behauptung vertheidigen will. Aber die Allgemeingültigkeit des Kriteriums bedingt noch nicht seine richtige Anwendung, und da Derjenige, den wir von der Absurdität seiner Aufstellungen überführen wollen, immer geneigt sein wird, die Richtigkeit unserer Schlüsse zu bestreiten, den seinigen den Vorzug zu geben, so ist schon die rein logische Verständigung sehr schwierig. Und wer entscheidet, wenn es sich um Folgerungen aus Thatsachen handelt, deren Ursachen Niemand mit Sicherheit kennt? Ja, wenn ein Fall sich auf die klare Formel: $2 \times 2 = 4$ bringen läßt, so ist der Streit bald geschlichtet; aber bei verwickelten Dingen kann die dialektische Gewandtheit des Verfechters einer Ansicht zur überzeugenden Kraft werden, obwohl sie nur der Sieg der größeren geistigen Geschicklichkeit über eine geringere ist.

Wie viele theologische Lehren, philosophische Systeme sind nicht auf diese Weise zur Geltung gebracht worden, und haben auf längere oder kürzere Zeit den Rang unantastbarer Dogmen erlangt, bloß weil ihre Urheber es verstanden, ihnen den Schein der Denkbarkeit zu verleihen. Was sich nicht logisch beweisen ließ, wurde durch die Phantasie ergänzt und dieser ist bekanntlich Alles möglich. Die Grenze aber klar zu erkennen, wo das wirklich Mögliche aufhört, das alogische Traumreich der Phantasie beginnt, ist selbst für ernste Köpfe schwierig, und die Sonderung des nur subjectiv Wahren von dem, was als objectiv real zu gelten hat, noch heute nicht vollständig gelungen, sondern bleibt eine, immer neue Schwierigkeiten bietende, Aufgabe. Was nun den Philosophen bis heute nicht möglich war, ist von der kritisch ungeschulten Menge noch viel weniger zu erwarten; für die meisten Menschen fließen vielmehr jene beiden Gebiete so sehr ineinander, daß

sie kaum ernstlich ihrer Zweiheit inne werden. Hieraus er=
klärt sich die unbewußte Objectivirung von Phantasiegebilden,
die Verlegung der Ursachen innerlicher Vorgänge nach außen
und die große Stärke welche Wahnvorstellungen gewinnen
können, eben gerade darum, weil man sie nicht für Wahn=
gebilde hält. Eine ungeheure Anzahl von sogenannten über=
natürlichen Erscheinungen wird jedenfalls unter die Kategorie
solcher Selbsttäuschungen fallen und eine nicht minder große
kann das Werk von Betrügern sein. Ein anderer Theil von
ihnen aber wird sich vielleicht später aus denselben Natur=
gesetzen erklären lassen, denen sie jetzt zu widersprechen scheinen,
oder zu einer ergänzenden Erkenntniß derselben führen.

So würden z. B. die odischen Flammen auf den Mag=
neten, die unterschiedlichen Empfindungen bei Berührung ver=
schiedener Krystalle u. s. w. ihr Wunderbares verlieren, unter
der mit unserer heutigen physikalischen Naturauffassung durchaus
verträglichen auch von Wallace gehegten Annahme, daß Aether=
strömungen der Action des Magneten zu Grunde liegen, daß
diese Strömungen in die Umgebung übertreten und bei völliger
Dunkelheit von besonders sensitiven Augen als Licht empfunden
werden; daß bei den Krystallen etwas Aehnliches stattfindet
und daß der specielle Eindruck, den ein feinfühliger Or=
ganismus in dem einen oder andern Falle erhält, der be=
sonderen Complication der austretenden Aetherströme ent=
spreche; was nur heißt, daß verschiedene Actionsweisen ver=
schiedene Empfindungen veranlassen müssen. Geht man nun
noch einen Schritt weiter, und denkt sich überhaupt alle körper=
lichen Gebilde, Steine sowohl wie Flüssigkeit und Gasarten,
nicht minder die organischen Lebewesen von Aether durch=
waltet, die Weise dieses Waltens überhaupt aber als das
Unterscheidende, ja als das Princip in aller Formation und
Kraftäußerung, kurz, denkt man sich alle Objecte der Erschei=
nungswelt als eine unendlich abgestufte Reihe ätherisch=mole=

cularer oder molecular=ätherischer Systeme*), deren tiefststehendes Schlußglied der Stein, deren höchstes auf Erden der Mensch ist, und nimmt man ferner eine Circulation des Aethers durch das ganze Weltall an, der Art, daß jedes Gebilde fortwährend Aether an seine Umgebung abgiebt und andererseits aus ihr empfängt, daß jedes Molecularsystem vom rohesten bis zum feinsten ein ganz bestimmtes Verhältniß ätherischer und mole= cularer Zusammenwirkung darstellt, an dessen Aufrechterhaltung die Integrität jedes Gebildes — der Aggregatzustand der unorganischen wie die vitale Entelechie der organischen — geknüpft ist, so ließen sich auch manche Erscheinungen des thierischen Magnetismus dem Verständniß näher bringen. Eine hervorragend ätherische Organisation, der Magnetiseur, gäbe an die mit ihm in Rapport gesetzte Person in dem= jenigen Aether, der von seinem Körper in den anderen über= strömte, einen Theil seiner Vitalität ab und erhöhte damit dessen seelisches Actionsvermögen, sodaß es sich in gesteigerten Leistungen offenbarte. Somit ließe sich die Sache plausibel finden, wenn auch ohne Verständniß des Details. Ueber diese Grenze hinaus jedoch gerathen wir auf eine schiefe Ebene, die in's Bodenlose führt. Wenn wir von solchen Leistungen hören, wie das Lesen der in Nußschaalen gesteckten Motto's, das Sehen und Beschreiben entfernter Vorgänge, oder gar die Kenntniß des Aeußeren, ja der Gedanken ganz fremder Personen — so steht uns der Verstand still; hier ist unsere Fassungskraft völlig zu Ende. Eine solche Steigerung

---

*) Der geehrte Leser findet Näheres hierüber in der vor Kurzem in Leipzig bei Th. Thomas erschienenen Schrift desselben Ver= fassers: „Das Atom, oder das Kraftelement der Richtung" u. s. w., in welcher die Rolle des Weltäthers, namentlich in seinen physikalischen Manifestationen als Magnetismus, Elektricität, Wärme und Licht eingehend und aus neuen Gesichtspunkten erörtert wird.

der seelischen Kräfte erschiene noch nicht denkbar auch wenn zehn Magnetiseure die Seele des Patienten stimulirten. Sind solche Dinge möglich, dann adieu Causalitätsgesetz und logisches Verständniß, dann ist jedes Ringen nach Erkenntniß Zeitverschwendung, Nichtdenken die höchste Weisheit, Dummheit das höchste Gut. Dann kann es auch sein, daß die den heiligen Januarius darstellende Puppe wirklich blutet, verschiedene hölzerne oder steinerne Madonnenbilder wirklich weinen — haben es doch so und so viele wirkliche Menschen „mit eigenen Augen" gesehen! Sind die Thatsachen des Hellsehens, des Spiritualismus für authentisch zu erachten, weil sie durch vieltausendfältiges Zeugniß verbürgt werden, so können es auch jene Kirchenwunder sein, denen dieselbe Bürgschaft zur Seite steht. Wallace müßte demnach auch die letzteren gläubig annehmen, denn welches Recht hätte er, demselben Argumente das eine Mal Beweiskraft zu= das andere Mal abzusprechen?

Wollte er einwenden, man müsse die Stimmen der Bezeuger nicht sowohl zählen als wägen, die Schaaren eines denkunfähigen Pöbels, dem man Alles vormachen könne, kämen nicht in Betracht gegen wenige aber geisteshelle Männer, die sich durch Nichts düpiren ließen, und nur auf das Zeugniß solcher Männer, einschließlich seines eigenen, lege er Gewicht, so bliebe immer zu fragen, ob nicht unter den Hunderttausenden von Gelehrten auf Erden es ihrer dreißig, vierzig und mehr geben könne, denen eine mystische Ader, ihnen selbst freilich unerkennbar, die objective Klarheit des Urtheils trübt, oder ob nicht unter den ca. 1300 Millionen menschlicher Denkwesen sich einige per Mille krankhaft erregbarer Phantasten befinden könnten, zu denen etwa die Medien wie die „nicht gelehrten" Bürgen für die Realität des Uebernatürlichen gehörten.

Diese Annahme soll hier nicht weiter verfochten, sondern

es soll nur darauf hingewiesen werden, daß sie keine statistische Ungeheuerlichkeit sein würde. Wallace und andere Verfechter des Uebernatürlichen würden diese Möglichkeit auch wohl nicht in Abrede stellen, dann aber, Angesichts ihrer in Zweifel gezogenen intellectuellen Zurechnungsfähigkeit, um so entschiedener verlangen können, daß die Zweifler sehen, prüfen und selber untersuchen, bevor sie ihr Endurtheil fällen.

Nach dem Grundsatze verständiger Männer, zur Contrahirung einer Anleihe erst dann zu schreiten, wenn alle Selbsthülfe erschöpft ist, wollen wir jetzt versuchen, ob sich die spiritualistischen Phänomene einer Ableitung aus den uns mehr oder minder bekannten Naturkräften gänzlich unzugänglich zeigen, keine Spur einer Verknüpfung zu finden sei. Wir hatten einen Schimmer von Verständniß hinsichtlich der odischen Lohe, dann der einfacheren Erscheinungen des thierischen Magnetismus aus einer solchen Auffassung des Aethers hervorbrechen sehen, nach welcher derselbe als All=durchpulsendes Agens zu denken ist, das fortwährend von Gebilde zu Gebilde übertritt, mit der weiteren Annahme, daß die besondere Beschaffenheit und Integrität sowohl der unorganischen wie der organischen Gebilde an die Regularität dieses transitorischen Verkehres geknüpft, durch Stauungen oder Atrophieen aber bedroht sei.

Diese Auffassung ließe vielleicht für das Fundamentalwunder der Spiritualisten: das Rücken, Drehen oder Sichemporheben der Tische (die „Begeistigung des Holzes", wie A. v. Humboldt ironisch sagt) — folgende Erklärung zu: Die im Kreise um einen Tisch versammelten, durch Vereinigung der Hände eine geschlossene ätherische Vitalitätssumme darstellenden Personen strömen, indem sie gleichzeitig ihre Hände auf den Tisch aufsetzen, in diesen ein Aetherquantum aus, welche das ätherisch=moleculare Normalverhältniß desselben nothwendig alteriren muß. Hatte dieses Verhältniß den Tisch vor jener Influenz in einen constant gewordenen Zustand versetzt, sowohl hinsichtlich der Cohäsion der ihn constituirenden Holztheile als hinsichtlich des bestimmten Druckverhältnisses, in das er als Gesammtmasse zum Fußboden und damit zur ganzen Erde getreten war, so leuchtet ein, daß das dem einen der im Tische zur Ausgleichung gelangten Factoren durch die aufgesetzten Hände der Personenkette zugeführte Plus nicht ohne Folgen bleiben kann, sowie, daß diese Wirkungen einmal im Sinne ätherischer Actualität und um so energischer ausfallen müssen, je länger der Zufluß dauert. Der Tisch wird zunächst Zeichen der Alteration seiner Cohäsion (durch Knack= und sonstige Geräusche) geben, dann aber, bei Fortdauer der Influenz in seiner Ganzheit sich bewegen müssen, da dies die einzigen Weisen sind, in denen er als Cohäsions= und Druckobject gegen das ihm aufgedrungene Mißverhältniß reagiren kann. Hinsichtlich seiner Schwereposition kann nun die Abänderung offenbar nur als Bewegung, diese aber nur als Drehung oder Emporhebung (nach vorgängigen Erzitterungen) zu Tage treten; und es erscheint durchaus nicht nöthig, hierzu, wie Professor Hare will, außer den auf den Tisch einwirkenden Personen „noch eine weitere Kraft" anzunehmen*). Diese „andere" Kraft läßt sich einfach definiren als die Summe der in den Tisch übergehenden Aetherströme, die nicht nur den Schein sondern die reale Basis einer Potenz hat, wenn man erwägt, daß die in der Personenkette aufgehäufte Aethersumme nothwendig größer ist, als es formal arithmetisch genommen, scheinen

---

*) Daß die Aeußerungen dieser Quersummenkraft einen anderen als mechanischen Charakter haben könnten, ist natürlich nicht einzusehen. Man müßte denn in dem in den Tisch übergetretenen Aether einen Theil des Intellectes der ihn ausströmenden Personen mit übergegangen glauben.

möchte. Ständen die Personen nämlich frei, so würden sie nach allen Seiten hin, also auch aus den Händen Aether ausströmen; sind jedoch diese letzteren, z. B. von sechs im Kreise um den Tisch sitzenden Personen, verbunden, so ist der Aether den die zwölf Hände ausgeströmt hätten, am Entweichen gehindert, tritt von Hand zu Hand, von Person zu Person über, bleibt mithin als ein das gewöhnliche Maaß übersteigendes Plus der geschlossenen Kette erhalten und bringt bei Ueberleitung in den Tisch Effecte zu Stande, die den präsumtiven Werth der Wirkungssumme soweit übersteigen, daß der Schein der Mitwirkung einer dritten Kraft entsteht.

So möchte sich etwa das eigentliche spiritualistische Haus- und Fundamentalwunder mit einiger Natürlichkeit erklären lassen; darüber hinaus aber, namentlich für die hervorgeklopften intelligenten Aufschlüsse über allerlei Fragen, dann für die bunte Reihe sonderbarer Kraftdarstellungen, ja gar Kunstleistungen auf Instrumenten, und sonstige Ungeheuerlichkeiten erscheint jeder Erklärungsversuch hoffnungslos. Wir stehen hier vor ganz ähnlichen Räthseln, wie beim Hellsehen, und der nüchterne Verstandesmensch kann nur die bevorzugten Sterblichen beneiden, denen so außerordentliche Offenbarungen zu Theil wurden. Wer zu diesen Auserwählten nicht gehört, niemals Gelegenheit fand, sich von der Thatsächlichkeit solcher Wunderdinge zu überzeugen, wird deshalb zu entschuldigen sein, wenn er zwar, Wallace's Ermahnung beherzigend, eines Urtheils über die Gesammtheit der behaupteten Thatsachen sich enthält, aber fortfährt, im Einzelnen die logisch-kritische Elle zu handhaben und sich für berechtigt zu halten, nach Ausfall solcher Prüfung diejenigen angeblichen Vorkommnisse für total unglaubwürdig zu erklären, deren Absurdität auf der Hand liegt, in Betreff anderer aber die Alogismen aufzudecken, welche man in Kauf nehmen müßte um ihre, dann wahrlich höchst unerbauliche Authenticität zu retten.

Wir wollen in diesem Sinne weiter kritisiren und schließlich auch einige der Schwierigkeiten und Widersprüche aufdecken, in welche sich die „Theorie des Spiritualismus" mit den von ihr für wahr erklärten Thatsachen und mit ihren eignen Lehrsätzen verwickelt; es sei denn, daß die Herren Klopfgeister auf mehrere besonders consternirende, den spiritualistischen Conventikeln zur Stellung empfohlene Spezialfragen solche Antworten bereit hätten, welche jene Schwierigkeiten aus dem Wege räumten.

II. Besprechung von Phänomenen aus der Kategorie des Absurden.

Zu den krassen Absurditäten rechne ich die von Capitain Burton (siehe S. 30) berichtete „Thatsache": daß Herrn Fay sein Rock ausgezogen worden sei, während er an Händen und Füßen (die letzteren haben nichts mit der Sache zu thun) gefesselt war. Um dies für möglich zu halten, müßte man annehmen, daß eine Zaubermacht entweder den Körper des Herrn Fay im Augenblicke des Ausziehens des Rockes oder diesen letzteren in ein Luft= oder Aethergebilde verwandelt habe (sonst hätten die Aermel des Rockes wohl zerreißen müssen); daß gleich darauf aber der massiv körperliche Zu= stand retablirt worden sei. Wer so Etwas glaubt, ist reif für das Irrenhaus. Da ist wohl eher anzunehmen, ent= weder, der Rock habe gut maskirte Schlitze gehabt, die sein Ausziehen ohne Trennung der Hände (durch einen Helfers= helfer) ermöglichten, oder Fay konnte die nur durch eine Scheinverknotung verbundenen Hände schnell aus der Schlinge ziehen und schnell wieder hineinstecken. Letztere Annahme er= scheint um so zulässiger, da Burton nur sagt, daß die Stricke,

Bänder 2c. von den Zeugen beschafft worden seien, nicht aber, daß auch diese die Knoten selbst geschürzt hätten.

Vor Allem aber muß der Umstand Verdacht erwecken, daß die eigentlichen Manipulationen in diesen wie in hundert anderen Fällen im Finstern vor sich gingen, da durchaus kein Grund abzusehen ist, weshalb die „Geister" so gern im Finstern hantieren sollten, während das Dunkel allerdings das einfachste Mittel ist um einen Hokuspokus zu verdecken. Der andere Herr aber, dem angeblich unter „ganz ähnlichen Umständen" sein Rock angezogen wurde, konnte ein wohlgeschulter Helfershelfer der Herrrn Davenport und Fay sein, was nicht hindert, daß er sich als Skeptiker gerirte. Die Wunderthaten der genannten Firma schmecken überhaupt so entschieden nach taschenspielerischer Industrie, daß man sich wundern muß, daß Wallace für sie eintritt. Oder erscheint es der Bedeutung einer so hehren Sache, wie Geistermanifestationen sein müßten, nicht höchst unwürdig, wenn die begünstigten Medien im Lande umherziehen, um aus ihnen Geld zu schlagen!

Nicht so schlimm aber verzweifelt wunderbar erscheinen die Erzählungen des Herrn Howitt (s. S. 29) von dem ihm durch „Geisterhand" überreichten Geraniumzweige, dann einer Blume, endlich von dem in die Luft erhobenen und dort gespielten Accordeon. Sollte nicht Zweig und Blume, von Howitt unbeachtet, auf dem Tische, mit etwas über den Rand hervorragendem Stengel, gelegen haben und bei einer Wendung seines Körpers oder beim Aufstehen herab- und ihm in die Hand gefallen sein — wobei seine Phantasie eine darreichende Hand hinzudichtete? Merkwürdig ist es auch, daß diese Blumengalanterien gerade dem von Bildern der Natur erfüllten Verfasser des „rural life in England" zu Theil wurden. Er will aber die Geisterhand gesehen, ja sogar gefühlt haben. Nur eine Hand, denn er sagt nicht, daß er auch ein Individuum gesehen, zu dem die Hand gehörte.

Hier muß man jedenfalls erstaunen über die Mühe, die es sich der Geist kosten ließ, um ein Greifwerkzeug (die Hand) hervorzubringen, lediglich um die Blumen halten und darreichen zu können.

Was nun das angeblich im Angesicht und vor den Ohren einer ganzen Gesellschaft stattgefundene Spiel auf dem in freier Luft schwebenden Accordeon betrifft, so wäre wohl für eine so überaus merkwürdige Thatsache die spezielle Namhaftmachung der Zeugen dieses Vorganges sehr angezeigt gewesen und hätte von Howitt nicht unterlassen werden sollen; zumal er sogar behauptet, daß bei dem Spiele „keine Thätigkeit" auf dem Instrumente wahrzunehmen gewesen sei. Da dies nur heißen kann: keine Bewegung — so involvirte dieß das neue Wunder, daß der Geist vermocht hätte, die materiellen Schallwellen, welche das Ohr der Hörer trafen, ohne Anstoß gebende Vibrationen hervorzubringen, was freilich die Frage nahe legt, weshalb er sich denn überhaupt eines Instrumentes bediente, wenn dasselbe in Ruhe blieb, also zum Entstehen der Musik gar nicht nöthig war!

Doch gehen wir zur Betrachtung anderer Leistungen von Geisterhänden über, von Händen, die nicht Blumen spenden oder musiciren, sondern die mit eherner Gewalt einen Arm umklammern, den Gepackten fest auf eine Stelle bannen, wie Richter Edmonds erzählt (s. S. 28). Auch hier haben wir wieder eine Hand, zu der der Arm und das weitere Individuum fehlt, denn wie hätte Edmonds sonst mit der ihm frei gebliebenen Hand die gepackte Stelle umfassen können. Was soll man dazu sagen? Die betreffende Beschreibung ist ausführlich und genau und Edmonds behauptet, daß er deutlich Daumen, Finger, die innere Handfläche und den Ballen des Daumes in dem Drucke unterschieden habe. Danach wären also Muskelcontractionen zwar auch in solchen Fällen zur Ausübung des Druckes nöthig, das die Contraction bewir=

kende aber wäre nur als ein Willensact des Aetherwesens zu denken, der im Nu handfeste Stricke dreht. Dieser ganze Vorgang konnte sich auf Empfindungen beschränken, die Edmonds im Arme hatte und deren Ursache er, unter dem Einfluß der an jenem Abende auf ihn eindringenden Phantasien, nach außen verlegte. Das Gefühl ähnlicher Umklammerungen einzelner Körperstellen haben wir öfter; es gleicht auf ein Haar einer von außen einwirkenden Action und ist dennoch das Ergebniß eines innerhalb unseres Leibes entstandenen Vorgangs. Woher wollte Edmonds wissen, daß die von ihm empfundene Zusammendrückung seines Armes von außen kam, da das Gefühl von Contraction, von einem Ziehen nach innen, durch irgend welchen Körperzustand veranlaßt sein konnte.

Was die in seine Rocktasche gefahrene Hand betrifft und die in seinem Taschentuche vorgefundenen Knoten, so fehlt die Angabe, daß die Sache im hellen Zimmer geschehen sei. Vielleicht war ihm das Tuch schon vorher aus der Tasche gezogen worden und ein im Finstern Heranschleichender steckte es ihm wieder hinein, womit dann die Verwunderung über die Knoten entfiele.

III. Besprechung von Phänomenen aus der Kategorie des logisch-Ungeheuerlichen.

Doch wir wollen uns nunmehr zu dem für Liebhaber des Gruseligen interessantesten Thema wenden, dem der eigentlichen Gespenster, den „sichtbaren" Erscheinungen von Geistern Verstorbener, und zu diesem Behufe die sehr lehrreichen Details der auf S. 23 ff. vollinhaltlich wiedergegebenen

Geschichte von den Vorgängen im Herrenhause zu Kent näher in's Auge fassen.

Wir erfahren, daß daselbst Klopf= und andere Geräusche, auch solche wie von Fußtritten, von Stimmen u. s. w. gehört worden seien, welche durchaus nicht erklärt werden konnten; sollen uns dieselben also von Geistern bewirkt denken. Mit den Berichten von der Fähigkeit solcher Wesen, allerlei Geräusche hervorzubringen, schon vertraut, wollen wir hier zunächst die Verwunderlichkeit registriren, daß dieselben trotz ihrer ätherischen Feinheit beim Gehen so auf den Fußboden einwirken sollen, daß die Fußtritte sich wie von massigen Individuen stammende anhören. Dieß ist doch jedenfalls sehr unwahrscheinlich. Nun aber heißt es, daß die in jener Erzählung auftretenden beiden Geister der Miß S. als ein **ältliches Paar, in altmodischer Tracht** erschienen seien und daß sie förmliche Gespräche mit ihr geführt, also die Fähigkeit des hörbaren Sprechens besessen hätten.

Hier ergeben sich nun die sonderbarsten Betrachtungen und Fragen, die seltsamsten Consequenzen:

1) Wie kommt es, daß die beiden Wesen in ihrer Erscheinung die Form des hinfälligen Alters hatten? Sie waren zwar als alte Leute gestorben, aber die Leiber, welche die Spuren einer langen Lebensdauer trugen, waren ja längst begraben und vermodert. Man müßte also nach diesem Beispiel schließen, daß das vom Leibe befreite Aetherwesen gleichwohl das individuelle Gepräge dieses Leibes, und zwar dasjenige seines letzten Lebensstadiums, in's Jenseits hinübernähme, welches zu seiner dauernden Erscheinungsform würde; denn die Children'schen Eheleute waren schon seit 100 Jahren todt. Daraus würde also weiter folgen, daß ein hier einäugig oder blatternarbig Gewordener auch als Geist einäugig oder blatternarbig, ein auf Erden um beide Beine gekommener Krüppel auch als Geist ein Krüppel sein würde. Eine trau-

rige Perspective für die Millionen verzerrter, verkümmerter, verwachsener, durch Alter und Krankheit aller Schönheit und Frische beraubter Menschengestalten! Wer möchte sich eine Fortdauer wünschen, die nicht einmal mit einer Correctur solcher Zufälligkeiten, mit einer Regeneration von Jugend und Kraft gepaart wäre! Doch wir werden auf diesen Punkt später zurückkommen; fassen wir zunächst eine andere Monstrosität in's Auge.

2) Wie kommt es, daß das betreffende Geisterpaar in **Kleidern** erschien, ja was sollen wir uns dabei denken, wenn dasselbe überhaupt von allen angeblichen Geistererscheinungen berichtet wird? Hat man sich niemals die ungeheure Absurdität klar gemacht, die hierin liegt, und die sonderbaren Consequenzen, welche aus dieser Annahme resultiren? Man betrachtet diesen Punkt wie etwas Nebensächliches, wohl gar für etwas Selbstverständliches; wir wollen dieß Thema ein wenig zergliedern.

Geister, oder sagen wir, Aetherwesen sollen also bekleidet sein. Warum wohl? Wir Menschen tragen Kleider aus zweierlei Gründen: einmal um uns gegen die Unbilden der Witterung zu schützen, und zweitens, weil wir — gleichviel mit welchem Recht — einzelner Theile unseres Körpers uns schämen, dieselben verhüllen zu müssen glauben. Es erscheint nun äußerst schwierig, diese beiden Motive des Kleidertragens auch für einen ätherischen Daseinszustand maaßgebend zu denken, oder ein anderes Motiv ausfindig zu machen. Sollte ein ätherisches Wesen sich gegen Frost, Hitze, Nässe schützen müssen, wie wir; sich erkälten, schwitzen, den Schnupfen bekommen können, wie wir? Findet man diese Annahme lächerlich, so bliebe nur die Scham übrig, Scham über einen Körper, der — gar nicht mehr da ist. Denn gerade der uns so beunruhigenden Fleischlichkeit und ihren Verlockungen entrückt zu sein, soll ja, nach der allgemeinen Vorstellung, den cha-

rakteristischen Unterschied des „verklärten" Zustandes aus=
machen. Wozu also Kleider, die weder als Schutz= noch als
Verhüllungsmittel mehr Sinn haben! Doch die Spiritualisten
behaupten, das ätherische Schemen stimme seiner Form nach
mit dem Menschenleibe überein, vielleicht schließen sie daraus,
daß doch etwas wie Scham für ein Kleidertragen auch im
Jenseits maaßgebend sein könne. Wir können über diesen
Gegenstand unmöglich ein klares Urtheil gewinnen, ohne zuvor
tiefer in die Frage einzudringen, ob es überhaupt denkbar
sei, daß den Geistwesen unsere menschliche Leibesform
zukomme.

Unser ganzer Körper besteht aus Organen, die, bis zu
den Zellen herab, ganz bestimmte Functionen ausüben, ganz
bestimmten Verrichtungen dienen. Die Verrichtungen selbst
fallen unter die beiden Zwecke der Aneignung (welche die
Processe der materiellen und intellectuellen Assimilation um=
faßt), und der Ausscheidung, welche alle Secretionen und
Ableitungen, von den Absonderungen unverwendbarer Stoffe
bis zu den Productionen der Handwerke, Künste und Wissen=
schaften, endlich die Kinderzeugung unter sich begreift. Aus
den diesen Verrichtungen und ihrem Zusammenwirken die=
nenden Gebilden erbaut sich Punkt für Punkt unsere ganze
Leibesgestalt. Welchen Sinn hat es nun, dieselbe Leibesgestalt
den Aetherwesen beizulegen? Wozu soll sie ihm dienen? Unsere
Nase z. B. als Riechorgan ist durch ihre Wärzchen und die
sie überziehende Feuchtigkeit fähig, von verschiedenen Gasarten
verschiedene Eindrücke zu empfangen. Dabei erscheinen den
empfindenden Nasentheilen gegenüber die Gase als so zart,
daß sie erst in die gröbere Feuchtigkeit der Schleimhaut ein=
gehen müssen, um empfunden werden zu können. Umgekehrt
müssen feste Stoffe eine Auflösung, eine Verflüssigung erfahren,
um die Schmeckwärzchen zu afficiren. Bei einem Aetherwesen

würden diese Verhältnisse total andere sein. Schon den Gasen stände es als das unendlich Zartere gegenüber, noch mehr dem Flüssigen und Festen; was könnten ihm also Organe nützen, die ganz speciell auf die physikalische Beschaffenheit unseres materiellen Leibes berechnet sind, und deren höchste Wahrnehmungsvermittelungen in unseren feinsten Sinnen uns nur annähernd die ätherische Seite der Natur zum Bewußtsein bringen, d. h. gerade diejenige Seite, welcher die Aetherwesen ihrer ganzen Substanz nach angehören, die also das schon sind, was wir im höchsten Falle erfassen könnten, oder was in letzter Instanz als die besondere Qualität in allen Objecten zu denken ist. Wozu also Geruch, Geschmack für einen Geist, wozu Augen, wenn er das selbst ist, was unser Auge Licht nennt! Hätte er trotzdem Sinne, so müßten sie offenbar ganz anders beschaffen sein als die unsrigen, mithin auch eine andere Gestalt haben; sie müßten so zu sagen lauter Filtrationsapparate sein, da dem Feinsten alle Perceptionsobjecte als das Gröbere gegenüberständen, während unsere feinsten Sinne als Verdichtungsapparate fungiren, das allzu zarte zu einer Vocalwirkung sammeln müssen, wie z. B. Auge und Ohr. Aehnliches, wie von den Sinnen gilt aber von den anderen Werktheilen unseres Leibes, welche der Erhaltung dieses stofflichen Gebildes, seiner Ernährung, Bewegung oder Fortpflanzung dienen. Wollte man sagen, ein Aetherwesen — im Sinne der spiritualistischen Lehre gedacht — habe zu seiner „Weiterentwickelung" jedenfalls auch Organe nöthig, so ist doch schwerlich anzunehmen, daß es sich von Stoffen nährt, sich verheirathet und — Kinder zeugt! Wie könnte sich das Feinere von dem Gröberen nähren, dieses in jenem circuliren! Wozu ein Stoffwechsel in dem Stofflosen? Wozu also ein Mund, eine Luftröhre, Lungen, wenn ein Athmungsproceß unnöthig erscheint, wozu dann aber eine Brusthöhle die keine Lungen zu beherbergen hat? Dasselbe gilt von dem Herzen, denn was soll dieses Organ und das ihm affilirte Gezweigsystem der Blutadern, wo es kein Blut giebt! Wozu ferner ein Magen, der nichts zu verdauen, Gedärme, die nichts zu hegen haben, eine Blase, die nichts zu entleeren hat; wozu also eine Bauch=höhle, ein Unterleib? Wozu endlich Geschlechtsorgane, die nicht zeugen! **Warum dann aber Kleider, da sie nichts Despectirliches zu verhüllen, noch eine durch Stoff=wechsel erzeugte Wärme zusammenzuhalten hätten!?**

Die für ein Aetherwesen denkbar bleibenden Receptions= und Ableitungsorgane müßten also, wie gesagt, nicht nur total andere sein, sondern sie müßten auch total verschiedenen Verrichtungen entsprechen, als die unserigen. Damit fiele aber auch ihre Gestalt sowie die menschenmäßige Gesammt=gestalt, welche sich aus ihnen zusammensetzt. Nichts was an diese erinnert, könnte übrig bleiben; man müßte denn die Conservirung der äußeren Umrisse einer Gestalt, deren Theile nur noch die Bedeutung zweckentleerter Symbole hätten, denkbar und mit einer Welt vereinbar finden, in der wir überall nur Wirkungsfähiges existiren sehen, nirgends Dinge, die nicht auch wären, was sie scheinen, nicht leisteten, was ihre Form verspricht.

Doch wären nicht vielleicht die Bewegungsorgane, nicht Arme und Beine nach menschlicher Façon dem Geiste zu retten? Wir hören ja von soviel Kunstleistungen der Geister=hände, von dem Schlurfgeräusche ihrer Fußtritte. Wer sich Arme denken kann, die keines Rumpfes bedürfen, zu dem sie gehören, keiner Stelle an der sie haften, mag sich Geister=hände denken; und wer an die von Geistern hervorgerufenen Schlurf= und Trittgeräusche glaubt, mag sich Geisterfüße denken und mag es mit sich ausmachen, wie er mit dem den Aetherwesen anderweitig zugeschriebenen lichtschnellen Loco=

motionsvermögen die Leistungsfähigkeit des schwerfälligen bipedalen Vehikels in Einklang bringen will.

Man muß den instinctiven Tact anerkennen, der jene Maler leitete, die für Darstellung übersinnlicher Wesen nur geflügelte Köpfe passend fanden.

Die Lehre von der Menschengestalt der Aetherwesen hat somit ihr Mißliches und wir sehen so etwas wie ein Kladderadatschgesicht in ihren Blättern aufleuchten.

Doch gehen wir zurück auf die Kleiderfrage, die diesen vielleicht nicht ganz überflüssigen Excurs veranlaßte: die meisten Menschen bekommen ein Todtenhemd, wenn man sie in den Sarg legt; einigen zieht man auch Paradekleider an, gewöhnlich also Kleider, die sie im Leben am seltensten getragen. Wenn nun die Geister der Verstorbenen in Kleidern erscheinen, so fragt es sich, ob sie die Auswahl zwischen allen Kleidern haben, die sie vormals besessen, oder ob sie nach Analogie der Chidren'schen Eheleute nicht, wie ihrer Gestalt nach, welche dem Schlußbilde ihrer Leiblichkeit entsprach, so auch der Kleidung nach, in deren letzter Hülle sich darstellen müßten. Trauriges Verhängniß dann, das einen Geist dauernd zu einem Gewande verdammt, welches ein letzter Einfall der Ueberlebenden, vielleicht eine Laune der Leichenwäscherin seinem Körper angezogen. Wer wollte es dann den, hinsichtlich ihres Exterieur's so ganz von einem für immer entscheidenden Zufall abhängigen, Geistwesen verargen, wenn sie in der Anwendung ihrer unbeirrt gebliebenen Fähigkeiten Kurzweil und Entschädigung suchen, wenn sie Knoten in Schnupftücher binden, Blumen überreichen, Instrumente spielen, Fragen (selbst nur gedachte) beantworten, oder, bei übler Laune, polternd und stöbernd ihr ehemaliges Heim durchstreifen!

Aber betrachten wir das Problem von den Geisterkleidern noch aus anderen Gesichtspunkten: Nach der spiritualistischen Doctrin hat der Körper einen Aetherleib, der im Tode frei wird. Dieser Aetherleib, gerade weil er dem Erdenleibe durchaus conform sein soll, könne doch offenbar nur nackt sein. Sind trotzdem die Geister bekleidet, so bliebe dem Spiritualisten nur die Annahme übrig, daß diese Kleider erst im Jenseits angefertigt seien (denn die zurückgebliebenen hat vielleicht der Jude oder sie sind zerfallen), oder er müßte behaupten, daß es auch Kleidergeister gebe, daß auch Kleider in einen verklärten Zustand eingehen könnten! Selbst das einfachste Todtenhemd ließe sich nicht in das Jenseits hinüberretten, da es im Grabe liegt, längst vermodert ist oder in der Zusammensetzung irgend eines irdischen Gebildes seine neue active Verwendung gefunden hat. Ist dieses Argument durchschlagend, die Idee von Kleidergeistern aber sogar für ein spiritualistisches Gemüth etwas zu stark, so bleibt nur die erste Alternative übrig, d. h. es wird auch im Jenseits fortgeschneidert, und Aetherwesen sind in der Freiheit, sich nach Laune, Geschmack und Mitteln zu kleiden — nicht eingeschränkter, als wir.

Dann aber ist es wieder höchst sonderbar, daß die Geister von dieser so natürlichen Freiheit nirgends Gebrauch machen, keine Spur von Genialität ihren Anzug regelt, in den Beschreibungen der „erschienenen" Geister vielmehr stets von einem weißen Umhang oder derjenigen Gewandung die Rede ist, welche der Verstorbene gewöhnlich getragen, d. h. in welcher er den Ueberlebenden zum stereotypen Erinnerungsbild geworden war. Weist diese Erwägung nicht wie mit Fingern darauf hin, daß die erscheinenden Geister mit der Reproduction ihrer ehmaligen Leibesgestalt, ihren Gesichtszügen, ihren Kleidern nichts weiter sind, als die hinsichts dieser Details mehr oder minder lebhafte Vergegenwärtigung des Bildes des Abgeschiedenen in den Hinterbliebenen? Eines Bildes, das bei besonderer Intensität von der Phantasie nach außen verlegt wird? Der Sprachsinn hat nicht umsonst das Wort

Vorstellung gebildet; das Vorstellen ist ein Herausstellen, ein Nachvornstellen Dessen, was in Wahrheit innen ist, sich in uns abspielt. Dann ist es ganz natürlich, wenn die Geister in Kleidern erscheinen, — den Culturmenschen nämlich — während ein nackter Wilder einen ihm erschienenen Geist sicherlich als nackt, etwa mit einem Schurz bekleidet, den Kopf mit Federn u. dergl. aufgeputzt, schildern würde.

Die auf Besuch nach dem Hause in Kent gekommene junge Dame sah nun freilich nicht ihr vormals bekannt gewesene Verstorbene, aber da es heißt, sie habe von Jugend auf „Erscheinungen" gehabt (d. h. die Neigung, die Vorstellungsbilder ihrer leicht erregbaren Phantasie nach außen zu verlegen), und da wir ferner annehmen können, daß die Mrs. R., als sie mit Miß S. die gemeinsame Fahrt auf der Eisenbahn machte, zu dieser von dem Spuk in ihrem Hause gesprochen haben werde, so konnte, als Miß S. das alterthümliche Gebäude betrat, in ihrer auf außerordentliche Dinge schon vorbereiteten Seele recht wohl jenes Bild eines ältlichen Ehepaares entstehen, bei dem so nahe liegenden Gedanken: Wer wohl früher in diesem alten Hause gewaltet und regiert haben möge. Hatte dann ein bestimmtes Vorstellungsbild einmal in ihrer Seele Platz genommen, so konnte es in steigender Stärke wiederkehren, und dabei an Detailmalerei nur gewinnen. Dann ist es wieder kein Wunder, wenn in Folge der von Miß S. gegebenen Specialbeschreibung des angeblich Erschauten auch in der Seele der Mrs. R. ein dieser Beschreibung entsprechendes Vorstellungsbild Fuß faßte und bei erster bester Gelegenheit scheinbare Objectivität annahm. Daß in der Weise der Darstellung Unterschiede auftraten, die Geister zu Miß S. hörbar sprachen, zu Mrs. R. in phosphorisch leuchtenden Schriftzügen, also zum Auge, kann in der seelischen Individualverschiedenheit der beiden Frauen seinen Grund haben. Können Geister sprechen, so können sie ja auch wohl schreiben; freilich muß dieß in möglichst ungewöhnlicher Weise geschehen, z. B. in Buchstaben, die durch das Dunkel leuchten. Das Meritorische der so gegebenen Auskunft ist aber herzlich unbedeutend: daß die Geister ein verstorbenes Ehepaar Childred darstellen sollten, hatte Mrs. R. bereits in ihr Gedächtniß aufgenommen, und es ist der Phantasie nicht schwerer, sich einen Namen gesprochen oder geschrieben vorzustellen; der weitere Zusatz jedoch, daß sie an die Erde gefesselt seien, ist nur der Ausdruck für eine sich ganz von selbst ergebende Schlußfolgerung, wenn man längst Verstorbene in ihrem vormaligen Heim zu erblicken glaubt. Höchst unnöthig, ja geradezu komisch erscheint aber das Prädikat „Frau" vor Childred in der Aureolschrift über dem Kopfe des weiblichen Geistes. Wozu dieses „Frau"? Ein Vorname hätte mehr Sinn gehabt, als ein Prädikat, das ja schon die Frauenkleider verbürgten.

Wallace sagt, es sei hier keine der gewöhnlichen Methoden anwendbar, den Schwierigkeiten einer Geistergeschichte zu entschlüpfen. Nun wohl! so wird der Hinweis auf das absolut überflüssige Wort „Frau" vielleicht diesen Dienst leisten. Aber, wird man sagen: dies Alles ist unerheblich dem durchaus unerklärlich bleibenden Umstande gegenüber, daß Miß S. den später als richtig eruirten Namen der Eheleute und das richtige Todesjahr des Mannes erfuhr; hier könne keine Erklärung weiter. Eine Erklärung freilich nicht, denn diese wäre nur durch eine vollständige Ermittelung des Sachverhaltes möglich; und da eine solche in diesem wie in so vielen ähnlichen Fällen nicht mehr zu erlangen ist, so bleibt das in seinem Zusammenhange nur „Unaufgeklärte" als ein „Unaufklärbares", als ein „Wunder" stehen. Jedenfalls erscheint aber die Annahme, daß der in Dunkel gehüllte Theil dieser Geschichte bei völliger Kenntniß der Einzelumstände mit den gewohnten Causalgesetzen stimmen würde, plausibler als diejenige, welche Geistern menschliche Gestalt und Kleidung beilegt (also verklärte Kleider annimmt), und gar nichts darin findet, daß der betreffende Geist die durch sein Gewand schon gegebene Geschlechtsandeutung noch durch das Wort „Frau" oder „Herr" verstärken zu müssen geglaubt habe, was nicht einmal auf menschlichen Visitenkarten für nöthig befunden wird.

C. Untersuchungen über den axiomatischen Werth der spiritualistischen Haupt-Dogmen;

nebst Excursen auf das Gebiet ihrer Consequenzen.

I. Prüfung des Satzes von der selbstständigen Individualität der Seele.

Wir wollen nunmehr der eigentlichen Theorie des Spiritualismus, d. h. den Speculationen näher treten, welche nach Wallace das Gebiet des Uebernatürlichen seiner Räthselhaftigkeit entkleiden würden.

Zunächst handelt es sich um den Grundgedanken: daß das Geistige in uns das wahre Wesen, der Körper bloß Hülle und Werkzeug sei, daß der Geist im Tode intact verbleibe, den Körper nur verlasse, um in einen neuen Daseinszustand einzugehen, welcher die nächste Stufe seiner Entwicklung bilde; ferner um die Behauptung, daß wir überall von solchen entkörperten Intelligenzen umgeben seien, die durch eine von der unsrigen verschiedene Handhabung der Naturkräfte jene Wirkungen veranlaßten, die uns in den spiritualistischen Erscheinungen entgegentreten.

Es ist nun freilich einer total unerfaßlichen Leistung gegenüber ein sehr einfaches Auskunftsmittel, zu sagen: Man nehme Wesen an, die Unbegreifliches leisten können, so ist die Unbegreiflichkeit zu Ende. Es fragt sich nur, ob eine

solche Annahme auch mit den Schlußfolgerungen verträglich
ist, welche sich aus der empirischen Naturwissenschaft im Wege
objectiven Denkens ergeben. Wallace und die Aufsteller der
spiritualistischen Theorie argumentiren: Da die Phänomene
größtentheils von der Art sind, daß sie ohne Annahme der
Mitwirkung außermenschlicher Intelligenzen unmöglich erklärt
werden können, ihre Realität durch vielfaches Zeugniß aber
erwiesen ist, so muß es solche Wesen geben. Wir nehmen
dieselben nur in ihren Wirkungen wahr, nicht direct, daraus
folgt also, daß dem Geiste eine selbstständige Entität zukommt,
die einer sichtbaren Körperhülle nicht bedarf, um sich als in=
telligente Individualität, d. h. als ein Wesen zu behaupten,
dem Selbstbewußtsein, Wahrnehmungs= und Urtheilsvermögen,
Wille und vor Allem Wirkungsfähigkeit nach außen eigen sind.

Dieß ist es nun gerade, was die Naturwissenschaft, mit
Berufung auf die Thatsachen der empirischen Forschung be=
streitet; sie erwidert: Die Embryologie läßt das organisch=
physiologische Werden des Menschen an der rein vegetativ=
animalischen Entwicklung des Fötus, die Biologie später am
fertigen Menschen verfolgen, und das nach vollendeter Fötus=
ausbildung zu Tage tretende Lebewesen ist ein noch niemals
dagewesenes organisches Gebilde, von Grund auf so eben neu
entstanden und erwachsen, und zu den Schritt für Schritt in
ihrer Entwicklung verfolgbaren Fähigkeiten des Lebens=
mechanismus gehört auch diejenige, die später, in ihrer weiteren
Ausbildung, bei'm Menschen sich in so hervorragender Weise
manifestirt, daß wir ihr einen besonderen Namen, den Namen
„Geist" geben. Wie dieser selbst aber, so ist auch sein, als
bewußte Selbstbestimmung auftretender, uns so sehr impo=
nirender Gipfel das Product eines Processes, das sich aus
der wachsenden Innewerdung unserer Bewegungsfähigkeit, aus
unserem immer detaillirter werdenden Unterscheidungsvermögen
verstehen läßt; und diese letztere, wie sehr auch bei'm Menschen

(vermöge der Güte seiner Sinne, seines hochentwickelten Cerebralsystems und sonstiger constitutioneller Vorzüge) durch Schärfe und Umfang ausgezeichnet, ist nur graduell von den im Wesen gleichen Fähigkeiten der Thiere und aller sonstigen, wie tief auch immer stehenden, Lebewesen verschieden. Selbst die gefeiertsten Manifestationen menschlicher Intelligenz: Sprache, Kunst und Wissenschaft — entstammen schließlich derselben einen Wurzel, dem Selbsterhaltungs= und Wohlseinstriebe, der die höchsten wie die primitivsten Lebensverrichtungen beherrscht, regelt und ausbildet. Wäre das Geistige, d. h. das in solchen Aeußerungen Thätige, als substantielle Entität zu fassen, so müßte der Individualgeist von Infusorium und Mücke für ebenso unvergänglich erklärt werden, wie der des Menschen; im Princip ist hier kein Hinderniß abzusehen, und der Begriff der Ewigkeit, als absolute Dauer, kennt keine Grade.

Nun kann aber — so deducirt der Empiriker weiter — jedes organische Lebensgebilde ein Selbsterhaltungs= und Wohlseinsstreben (letzteres ist nur die positiv scheinende Form des in Wahrheit immer negativen, d. h. auf Abwehr, also auch auf Abwehr des Störenden und nicht Zusagenden, gerichteten Selbsterhaltungsstrebens) offenbar nur dann haben, wenn es selbst zuvor überhaupt da ist, d. h. die subjectiv und bewußt gewordene Zuspitzung von Einzelkräften setzt schon eine Mehrheit objectiver Factoren voraus, die durch ihr Zusammenwirken jene subjective Spitze erzeugen. Und darum stockt — wenn die collaborirenden Factoren ihren Gleichschritt einbüßen oder die bedeutenderen unter ihnen den Dienst versagen — das ganze Getriebe, und mit ihm Alles, was als Einzeleffekt an die Integrität des Lebensprocesses geknüpft ist.

Ist das Geistige somit nur eine Aeußerungsweise des organischen Lebens, und entsteht dieses letztere mit dem ganzen Individualorganismus nachweislich erst im Mutterleibe, so ist die Ansicht, daß der Geist (der in Wahrheit ein bestimmtes **Leibes**bewußtsein ist), auch nach dem Zerfall seines Substrates selbstständig fortdauere, gerade so sinnvoll wie die, daß es einen „Wind an sich", d. h. ohne Luft geben, daß eine in ihre Theile zerlegte Uhr noch die Zeit anzeigen, oder ein in Stücke geschlagener Wagen noch als Gefährt dienen könne.

Ferner fragt die „materiell" genannte Naturauffassung (welcher man gedankenloser Weise den Vorwurf macht, daß sie den Geist zu einem Mechanismus herabwürdige, während sie vielmehr zeigt, daß der Mechanismus umgekehrt, seiner Leistungen wegen, geistig heißen sollte): wie kommt es, daß das Bewußtsein, dieses eigentliche Wahrzeichen desjenigen Geistbegriffes, den der Spiritualismus im Sinne hat und für dessen absolute Entelechie er eintritt, dem Menschengeiste auf kürzere oder längere Zeit abhanden kommen kann, wie bei Ohnmachten, — im traumlosen Schlafe, bei der Narcose und in manchen Krankheiten? Wo und was war der Geist, diese bewußte, des Körpers „unbedürftige" selbstständige Individualität während solcher Auslöschungspausen? Wer kann auf diese Frage Antwort geben? Kann das Bewußtsein auf Minuten, Stunden, Tage, ja Monate fehlen, warum sollte es nicht ganz erlöschen können! War es ja auch nicht da, bevor jenes bestimmte Individuum Namens Müller oder Schulze, dessen Hauptmerkmal sein Vorname ist, als organisches Lebewesen entstand. Kann aber ein Bewußtsein, was nicht war, entstehen — wie sich täglich zeigt —, so kann es ja wohl auch wieder aufhören! Es ist keineswegs erlaubt, den Spieß umzudrehen und zu sagen, dieß beweise, daß auch ein vergangenes Bewußtsein nach Analogie der aus Schlaf, Ohnmacht ꝛc. zu sich selbst Gekommenen sich nach dem Tode fortsetzen oder wiederkehren könne: denn bei dem Schlafenden und Ohnmächtigen waren die zur Wiederaufnahme aller Lebensäußerungen, implicite des Bewußtseins, erforderlichen Bedingungen noch vorhanden, nur latent geworden, noch stimulirbar, beim völligen Auseinanderfall des Organismus jedoch nicht. — Es ist doch höchst auffallend, das noch kein aus tiefer Ohnmacht Erwachter je eine Mittheilung darüber zu machen vermocht hat, wo sein „Geist", sein „Ich" während solcher Stockung gewesen sei. Und noch auffallender, daß man es ganz in der Hand hat, das Bewußtsein eines Menschen, wenn dessen Gehirn durch ein Loch im Schädel frei gelegt ist, aufzuheben und sofort wiederherzustellen: Ein Druck des Fingers auf die Gehirnmasse — und das Bewußtsein ist fort; entfernt man den Finger, so kehrt es wieder. Wo war der denkende Geist während jeder dieser Berührungen?

Wie will der Spiritualismus diesen Thatsachen gegenüber seine Lehren aufrecht erhalten? Muß er zugestehen, daß die Continuität des Bewußtseins erfahrungsmäßig nicht vorhanden ist, wie will er die selbstständige Entität des Geistwesens retten, die ohne jene Continuität nicht zu verstehen ist? Wie wäre es wahrscheinlich zu machen, daß eine Selbstbesinnung, die ihren Zusammenhang nicht einmal gegen einen Fingerdruck auf das Gehirn behaupten kann, aus der totalen Decomposition des Organismus, die wir Tod nennen, ungeschädigt hervorginge? Und dann, was kann eine Annahme helfen, die zwar zu einer Erklärung der spiritualistischen Phänomene hülfreich sein mag, dafür aber mit den Thatsachen der empirischen Forschung im schreienden Widerspruche steht, von denen der Spiritualist doch wohl zugeben wird, daß sie ebenfalls zu den „bestbezeugten" gehören.

Doch wir wollen jetzt zu den Schwierigkeiten übergehen, welche die einzelnen Sätze der spiritualistischen Lehre in anderer Hinsicht darbieten, und zu den Zumuthungen, welche sie an unsere Phantasie stellen. Wir sollen uns das im Tode frei werdende Geistwesen des Menschen als ein ätherisches Gebilde von der Form des vormaligen Leibes vorstellen. Daraus folgt, daß ein solches Aetherwesen einen begrenzten Raum einnimmt, der einem Theile des unermeßlichen Weltenraumes entspricht, und daß es sich in einem gegebenen Augenblicke nur an einem **einzigen ganz bestimmten Orte** befinden könne, gleichviel, eine wie große Schnelligkeit der Fortbewegung man ihm zutraue oder beilege.

Da nun die Möglichkeit behauptet wird, daß man die zu Wesen dieser Art gehörenden Geister der Verstorbenen citiren, mit ihnen in Verkehr treten könne, und die spiritualistischen Medien von dieser Möglichkeit den ausgedehntesten Gebrauch zu machen behaupten, eine große Reihe historischer Personen aller Zeiten ihnen schon Rede gestanden haben soll, so fragt es sich vor allen Dingen, wie es denkbar ist, daß der citirte Geist den Ruf oder das an ihn gestellte Verlangen überhaupt vernimmt. Man nehme den vielbelästigten Geist A. v. Humboldt's. Nach der Theorie einer absoluten Fortentwickelung hätte man sich denselben, seiner einstigen Erdennatur gemäß mit kosmischen Studien der umfassendsten Art beschäftigt zu denken, bei denen er nach alter Gewohnheit Alles an Ort und Stelle untersuchen, also viel im Weltall umherreisen, sich bald auf oder in diesem oder jenem Sterne befinden würde.*) Nun sind nur zwei Fälle denkbar: entweder der citirte Geist muß

---

*) In dem im vorigen Jahre in Commission bei Oswald Mutze erschienenen Buche der Freiin Adelma von Vay: „Studien über die Geisterwelt" — das an Ungeheuerlichkeiten wohl alles bisher Dagewesene übertrifft, befinden sich u. A. zwei Zeichnungen, die eine eine Katze, die andere einen Mops aus dem Merkur darstellend, welche der Geist des mit Studien auf diesem Sterne beschäftigten A. von Humboldt mittelst der Hand des Barons Vay (durch magnetische Führung) gezeichnet haben soll. Baron und Baronin Vay sind nämlich hochbegnadigte Medien; mit des ersteren Hand zeichnen die Geister, durch der letzteren Hand geben sie schriftliche Auskünfte.

sich gerade zufälliger Weise in der Nähe der Personen befinden, die nach seinen Auskünften Verlangen tragen, (ein Zufall, dessen Wahrscheinlichkeit bei der unendlichen Menge von Orten im Weltall, ja nur in dem nächsten Umkreise der Erde fast gleich Null zu setzen ist), oder man müßte, weil — wie behauptet wird — der herbeigewünschte Geist sofort zur Stelle ist, dem Aetherwesen das Vermögen beilegen, wo auch immer im Weltall gerade sein Aufenthalt sein möge, das Verlangen nach seiner Person zu spüren und demselben blitzschnell zu genügen. Daß die Wahrnehmung selbst aber durch Sinne vermittelt gedacht werden müßte, und daß diese letzteren den irdischen homogen sein sollen, folgt aus der in den Mittheilungen der Geister an schreibende Medien häufig wiederkehrenden Versicherung, daß sie die bei einem spiritualistischen Zirkel anwesenden Personen deutlich sähen und das Gesprochene hörten! Die Receptionsfähigkeit dieser menschenmäßigen Geistersinne müßte nun aber als eine geradezu absolute gedacht werden: zu jenen Augen, deren Sehkraft nach Wallace die Leistungen der stärksten Mikroskope und Teloskope übertreffen, ja vielleicht spectralanalytisch die Substanzen durchdringen könnten, kämen also Ohren, die durch Sternweiten hören, so daß ihr Besitzer, (der sich vielleicht so eben auf dem Jupiter befindet), sofort vernimmt, wenn sein Name auf Erden genannt, vielleicht an ihn nur gedacht wird. Wahrlich man kann nicht mehr verlangen; eine solche Leistungsfähigkeit hat nur einen ebenbürtigen Concurrenten; an der Phantasie solcher Köpfe nämlich, denen dergleichen plausibel erscheint!

Aber verhalten wir uns einige Augenblicke naiv gläubig zu diesen Aufstellungen und verfolgen in Etwas ihre Consequenzen: Mit der durch Weltenräume reichenden Hörfähigkeit der eben gedachten Geisterohren müßte zunächst, wenn diese Fähigkeit ihrem Besitzer nicht nutzlos sein soll, die weitere

verbunden sein, sofort zu wissen, wo überall von ihm die
Rede sei, seine Anwesenheit gewünscht werde. Nun denke
man sich den Fall, daß ein und derselbe Geist von verschie=
denen Personen, an verschieden Orten in dem nämlichen
Augenblicke herbeiverlangt wird. Daß er aller dieser Wünsche
inne würde, dürfte nach dem angenommenen absoluten Hör=
vermögen nicht bezweifelt werden, um so mehr aber fragt es
sich, wie er dieser vielspaltigen Sehnsucht nach Stellung seiner
Person genügen werde und — könne; ob er unwirsch ausruft:
Laßt mich in Ruhe! — oder, mit Humboldt'scher Gefällig=
keit, Einen nach den Andern abfertigt; das Medium A zu=
frieden stellt, und mit der Entschuldigung, er habe noch vielen
Interpellanten Rede zu stehen, zu den Medien B. C. D.
u. s. w. weiter blitzt. Da der Ausfall dieses Experiments
äußerst lehrreich sein würde, so bittet Schreiber Dieses die
P. T. spiritualistischen Medien, dasselbe in möglichst großem
Style anstellen zu wollen. Die meisten größeren Städte
Europa's und Nordamerika's, dann diese beiden Continente
selbst stehen in elektro=telegraphischer Communication; es ist
daher möglich, in den Versammlungslocalen einer großen An=
zahl spiritualistischer Vereine, die sich europäischerseits etwa
in London, Paris, Wien, Berlin, St. Petersburg — ame=
rikanischerseits in Newyork, St. Louis, St. Francisco, Chi=
cago ꝛc. befinden mögen, elektrisch regulirte Uhren aufzu=
hängen, welche identische Secunden angeben. Nun wären zu
absolut gleicher Zeit an allen jenen Orten spiritualistische
Sitzungen abzuhalten, in welchen die betreffenden Medien in
derselben Secunde alle denselben abgeschiedenen Geist bä=
ten, zu erscheinen, und seine Anwesenheit kund zu thun.
Der Moment, in welchem in jedem der betreffenden Conven=
tikel diese Manifestation erfolgte, müßte gewissenhaft notirt
und durch beigezogene Polizei=Delegirte beglaubigt werden.
Würde sich dann bei'm Austausch und Vergleich der einzelnen

Sitzungsberichte ergeben, daß derselbe Geist an mehreren Orten zu absolut gleicher Zeit sich manifestirt hätte, so läge der Widerspruch klar zu Tage; denn wenn die Spiritualisten behaupten wollten, daß das nach ihrer eigenen Ansicht als individuell, an Gestalt und Größe endlich und begrenzt zu denkende Aetherwesen nichtsdestoweniger an verschiedenen Orten zugleich sein könne, so ließe sich nur sagen: wenn Ihr das mit Euren eigenen Sätzen Unvereinbare für möglich haltet, so verlangt nicht, daß wir Euch ferner anhören. Nehmen wir dagegen an, der citirte Geist verhielte sich wie es die logische Consequenz der spiritualistischen Prämisse verlangt, d. h. er erschiene nur an einem der vielen Beschwörungsorte resp. nach constatirten Zwischenräumen in mehreren oder gar nicht, so müßte die hierin liegende Auskunft namentlich die Katholiken interessiren.

Man kann annehmen, daß in den weit ausgedehnten Gebieten der katholischen Christenheit Hunderttausende von Marienbildern in Kirchen und im Freien aufgestellt sind, nicht minder, daß tagtäglich zu gleicher Zeit an den **verschiedensten Orten** Andächtige vor Marienbildern knieen, welche an den einen untheilbaren Individualgeist der Maria ihre Anliegen richten und der Zuversicht leben, dieser Individualgeist werde alle diese Bitten **zu gleicher Zeit hören**. Diesen Andächtigen, die sich zu dem Geiste der abgeschiedenen Maria oder eines anderen Heiligen gerade so verhielten, wie unsere Medien zu ihrem gleichzeitig beschworenen Geiste, müßte der Spiritualist also sagen: Täuscht Euch nicht; von allen Denen, die zu gleicher Zeit vor weit auseinander gelegenen Marienbildern knieen, haben nur Diejenigen Aussicht gehört zu werden, in deren Nähe sich der abgeschiedene Individualgeist Mariens zufällig aufhält, vorausgesetzt, daß dieselbe überhaupt gerade auf der Erde weilt und nicht vielleicht in weit entfernten Welten beschäftigt ist; denn auch Maria kann als ein Einzelgeist nicht an verschiedenen Orten zugleich sein "Das ist auch gar nicht nöthig", könnte ein eifriger Katholik erwidern — "daraus folgt aber nicht, daß nicht alle Anrufungen der Maria doch zu ihr bringen. Ein so hoher Geist kann Tausende von dienenden Engeln zur Verfügung haben, die den seiner Andacht gewidmeten Bildnissen zugetheilt sind, und die Anliegen der Beter in Empfang zu nehmen haben*). So kämen doch alle Gebete an ihre richtige Adresse und es ist so gut, als wäre Maria oder die anderen Heiligen bei ihren Bildern in Person gegenwärtig. Ihr Spiritualisten aber ruft irgend einen obscuren Geist ohne Hofstaat und Bedetten an, da ist es freilich sehr zufällig, ob er zur Hand ist, und sehr ungewiß, ob er kommt."

Ein anderer Katholik, dem etwas philosophischeres Blut in den Adern flösse, der jene Auffassung allzu kindlich fände, der sich sagte, daß ein solcher Boten= und Postendienst nicht mindere Schwierigkeiten biete, wie Dasjenige, was er erklären soll, und der vor Allem das Problem in's Auge faßte, woher

---

*) Hier wäre indeß wieder zu fragen, wie der betreffende stellvertretende Geist es anfange, die Anliegen einer größeren Anzahl von Betern aufzufassen, die etwa gleichzeitig dasselbe Madonnenbild umgeben; wie er den Inhalt dieser Gebete vernehme, zumal wenn sie lautlose, nur gedachte sind, wie er es also anfange, seinen Rapport abzustatten, wenn er der Maria nicht einmal sagen könnte, wer die einzelnen Bittenden gewesen, und was Dieser oder Jener wünsche. Oder durchblickte ein solcher Geist gleich Jedweden durch und durch, den er ansieht?! Aber auch nach dieser Auffassung wären jedenfalls solche Gebete, die an einem beliebigen Orte, fern von einem jener Bildnisse, an die Maria oder einen anderen Heiligen gerichtet würden, von aller Möglichkeit der Erhörung ausgeschlossen, da ja die Bedetten bei den Bildern stehen sollen. Oder dächte man vielleicht, daß solche private Anrufungen von dem einem jeden Menschen ad personam zugetheilten "Schutzgeist" gehört und von diesem dem nächsten Mariendiener übermittelt würden?! Eine Auskunft läßt sich freilich für Alles finden oder — erfinden.

die mit dem Gebet verbundene Erhebung stamme, möchte vielleicht zu der Einsicht durchdringen, daß in der Andacht selbst die ganze Bedeutung des Flehens liegen könne, daß der Individualgeist der Maria das Denken an sie sei und daß die Sammlung und Richtung der betenden Seele auf ein vorgestelltes Ideal das Geheimniß der Gebetswirkung sei, die eben darum überall stattfinden könne. Ob der Spiritualist hierüber nachdenken, sich in Consequenz dieser Ansicht sagen will, daß es sich mit den von ihm citirten Geistern eben so verhalten könne, dieselben und ihre scheinbare Objectivität nichts weiter als Producte einer tief innerlichen Sammlung und Concentrirung der Seelenkräfte seien, die ihre Objecte an sich selber haben, muß ihm überlassen bleiben.

Für uns jedoch liegt gerade hier der Hauptgewinn aus dieser ganzen Untersuchung; in der Einsicht nämlich: daß die menschliche Phantasie das wahre Wunder, ja noch mehr, daß sie der Zauberstab ist, der alle Wunder vollbringt. Wir sehen dieß an den Werken der Künstler, Philosophen, Dichter, der Religionsstifter und Propheten. Das Material aus dem alle ihre Gestalten und Darstellungen entstehen, sind die in ihnen aufgespeicherten Sinneseindrücke; der zündende Funke ist eine machtvolle Sammlung des Ichs. So ersteht jedes Ideal, jeder Glaube, jede Kunstschöpfung und jedes — Wahngebilde. Die Medien sind hoch sensitive Personen, die im Zustande großer Erregung des angeblich von außen kommenden Anstoßes warten, bis die Geladenheit ihrer Seele mit allerlei Vorstellungen jenen Superlativ erreicht, der in eine Ableitung nach außen umschlägt: Die Hand fliegt und schreibt „Mittheilungen eines Geistes" auf. Dieser Geist aber ist der eigene Geist des Schreibenden, der sich in Phantasiegestaltungen seiner bunten Inhaltsfülle entledigt. Das Wunderbare der entstehenden Gebilde, der Geschichten und Zeichnungen ist nicht größer als es die Wunder sind, die uns fast jede Nacht in Träumen bringt. Auch da scheint von außen in uns einzukehren, was unser eigenes Gährungsproduct, ein Weben in unserem Innern ist. Und was in Träumen wüst und verworren durcheinander schwirrt, kann bei künstlerischen, harmonisch angelegten Naturen, im wachen Zustande jene geordnete Form und Verknüpfung zeigen, die sie selbst und Andere hoch überrascht. Medien sind Menschen von so großer Lebhaftigkeit der Phantasie, daß sie ihnen selbst ein X für U macht; wie sollten sie daher nicht nach dem Worte:

„Und wenn Du Dir nur selbst vertrau'st,
Vertrau'n Dir auch die anderen Seelen" —

minder Begabte zu sich hinüberziehen, als Jünger um ihre electrische Standarte sammeln! Kann doch ein Schauspieler den erlogenen Klang dargestellter Gefühle in das Naß aufrichtig geweinter Thränen verwandeln! Wahrlich! die **Spiritualisten können nicht für den Spiritualismus zeugen, so wenig wie ein Berauschter für seine Nüchternheit**. Nur der Affectlose kann Richter sein, wenn es gilt, Affecte zu studiren.

Diese Auffassung ist die einzige, die eine objective Kritik, nicht nur der spiritualistischen Probleme sondern aller subjectiven Ueberschwänglichkeiten ermöglicht; nur der kalte Positiv bleibt der Maaßstab, um Alles, was Comparativ und Superlativ heißt, zu messen. Allem, was in religiösen Secten, von den entschiedensten Auswüchsen des Fanatismus, von den hochgradigsten Offensiväußerungen bis zu den passivsten Gebahrungen der Askese herab, je zu Tage trat, lag ein rumorender Vorstellungsinhalt zum Grunde, der nicht länger zu bergen war, in tausend Formen hervorbrach, bald mild poetisch, bald reckenhaft ungeschlacht, bald als Bild, bald als Lehre, bald als That. Wenn dann der Pulverdampf der

Explosionen weite Strecken in Nebel hüllt, rufen die Um=
fangenen: „Hier ist ein Geist, der von außen kommt! spürt
Ihr es nicht an Aug' und Nase?" —

Legen wir diesen Maaßstab der Beurtheilung nunmehr an
die „moralischen" Lehren des Spiritualismus, so
werden wir finden, daß sie nichts weiter sind, als poetische
— d. h. formschöne — Blüthen eines phantastischen Baumes.
Analysiren wir die Dithyramben der Miß Hardinge, des ge=
priesenen spiritualistischen Entzückungsmediums auf den Geist,
die Details ihrer schönen Jenseitsgemälde, was sind sie an=
ders, als Wortraketen, welche die Phantasie berauschen, aber
wie die des Feuerwerkers hoch oben in den Lüften ersterben,
gerade dann, wenn das entzückte Auge den Sieg der maje=
stätisch aufgestiegenen Lichtgarbe feiern will.

Es ist eine eigene Sache um das Philosophiren der
Frauen; die naive Zuversicht auf ihre Sätze, die sie aus
einem Materiale aufbauen, dessen Brüchigkeit sie gar nicht
ahnen, wirkt fast rührend auf einen alten Philosophenschädel,
der plötzlich hört, wie lieblich die Philosophie sein könnte,
wenn sie nicht nöthig hätte, wahr zu sein. Leider aber kann
er seinem Wunsche, sich galant zu zeigen, nicht nachgeben,
sondern muß die Fragezeichen, die in den Deductionen der
Philosophinnen zu Pünktchen zusammengerollt, verschwunden
scheinen, aufrollen und nachweisen, daß sie Schlangen sind,
die sich um unsere Füße winden. Solche ungesehene Schlan=
gen sind Begriffe wie Geist, Substantialität des
Ichs, ewige Fortentwicklung des Ichs, ein ichheit=
licher oder persönlicher (also begrenzter) Gott, die
Schaffbarkeit des Seienden, (d. h. die Annahme,
daß Sein einmal nichts oder nicht gewesen sein
könne), — lauter Annahmen, die eben so viele unerwiesene
und, was noch schlimmer ist, undefinirbare Behauptungen

darstellen, die aber gleichwohl für unantastbare Fundamente des Baues wahrer Erkenntniß gelten. Gerade jene Dogmen sollen eben erwiesen werden, denn es würde sich wohl Niemand weigern, sie anzunehmen, wenn ihnen nicht Berge von Einwänden gegenüberständen.

Nachdem wir von den Prämissen, auf denen der Spiritualismus sein Speculationsgebäude errichtet, zunächst den Fundamentalsatz von der angeblichen Selbstständigkeit der Seele, oder die Substantialität des geistigen Ichs näher in's Auge gefaßt und denselben durch den Nachweis zu widerlegen versucht haben, daß die Ergebnisse der Naturwissenschaft fast handgreifliche Beweise für die entgegengesetzte Annahme liefern, wollen wir jetzt ein anderes Hauptaxiom der spiritualistischen Lehre: den Gedanken einer „ewigen Fortentwickelung der Individualgeister" — tiefer prüfen und zu diesem Behufe den Begriff der Entwickelung selbst einer Analyse unterziehen, da eine unrichtige Erfassung gerade dieses Begriffes viel zu der herrschenden Gedanken-Verwirrung beiträgt, seine Klarstellung somit von hoher Bedeutung wäre.

II. Der Gedanke einer „ewigen Höherbildung der Seele", und die Kreislaufsnatur aller Entwicklung.

(Fundamentaluntersuchung).

Das Wort Entwicklung ist heut in Aller Munde, seitdem die Darwin'sche Theorie die Continuität organischer Gestaltung nach rückwärts aufgedeckt, und die Gesetze dieses Zusammenhanges unserem Verständnisse näher gebracht hat. Gleichwohl kann diese Theorie für den Fortschritt allgemeiner

Erkenntniß zum großen Hemmniß werden, wenn man glaubt, daß durch sie das Problem der Entwickelung ganz gelöst sei. Zugegeben, sie mache evident, wie aus einfachen Lebensformen durch Anpassung und Vererbung immer zusammengesetztere (vollkommener genannte) Formen, bis zum Menschen herauf entstehen konnten, hat sie damit wohl das Princip der Entwicklung überhaupt oder nicht vielmehr nur eine Seite seines Waltens durchschaut und erfaßt, nämlich wie dasselbe in der **aufsteigenden** Reihe der Entwicklung, als Proceß der Combination zu Tage tritt, die Reihe der **absteigenden** Gestaltungen, den Proceß der Decomposition, der Entwicklung nach abwärts dagegen außer Betracht gelassen, deren Gesetze somit erst erforscht sein wollen? Beide Seiten des Processes aber laufen nicht nur neben einander her, sondern sie schlagen in einander um und geben zusammen erst den vollständigen Begriff der Entwickelung, die dann einen ganz anderen Namen verdient, besser ganz allgemein als **Umgestaltungsaction** bezeichnet würde, von welcher man sofort einsieht, daß sie nicht nur die Complicationssteigerungen sondern auch die Rückbildungen umfaßt. Wir laufen dann nicht mehr Gefahr, bei dem Begriffe der Entwicklung einseitig an Emporbildung zu denken. Unsere Höherschätzung der cumulativen Action hat mit der objectiven Bedeutung der Vorgänge nichts zu thun, in denen dieselbe Kraft waltet, ob nun die Wirkung, d. h. die entstandene Umformung, von uns eine synthetische oder analytische genannt wird.

Umformung als solche aber, kommt immer zu Stande, was auch geschehe. Alle Entwicklung muß daher als turnus gefaßt werden, nicht einseitig als Zuspitzung. Die analytische Tendenz hat genau dieselbe Wichtigkeit. Was Zusammensetzungswesen mit Bewußtseins=, d. h. mit Unterscheidungsfähigkeit, sogenannte Subjecte, Tod und Zer=

setzung nennen, ist ja in demselben Augenblicke, mit dem Freiwerden der Componenten, der Anfang einer neuen Synthesis. Es ist von großer Bedeutung, diesen Punkt klar zu erfassen, d. h. einzusehen, daß eine „unendliche" Entwicklung nur eine in sich zurückkehrende Linie sein könne, daß nicht nur Niederes sich empor=, sondern auch Höheres sich herabwickelt, Leben in Tod, Tod in Leben umschlägt, oder vielmehr eine Weise des Daseins in eine andere; daß alles Zusammengesetzte immer wieder zu dem wird, woraus es besteht, der Act des Zerfallens oder „Sterbens" selbst aber nichts weiter als ein neuer Geburtsact ist. Es liegt ein großartiger Trost in dem Gedanken, daß Leben nur in Leben zerfallen, ja — in gewissem Sinne — nur in Höheres zerfallen kann, da man die Componenten, deren Producte „lebendig" heißen, nicht unter sondern über diese zu stellen, sie als Lebendigkeitsfactoren zu definiren hat. Zusammensetzung aber muß immer entstehen, auch wo wir von Decomposition sprechen, wie ein zusammengefallenes Kartenhaus als Kartenhaufen wieder eine Composition ist. Dächte man sich die Alles bildenden Atome mit Bewußtsein begabt, so würden sie ihre Hingabe an oder Einfügung in ein Compositum ein Aufhören ihrer Freiheit, ein Sterben geradeso nennen können, wie die aus jener Selbsthingabe ihr Leben schöpfenden Zusammensetzungsgebilde ihre Decomposition als Freiheitsverlust als Selbsthingabe empfinden, und Tod nennen, obwohl er für die sich selbst zurückgegebenen molecularen Componenten zum Fest der Auferstehung wird. Wie aber den discreten Urselbsten durch ihr Eingehen in eine Collectivaction ihre Discretion nur scheinbar verloren ging, wie den Groschen, wenn sie einen Thaler bilden; so ist auch bei dem Zerfall einer Zusammensetzung die Hingabe des Summenselbstes nur ein Scheinverlust, nur die Wiederumwechselung des Thalers in die Groschen, die seinen ganzen Werth ausmachten, ihn bildeten und immer wieder bilden können.

Im Lichte einer so erweiterten Auffassung des Entwicklungsbegriffes erscheint die Welt im Großen und im Kleinen nicht mehr widerspruchsvoll, die Räthsel verlieren ihr Beklemmendes, der Tod wird zum Schemen. Wir erkennen zunächst, daß der Makrokosmus sehr wohl die Idee einer ewigen Umformung verwirklichen könne, ohne ein Ziel im Sinne jener Entwicklung haben zu müssen, die nach einer bestimmten Seite ginge. Für das Weltall ist jedes Entwicklungsziel ohne Sinn, da es kein Wo giebt, das außerhalb seiner fiele, ihm zum Wohin werden könnte. Und auch kein Wann, denn als Inbegriff alles Raumes und aller Action im Raume umfaßt es eben Alles, also auch jedes spätere Geschehen d. h. jede Zeit, denn Immerheit des Bestandes ist von einer unendlichen Kraft unzertrennlich. Auch alles Mögliche kann und muß daher innerhalb dessen fallen, was in keinem Sinne ein Außen hat.

Betrachten wir diesem Größten, was möglich ist, dem Grenzenlosen gegenüber, jetzt das Kleinste was möglich ist, das ausdehnungslose Atom als lebendiges Einzelmoment des Universums, so erkennen wir, daß sich auf dieses der Begriff einer aufsteigenden Entwickelung ebensowenig anwenden läßt, ja daß nicht einmal von Umformung in Bezug auf das Atom zu sprechen ist. Denn Diejenigen, die durch ihr Zusammenwirken alle Veränderungen erst hervorbringen, können nicht selbst wieder der Umänderung unterliegen. Der Begriff der Vervollkommnung ist von den Atomen gänzlich ausgeschlossen, da sie schon vollkommen sind, und diese ihre Vervollkommenheit gerade darin besteht, total unveränderlich zu sein. Die einzig mögliche Veränderung ist der Wechsel in ihrer gegenseitigen örtlichen Lage, die aber, durch sie selbst hervorgebracht als consequente Bethätigung ihrer Natur zu dieser mit gehört und nur die als individuell bestimmte Action auftretende Bewährung ihrer Unveränderlichkeit ist. Bei'm Atom wäre jede Veränderung ein Aufgeben seines Wesens; ein unzerstörliches bestimmtes Actionselement und dabei unausgedehnt zu sein, macht seine ganze Natur aus. Der Bestand des Weltalls beruht auf der Festigkeit dieser Eigenschaften. Das Atom müßte sich also selbst untreu werden, um veränderungs- oder entwicklungsfähig zu sein. Und da das höchste Entwicklungs- oder Veränderungsziel des Unausgedehnten nur die absolute Ausgedehntheit sein könnte, so müßte die Aufgabe des Atoms, und zwar jedes einzelnen die sein, seine Bestimmtheit aufzugeben und sich zum Weltall zu erweitern, was unmöglich und undenkbar ist, da es nur Eine Unendlichkeit, nur Ein All geben kann. Somit ist jede Fortentwicklung oder Umänderung für das Atom ohne Sinn.

Es bleibt nun noch zu untersuchen, ob sich für die verschiedenen Atomgebilde, also für die relativ einheitlichen Zusammensetzungen der Begriff einer ewigen Fortentwicklung retten ließe. Wie sollte aber wohl eine Aufgabe, die, wie wir sahen, weder für das Weltall noch für dessen constituirende Urfactoren möglich ist, den speciellen Summenselbsten gesteckt sein können, deren ganze Selbstständigkeit eine nur erborgte ist, die nur währt, so lange die Componenten zusammenbleiben! Wie könnten Zusammensetzungen zur ewigen Fortentwicklung eines Selbstes berufen sein, dessen ephemere Constanz nur durch jenen Substitutionsproceß der Summenbildner zu Stande kommt, den wir Stoffwechsel nennen, so daß es sich überall nur um eine vorübergehende Verknotung handelt, die immer wieder in den allgemeinen Elementarstrom zurücksinkt.

Auch die Aetherwesen der Spiritualisten müßten hinsichtlich ihres fluidischen Leibes als Composita von Atomen gedacht werden, die jene zarteren Gebilde durch ihr lebendiges Wechselspiel hervorbrächten und damit zugleich, für die Dauer dieses Vorganges, den Effect der Ichheit oder Seelenhaftigkeit. Ist aber das aus Aetheratomen gebildete so gut wie das aus Schwermolecülen bestehende Bewußtseinswesen nur als eine Zusammensetzung lebendig, die **nicht sein Werk ist**, die in jedem Augenblicke wieder verwehen kann, so steht es gar nicht in seiner Macht, ein Ich zu erweitern und auszubilden, welches es nicht einmal festhalten kann.

Stellen wir dagegen den Begriff der **Umformung** obenan, sehen in aller Entwicklung nur einen turnus, der je nach der Stelle von der aus wir das Bewegungsspiel betrachten, als **Auftrieb** oder **Abtrieb** erscheint, so fällt der Auftrieb als beherrschende Kategorie. Der Entwicklung nach oben steht die nach unten gegenüber, oder vielmehr beide ergänzen sich zu Einem Vorgang: dieselben Eimer, die gefüllt emporstiegen, gehen entleert herab um immer wieder gefüllt emporzusteigen.

Proudhon's Wort: „La propriété c'est le vol" — ist nicht ganz ohne Sinn: Könnten die Aetherwesen die Aetheratome, könnten irgend welche Gebilde ihr Baumaterial egoistisch für immer an sich fesseln, so wäre dieß ein Raub an der allgemeinen Verbrauchssumme, die ewig intact verbleiben muß. Dieser Gedanke geht als Princip durch das All. Auch ein Rothschild muß alle seine Schätze hier lassen, nicht minder bis zum letzten Atom sein Selbst, das sich ihren Besitzer nannte; das Gesammtcapital muß stets flüssig bleiben. Die „ewige Fortdauer der Individualgeister" wäre aber ein solcher Raub am Allgemeinen, eine solche erstarrte Verknotung; sie kann nicht gelingen. Erden und Sonnen sogar müssen sich wieder lösen, nach Aufstieg und Entfaltung den absteigenden Weg der Decomposition betreten, auch ihre Individualewigkeit ist Schein.

Die Antwort auf die Frage, was ewige Fortentwicklung sei, kann daher nur lauten: ewige Bildung und Rückbildung, Gestaltung und Umgestaltung; hier giebt es kein Ziel, kein Schlußstreben; denn ein solches, auf den ewigen Wandel angewendet, könnte nur der Stillstand, die Versteinerung sein, die Entwickelung der Bewegung zur Unbeweglichkeit d. h. das Gegentheil von all' und jeder Weiterentwicklung. Sogar die Emporbildung alles Seienden zur Göttlichkeit könnte nicht als erreichtes Endziel gelten; vielmehr müßte ein in den „Urquell zurückgegangenes" Leben sofort den Rücklauf, den Weg der Emanation und Depravation betreten, d. h. sich wieder entgöttlichen.

Alles, was wir Ziel und Zweck nennen, hat nur relative Wahrheit; das Weltall hat in jedem Augenblicke das Ziel des Allmöglichen erreicht und jede frühere oder spätere Phase des Processes ist von objectiv ganz gleicher Bedeutung; jeder Moment der Entwicklung ein fertiges Product, ein unvergängliches Factum. Die Unterschiede der Höher- und Tieferschätzung trägt erst der Mensch in die Dinge; für ihn ist der Baum mehr als die Erde, aus der er hervorwächst, ihm steht die Blüthe höher als das Blatt, die Frucht höher als die Blüthe. Denn fragt man ihn: warum? — so muß er gestehen, daß lediglich eine Beziehung auf ihn, auf die größere oder geringere Befriedigung seines Wohlseinstriebes, seines Schönheitsbedürfnisses u. dgl. den Maaßstab seiner Werthschätzung abgegeben habe, einer Werthschätzung, die den Dingen ganz gleichgültig ist, da sie auch ohne sein Urtheil so wären wie sie sind. Die Frucht wird als Entwicklungsziel des Baumes betrachtet und gelobt, weil sie labt; es erschiene dem Menschen sonderbar, in ihr nichts weiter als die (zufällig genießbare) fleischige Hülle des neuen Saamens zu sehen; und wenn sich ihm die Einsicht aufdrängt, daß die Baumentwicklung, beim Keimkorn wieder anlangend, nur einen

Kreis beschrieben hat, so wirft er die Fruchtkerne nur darum nicht fort, weil er den ihm aus ihrer Einsenkung winkenden Nutzen bedenkt.

Es giebt nicht leicht ein lehrreicheres Gleichniß als den Baum für viele hier einschlägige Betrachtungen. Derselbe entwickelt sich durch' all' seine Pracht und Herrlichkeit hindurch nicht nur zurück zu dem Keime, der sein Anfang war, sondern noch weiter zurück zu dem Humus, der sein Boden war. Was ist nun in dem ganzen Vorgang der Culminationspunkt? die Frucht oder der Humus? Wer entschiede wohl diese Frage? Den objectiv größeren Kraftaufwand als Maaßstab genommen, steht der Moder jedenfalls höher als der Baum, denn er ist ja das Schlußproduct der ganzen Baumesarbeit, das wirklich letzte Product, obwohl gerade von ihm die Rückbildung nach oben wieder beginnt, der Moder also nicht todt, sondern potenzirtes Leben, principielle Lebendigkeit, die Quelle neuen Lebens ist. Wie der Baum zu Humus verwest, so „verwest" der Humus wieder zum Baum; verwesen heißt nur die Gestalt ändern. Die Vorsilbe „ver" bezeichnet nur einen scheinbaren Untergang, eine scheinbare Verrichtung. Was verloren geht, kann wiedergefunden werden, was vergeben wird, lebt doch (in der Erinnerung) fort, was vergessen wird, ist darum nicht absolut verschwunden, was vergangen ist, ist nur wo anders. Darum heißt es auch nicht „zer"wesen, denn Wesen kennt keinen Untergang.

Messen wir jetzt an dem Bilde des Baumes den Gedanken der Unsterblichkeit der Individualgeister, so sollte, wer diese behauptet, auch die Unzerstörlichkeit der Früchte lehren, ihnen das Recht auf ewige Erhaltung zusprechen, da sie als „höchste Entwicklungsproducte" der Pflanze nicht weiter können. Es wäre ein Frevel, die Früchte, diese Superlative der Baumentwickelung, zu pflücken; im Schmucke seiner Ehren hätte der Baum vielmehr ewiglich, ein unantastbares Heilig=

thum dazustehen. Zweihundert Aepfel gäben so etwa Zeugniß von dem erreichten Leistungsziel eines Apfelbaumes; das Gesetz wäre erfüllt. Trotzdem begeht man den Frevel, pflückt die Früchte, ja die Beraubung wird systematisch betrieben, oder die Früchte fallen ab — und was ist die Folge? daß in 10 Jahren statt 200 — 2000 Aepfel hervorwachsen. Nur indem die ersten Aepfel fielen, die höchsten Entwicklungsgebilde den Weg der Rückbildung und Zerstörung nahmen, ward Platz für immer neue. Ist es nun nicht gerade so mit der Menschheit? Dächte man sich so viel Menschen, wie die Erde irgend zu ernähren vermöchte und als höchste Erdproducte unsterblich, und nehmen wir an, es könnten so statt der jetzigen 1300, 13000 Millionen Menschen ein ewiges Erdendasein führen. Was wäre diese Zahl gegen die unermeßlich größere, welche durch die Einrichtung des Sterbens, der Rückbildung, möglich ist. Schon 300 Jahre würden genügen (von einer Progressivzunahme ganz abgesehen) jene 13000 Millionen Menschen hervorzubringen; die unabsehbar größere Menge von Individuen aber, welche die Jahrtausende in's Dasein rufen würden, müßte ungeboren bleiben.

Wo wir auch den Gedanken einer ewigen Fortentwickelung packen, die einseitig Auftrieb, Höherbildung wäre, wir finden ihn widerlegt durch die Thatsachen. Die Steigerung wächst bis zu einem gewissen Punkte und geht dann in den Rücklauf über. Nehmen wir die geschichtliche Entwicklung der Menschheit im Ganzen, und betrachten wir zur Abwechselung jenes Emporbildungsziel, welches die materialistische Weltauffassung für erreichbar hält. Kommt ihm mehr als relative Bedeutung zu, handelt es sich nicht auch hier um eine Bogenlinie? Gesetzt, der Mensch habe schon in der Tertiärzeit gelebt, sein heutiger Culturzustand wäre somit das Product einer Arbeitskette, deren Anfänge sich in das Dunkel ferner Jahrtausende zurückverlieren, und weitere Jahrtausende schüfen endlich eine menschliche Erdengemeinschaft von höchster socialer Vollkommenheit, in der eine hochgradige Selbst= und Naturerkenntniß, eine großartig gesteigerte Naturbeherrschung alles Einzelleid auf ein Minimum herabgedrückt hätte, nur noch Tugend= und Vollkommenheitsnüancen die Unterschiede eines in Liebe und Einsicht homogen und harmonisch gewor= denen Menschengeschlechtes bildeten, Krieg eine Unmöglichkeit, Armuth verbannt, Krankheit eine Seltenheit, Euthanasie*) die allgemeine Sterbweise geworden wäre, die höchste Ent= wickelung aller Fähigkeiten im Dienste des Ganzen die freu= dige Lebensarbeit der Einzelnen ausmachte — wäre etwa dieser ganzen Herrlichkeit nunmehr ein ewiger Bestand be= schieden, entginge sie dem Schicksal, dem die Frucht, der Baum, der Einzelmensch und Generation um Generation ver= fällt!? Was schuf eine jede von diesen letzteren Anderes, als den Humus für das nächste Geschlecht; und wenn das letzte, als Erbe aller früheren, den Strom des Wehes endlich über= brückt fände, sich an reich besetzten Tafeln niederlassen könnte, würde wohl das Mahl zu Ehren des vollendeten Thurmes ein Fest= und Freudenmahl sein? Würde nicht der Gedanke, daß sämmtliche Werkmeister des stolzen Baues nur als Bau= steine in demselben figuriren, einen Trauerflor um die stolze Spitze winden, die nur um solchen Preis der Frohn entrückt, hoch oben in den Lüften funkelt? Und würde nicht in diese Tage eines wehmüthigen Triumphes bereits die nahe ge= kommene neue Eiszeit ihre Schatten und Schauer werfen, alles Lebende allmälig auf den Aequatorialgürtel zusammen= drängend, bis endlich mit vollendeter Umdrehung der Erdachse eine neue Vertheilung von Meer und Land alles Menschen= werk, die Frucht unzählbarer Anstrengungen, begraben und ver= schlungen hätte? Wahrlich, mit dem Begriffe des Zwecks im

---

*) Das sanfte Hinüberschlummern der Greise.

Sinne einer ewigen Höherentwickelung ist der Weltgang nicht zu reimen, im Kleinen so wenig, wie im Großen. Wo ist der erkämpfte Menschheitszweck, wenn alle Menschen und ihre Werke zu Einmengseln einer neuen Alluvialschicht geworden sind? Nicht einmal der Seufzer Derjenigen bleibt erhalten, welche fragen wollten: Wozu dieß Alles?*)

Auf diese Frage wird nun aber gerade der Spiritualist die Antwort bereit haben, sagen, dieß sei eben die Sackgasse, in die man gerathe, wenn man die Entwicklung auf die Erde beschränke, die selbst endlich, auch nur ein Schauplatz der Endlichkeiten, der abgebrochenen Entwickelungen sein könne; dieser Umstand weise somit auf einen Entwicklungsgang hin, der außerhalb der Sterne seinen Verlauf nehme, das hier Begonnene zu Ende führe. Es fragt sich nur, ob wirklich zwingende Gründe für diese Annahme vorhanden sind.

Genügt es nicht zu sagen: Die Glieder einer Kette könnten die Kette gar nicht bilden, wenn jedes von ihnen Kette sein wollte, Vollkommenheit überhaupt ist ein Begriff, der nicht als Ziel sondern nur als Proceß Sinn hat, nur vollkommene Folgerichtigkeit alles Geschehens bedeutet! Diese aber ist vorhanden, welches Bild auch immer eine bestimmte Phase des Gesammtprocesses und jede Einzelgestaltung darbiete. Eine ewige Fortentwickelung ist nur möglich, wenn sie kein Ziel hat, sonst ist es eben mit der Entwicklung zu Ende! Alles ist sowohl Zweck als Mittel, d. h. aber es ist eigentlich keins von beiden. Zwecke, Strebziele nach einer Richtung sind nur möglich bei Bewußtseinswesen die ihre subjective Integrität zu behaupten trachten, d. h. so gut es geht — denn sie können dieß nur, indem sie eine andere Integrität schädigen, also an sich ziehen, was ihnen nicht gehört. Selbst die phy=

---

*) Siehe hierzu die Anmerkung Seite 89 und folgende:

sische Erhaltung kommt nur durch Acte der Brutalität zu
Stande; ein Gebilde macht das andere zum Mittel, zerstört
und tödtet es, um zu leben. Alles was lebt, kann nur durch
Raub und Mord sein Dasein fristen, kann sich daher auch
nicht im Geringsten wundern, wenn es, statt zu essen, zur
Abwechselung gefressen wird. Auch bei den geistig genannten
Productionen und Perceptionen muß Fremdes bearbeitet oder
assimilirt werden; auch dem Marmorblock muß Gewalt ge=
schehen, damit er zur Statue werde, der Saite, damit sie er=
zitternd, Tonwellen erzeuge, ja der Luft, die ich athmend
erfasse, und sie zwinge, mein Blut bereiten zu helfen.

Trotzdem durchzieht ein Hauch der Gerechtigkeit das ganze
Getriebe, und diese Gerechtigkeit ist eine vollständige, da sie
alles Gefangene, Großes und Kleines, immer wieder in den
Schooß der Urfreiheit zurückführt. Der falsche Egoismus der
Zusammenballungen muß immer wieder in den wahren zurück=
schlagen, der als Darbietung auftritt. Denn die Urselbste,
die Atome, können nur durch Hingabe Etwas zu Stande
bringen.

Darum kann allen auf Assimilation angewiesenen Exi=
stenzen nur ein vorübergehendes Sein zukommen; vergeblich
hofft man den Wellenberg zum Fels zu machen, man hat sich
an seiner flüchtigen Hoheit genügen zu lassen. Diese bleibt,
wie flüchtig sie auch sei, ja doch eine Wahrheit, ein unaus=
löschlicher Wirklichkeitsact, wie die einzelnen Menschen und
die einzelnen Generationen darum nicht nichts sind, weil
sie später nur noch als Bausteine zählen. Jede Generation
war zu ihrer Zeit die Zinne des Thurmes, jede war ein kräf=
tiges Wellenspiel, dessen Gewoge sich in das nächstfolgende
fortsetzte. Jede füllte ihre Stelle aus in Wohl oder Wehe.
Hat aber jedes Geschlecht die Quersumme aller Vorarbeit
genossen und weiter geführt, warum sollten die letzten Enkel

nicht billiger Weise Capital und Zinsen zurückzahlen müssen, wenn einst der Tanz zu Ende ist!*)

---

*) Es sei dem Verfasser erlaubt, aus einem jüngst — zwar anonym erschienenen — jedenfalls aber von einem hochbegabten edlen Manne herrührenden Buche: „die Religion des Zweiflers" — hier eine Stelle zu citiren, in welcher wegen der angeblichen Unerträglichkeit von Consequenzen wie die obigen, der Unsterblichkeit der Seele das Wort geredet wird. Wir werden die einzelnen Sätze jener Auslassung mit einer kurzen Kritik begleiten.

Nachdem der unvermeidliche Rückbildungsproceß der Welten, der zu ihrer Auflösung führen muß, in ähnlicher Weise wie von uns geschildert worden, heißt es:

„Endlich kommt der Tag, da der letzte Mensch den vorletzten „begräbt..... Versetzen wir uns in Gedanken in den Moment, „wo das Menschengeschlecht aufgehört haben wird, zu existiren. — „Können wir im Ernste glauben, daß mit dem irdischen Leben alles „aus ist? daß von der vieltausendjährigen Culturarbeit unseres Ge= „schlechtes gar nichts hinübergerettet wird in ein anderes Leben? „Das Alles, was Tausende von Generationen mit Ameisenfleiß und „unsäglicher Anstrengung an Wissen zusammengetragen, spurlos ver= „gehen werde.

(Antwort: Daß Wissensschätze sehr wohl spurlos untergehen können, beweist z. B. der Untergang der alexandrinischen Bibliothek. Wie viel Herrliches und Unersetzbares hatte der Ameisenfleiß der Geister dort zusammengetragen; und doch ist es auf immer verloren!)

„Wie! nichts, gar nichts sollte übrig bleiben, worauf Geschlechter „anderer vernünftiger Wesen fortbauen könnten?

(Antwort: Wozu wohl? das Gebäude hat ja den Erbauern seinen Dienst gethan! Muß denn ewig fortgebaut, Thurm auf Thurm gesetzt werden?)

„Nicht einmal die Geschichte unseres Geschlechtes sollte irgendwo „verzeichnet stehen?

(Antwort: Was wäre wohl daran gelegen? Die Facta der Geschichte bleiben Facta, ob nun ihre Details notirt werden, oder nicht. Wer grämt sich, wenn mit dem Körper auch sein Schatten verschwindet!)

Was wäre noch zu wünschen und zu wollen, wenn die Nacht hereinbricht, die ganze Welten in den Lethe des Vergessens taucht? Ist es ein Unglück, wenn das vergeht, was immer wieder werden kann? Vergeht doch das

---

„Kein Merkzeichen sollte Kunde geben, wie weit wir es in un-
„serem Culturstreben gebracht?

(Antwort: Wozu denn „Merkzeichen", wenn es weder Wanderer noch Weg und Steg mehr giebt? Muß denn ewig an Beflissene des Geschichtsstudiums gedacht werden, für die das Material sorgfältig zu sammeln wäre? Was wissen wir denn von den untergegangenen Welten und ihren Culturschätzen? Wer zeichnet heut ein Bild von Niniveh?)

„Die Erziehung des Menschengeschlechtes wäre also nur in's
„Werk gesetzt worden, um nutzlos und spurlos im Sande zu ver-
„rinnen und ewiger Vergessenheit anheimzufallen?

Antwort: Die Erziehung des Menschen ist nicht „ins Werk gesetzt worden", sondern sie ist sein eigenes Werk, und zwar das Werk der Noth, und ihr Zweck Bekämpfung der Noth; d. h. sein Glückseligkeitstrieb hat sich selber erzogen. So weit nun dies geglückt, es dem Menschen gelungen ist, seine Bedürfnisse mit denen seiner Mitmenschen in Einklang zu setzen, und die Naturkräfte sich dienstbar zu machen, ist ja der Zweck der „Erziehung" erreicht, die Noth verschwunden oder auf ein Minimum herabgedrückt. — Wozu müßte irgend ein Dritter von diesem seinem Siege wissen?)

„Die Natur hätte Wesen in's Dasein gerufen, mit der Fähigkeit,
„Lust und Schmerz zu empfinden, hätte den unstillbaren Durst nach
„Wahrheit, nach Erweiterung der Erkenntniß, den Drang nach Selbst-
„veredlung und Selbstverleugnung, nach Förderung des allgemeinen
„Wohles, die Sehnsucht nach einem höchsten Gut in unsere Brust
„gelegt, ohne daß es einen vernünftigen und bleibenden Sinn und
„Zweck hätte? Die Natur hätte sich also mit unserem irdischen Leben
„nur ein läppisches Spiel erlaubt, etwa wie Kinder, welche mit
„großer Geduld und zurückgehaltenem Athem Kartenhäuser bauen
„und sie halbvollendet selbst wieder zerstören? Glaube das, wer kann,
„ich, trotz meiner Zweifelsucht, glaube es nicht. Der gesunde Men-

nicht mit, was aller Zusammensetzung zum Grunde liegt! Ein neues Chaos geht mit neuen Welten schwanger.

Hat doch Alles seinen Tag gehabt; gleichviel ob derselbe als Sonnenleben Billionen, als Planetenleben Millionen, als

„schenverstand, der mir trotz aller Klügelei treu geblieben ist, erhebt „gegen solche Annahmen lauten und energischen Protest."

(Antwort: Wenn wir — die hier als Person eingeführte „Natur" ganz bei Seite gelassen — Wesen sind, welche Lust und Schmerz empfinden, so machen wir ja von dieser Fähigkeit während unseres ganzen Lebens Gebrauch; und was den unstillbaren Durst nach Wahrheit, nach Erweiterung unserer Erkenntniß betrifft, so gelangt ja Jeder hierin soweit er kann, und was dem Einen verschlossen bleibt, erreicht und erfaßt ein Anderer, der ebenfalls ein — Ich ist. Der Drang nach Selbstveredlung, die Fähigkeit der Selbstverleugnung, die Hingabe an das Allgemeinwohl aber — sind nur höhere, d. h. als besser zum Ziele führend erkannte Weisen, dem Selbstbeglückungstriebe genug zu thun (siehe den nächsten Aufsatz: Sittengesetz und Unsterblichkeit); und wer in diesem Sinne lebt und handelt, hat ja Dasjenige als Genußobject im Besitz, was man „höchstes Gut" nennt, dessen „bleibender Sinn" eben darin liegt, das höchste Gut, d. i. die höchste Weisheit zu sein. Welch' anderer „Zweck" wäre sonst noch nöthig?

Von einem läppischen Spiel ist deshalb in keiner Weise zu reden; außer wir betrachteten selber unser Thun und Treiben, unsere Leiden und Freuden zwar nicht als ein Spiel, mäßen aber dem Allen verständiger Weise nur relative Wichtigkeit bei. Jedenfalls hat man kein Recht, Vorwürfe auf eine fingirte Persönlichkeit: Natur — zu häufen.

Wohl kann der höchste und letzte Zweck alles Strebens nur in Befriedigung bestehen. Wer sagt denn aber, daß dieser Zweck von jedem Einzelnen und zwar nach allen Richtungen voll erreicht werden müsse? Dieß ist nicht nur unbescheiden, sondern auch einfach unmöglich. Es genügt wohl, daß ein Jeder an dem Allgemeinen seinen Antheil habe. Der angeblich „gesunde" Menschenverstand leidet etwas stark an der Neigung des Ueberfressens; jeder Mikro-

Gattungsleben Tausende, als Artenleben Hunderte von Jahren umfaßt, oder als Exemplarleben Jahrzehnte, Jahre, Monate, Tage oder nur Stunden dauert, oder als Gefühl, Wunsch, Gedanke mit Meteoresschnelle Kopf und Herz durchzuckt. Da, wirklich da gewesen ist der Gedankenblitz so gut wie das Sonnenleben, die Eiche wie das Infusorium. Mit dem Sein als solchem hat die Länge der Dauer gar nichts zu schaffen; zum Dagewesensein ist nur Ein Moment nöthig und mehr als Eines Momentes auf einmal könnte auch ein ewiger Gott nicht froh werden; alle Wiederholung aber hat nur äußerliche Bedeutuug.

Ewig, im Sinne der Dauer, ist nur das Ver= gangene; in diese Ewigkeit geht jede Configuration über; hier ist jene unvergängliche individuelle Existenz, die keine Macht mehr anficht; hier ist das Werdende geworden, jedes Ent= wicklungsziel erreicht und zwar in jedem Augenblicke erreicht, denn jeder Moment knüpft ein neues, noch nie dage= wesenes Configurationsglied an die eherne Kette der Vergan= genheit, die der Mensch das „Jenseits" nennt.

Wer diese Weltauffassung trostlos findet, philosophirt mit Wünschen statt mit Einsichten, möchte den Tempel der Erkenntniß zum Wohnhaus umbauen mit Zimmern, Küche und Keller und auch der Spiritualismus ist nichts weiter als ein solcher Umbauversuch. Die tragenden Pfeiler werden ver= längert, das Dach bekommt eine höhere Stelle, die unteren

---

kosmus möchte das ganze Universum verschlingen. Strebe doch Jeder so weit als er kann und sterbe mit der Zuversicht, daß andere, frische Kräfte da weiter zu bauen fortfahren werden, wo er aufgehört. Ist Schulze voll Liebe, so wird ihn Müllers Glück gerade so erfreuen, als ob er selber Müller wäre.

Geht aber eine ganze Welt in Trümmer, nun so ist nichts Anders geschehen, als wenn ein Einzelner die Augen zumacht; denn jeder Einzelne hat nur ein einziges Leben zu verlieren.)

Räume werden längs und quer geschieden, der Hauptsaal in's oberste Stockwerk verlegt — in solchem Hause sollen dann wir und alle unsere Wünsche Platz haben. Wer sich von solchen Bildern nicht losreißen kann, wird nie verstehen, was das Geistige, was Ewigkeit, was Jenseits sei. Das Geistige wird ihm zu „Geistern" mit Körpern ja mit Kleidern, nur einige millionen Mal dünner als die irdischen, die Ewigkeit zu einem Weiterlauf nach vorn, das Jenseits aber zu einem Ort. Dann kann einfach weiter gespielt werden, denn die Acteurs sind gerettet, auch eine Bühne ist wieder da, nur die Regie ist eine andere geworden, sowie die Stücke, die zur Aufführung kommen.

Und ist es denn der Spiritualismus allein, der solche Fabeln spinnt? Schwebt nicht die Mehrzahl der Menschen, was die einseitige Auffassung des Entwicklungsbegriffs, und die leidige Personificirung des Geistigen anlangt, in demselben Dämmer der Unklarheit?

Wie weit sich diese Unklarheit erstreckt, zeigt sich am besten an demjenigen Argumente, welches von den Spiritualisten aller Kategorieen, d. h. von allen Unsterblichkeitsgläubigen mit Einmüthigkeit für ihre Lehre in's Feld geführt wird. Wir meinen den Hinweis auf das Sittengesetz, auf „den nimmer müden Prediger des Gewissens", dessen Forderungen nur bei Annahme einer über das Grab reichenden Verantwortlichkeit, also bei einer Fortdauer der seelischen Person, Sinn und Verständlichkeit gewännen.

In je größerem Ansehen dieses Argument steht, und je mehr man an ihm einen Trumpf zu haben glaubt, vor dem alle Einwürfe verstummen müßten, um so mehr erscheint es geboten, diesen Hauptpfeiler der spiritualistischen Theorie auf seine Festigkeit zu prüfen, und zu diesem Zwecke in eine Untersuchung über das Wesen der Sittlichkeit und ihr Verhältniß zur Unsterblichkeitsfrage näher einzugehen.

III. Das Sittengesetz und sein Verhältniß zur Unsterblichkeitshypothese.

(Fundamentaluntersuchung).

Der Behauptung: das Sittengesetz postulire die Individualunsterblichkeit — stellen wir die andere gegenüber: Die Ethik hat mit der Unsterblichkeit gar nichts zu thun; ihre Hoheit bleibt unangetastet, wie man auch über die letzten Fragen denken möge; die Pflichten des Menschen bleiben dieselben, auch wenn sie auf die Spanne zwischen Geburt und Tod beschränkt sind; ja sie entfalten gerade unter dieser Voraussetzung ihre ganze Größe. Wir wollen dieß zu beweisen suchen.

Der Begriff des **Unrechts** ist erschöpfend definirt als Wohlseinsschädigung, gleichviel worin dieselbe besteht, und gegen wen sie gerichtet ist. Diese Definition ist so weit, daß sie auch die Unterlassungssünden mit umfaßt.

Wohlsein, Integrität, Harmonie, stellt sich somit als das letzte und einzige Ziel alles Handelns dar, die Ethik als der Codex der Wohlseinsregeln. Sie ist der Stamm der ganzen Utilitätslehre, da sie sagt, was nütze ist, nicht nur, wie etwas zu nützen ist.

Das Urtheil darüber, was dem Wohlsein der Gesammtheit förderlich oder abträglich sei, fällt diese selbst durch Aufstellung der Gesetze, welche die dem Gemeinwohl schädlichen Handlungen mit Strafe bedrohen, und so Leid durch Androhung von Leid hintenanzuhalten suchen. Die Berechtigung hierzu sowie seine Verantwortlichkeit vor dem Gesetze der Mehrheit muß der Einzelne zugestehen, da er selbst ein Glied jenes Ganzen, demselben entsprossen und von ihm getragen ist und es ihm nicht entgehen kann, daß die Befolgung dieser Gesetze auch ihm eine Schutzwehr gegen Eingriffe in sein

Wohl bietet. Außerdem steht er der Uebermacht des Verbandes gegenüber, welcher die Unterordnung seiner Theile erzwingen kann.

Anders verhält es sich mit denjenigen Handlungen, die, innerhalb der gesetzlichen Schranken, der Freiheit des Einzelnen überlassen bleiben und die sehr unrecht sein können, auch wenn sie gegen keinen Paragraphen des Strafrechts verstoßen. Hier ist das Gebiet des eigentlich Sittlichen, der aus freier Wahl hervorgehenden Entschlüsse, über deren Werth nur jene „innere Stimme" urtheilt, welche der Mensch das Gewissen nennt, und deren Ursprung er über den Sternen sucht.

Wir wollen trachten, die Natur dieses geheimnißvollen Mahners zu ergründen und zu ermitteln, woher er die feine Waage nimmt, auf der er nicht nur unsere Handlungen sondern sogar unsere Gefühle, Wünsche und Gedanken wägt. Zunächst ist klar, daß das Gewissen — als ein Urtheil — nur in urtheilsfähigen, d. h. in Denkwesen, und zwar nur da entstehen kann, wo eine Mehrheit solcher Wesen in Gemeinschaft und Verkehr tritt. In einem einzelnen Menschen hätte nur ein durch und durch egoistisches Gewissen zu Stande kommen können, da es nur die Wohlseinspflichten dieses Einen gegen sich selbst zum Gegenstande gehabt hätte. Ein Gewissen in dem umfassenden Sinne des Sittengesetzes, entsteht erst, wenn unsere Thaten und Gesinnungen das Wohl und Wehe Anderer mit berühren; wenn wir in die Alternative gerathen, entweder einen Wunsch auf Kosten Anderer zu verwirklichen, oder auf denselben zu verzichten; überhaupt aber, wenn es sich darum handelt, zwischen Glückswerthen verschiedener Kategorie eine Auswahl zu treffen. Unsere Entscheidung in solchem Falle gilt als Maaßstab unseres sittlichen Werthes; in Wahrheit bezeugt sie nur den Klarheitsgrad des Urtheils, das sich in den Aussprüchen des Gewissens spiegelt. Denn die verpflichtende Gewalt derselben versteht sich von selbst, weil der Einzelne nicht umhin kann, in ihnen die Abwägungen seines eigenen Urtheils zu erkennen, dieses aber nothwendig die letzte Instanz bildet, an die er hinsichtlich seines Wohls und Wehes appelliren kann.

Gerade dieser Einsicht, daß das Gewissen unser eigener Wohlseinsrathgeber sei, noch mehr aber der Behauptung, daß das Streben nach Glückseligkeit als das einzige Motiv aller Handlungen zu gelten habe — scheint es nun zu widersprechen, daß die Urtheile des Gewissens so häufig mit unseren Wünschen collidiren, wir uns aber trotzdem zur Befolgung der ersteren verbunden fühlen. Hier schürzen sich die Schwierigkeiten des Problems zu jenem Knoten, dessen gewähnte Unauflösbarkeit zur Aufstellung eines transcendentalen Moralprincipes führte, weil man es widersinnig findet, das Streben nach Vortheil, Wohlsein, Glück, auch dann als Ausschlag gebendes Motiv zu betrachten, wenn der Gewissenswahrspruch auf Entsagung lautet.

Es läßt sich aber nachweisen, daß dieser Widerspruch nur ein scheinbarer ist; daß in der That das Princip des Vortheils unter allen Umständen maaßgebend bleibt, auch wenn der Weg zu ihm durch Opfer und Beschwerde führt, daß auch Derjenige, der aus freier Entschließung Entbehrung und Trübsal auf sich nimmt, von der Absicht geleitet wird, seinem Glücke zu dienen. Denn da jede Handlung die Folge eines Entschlusses ist, jeder Entschluß aber aus einer Abwägung der in einem gegebenen Wahlfalle von unserer Entscheidung zu erwartenden Folgen hervorgeht, so heißt dieß schon, daß unser Sinnen stets auf diejenige Alternative gerichtet ist, von der wir uns das meiste Glück oder das mindeste Leid versprechen. Es ist absolut unmöglich, sich ein anderes Motiv als maaßgebend zu denken. Ein Gut soll errungen, der Wohlseinszustand verbessert oder wiederhergestellt werden; ohne dieses Ziel rührt sich kein Finger, forscht kein Auge, lauscht kein Ohr, regt sich kein Gedanke. In Betreff des leitenden Motivs existirt also kein Unterschied zwischen dem Tugendhaften und dem Lasterhaften. Selbst der Teufel müßte gestehen, daß er sein „Wohlsein" suche, wenn er Zerstörung und Wehe schafft; und ein Gottschöpfer und Beglücker der Wesen konnte mit allen Thaten der Liebe erst recht kein anderes Ziel als Selbstbeglückung im Auge haben; denn Wem hätte er mit der Schöpfung eine Freude machen können als sich, wenn außer ihm vor der Schöpfung kein anderes Wesen existirte!

Wenn somit die denkbar edelste aller Thaten: die Selbsthingabe eines Gottes an eine Schöpfung, nur als eine That des Egoismus, d. h. des Selbstbeglückungstriebes gedacht werden kann, so ist es wohl natürlich, wenn wir diese einzig mögliche Triebfeder eben überall, in allen Bewußtseinserscheinungen des Weltalls wiederfinden, und daß sie mithin auch den Urtheilen des Gewissens zu Grunde liegt.

Es ist deshalb gar keine andere Auffassung zulässig, als die, in den Gewissensregungen die Manifestationen des Vortheilstriebes zu sehen, der auf Herausfindung des dem Selbstwohl Förderlichsten gerichtet ist und gerade darum das Urtheilsergebniß zur Directive unseres Handelns zu machen sucht. An sich sind daher alle Einzelurtheile, insofern sie getreue Abdrücke des individuellen Einsichtsgrades sind, vollkommen gleichwerthig und gleichberechtigt, da die Wohlseinsrathschläge nicht anders und nicht besser ausfallen können, als es die Urtheilsklarheit des Individuums zuläßt; alle aber, die höchsten wie die niedrigsten, sich auf das gleiche Motiv, auf das Streben nach Glückseligkeit, zu berufen vermögen. Die Verschiedenheit der Ideale von Glück und Befriedigung kann dabei so weit gehen, daß der Eine gut nennt, was angenehm, der

Andere angenehm, was gut ist;*) der letzte Sinn in dem Verlangen beider ist doch derselbe.

Deshalb ist der Vorwurf, welchen ein zart ausgebildetes Gewissen dem grobkörnigen macht, völlig nutzlos, weil er gar nicht verstanden wird; denn wie sollte der Hinweis: bei einer solchen und solchen Handlungsweise wäre mehr Glück zu hoffen gewesen — bei Demjenigen verfangen, der mit den Wirkungen seines Thuns und Lassens wohl zufrieden ist?

Zu einem ethischen Forum von einiger Breite, d. h. zu einer Verständigung darüber, was objectiver Weise als das erstrebenswertheste Gut zu betrachten sei, konnte es daher nur sehr allmälig kommen und das Sittengesetz, weit entfernt, als etwas Ursprüngliches und Fertiges in jedem Herzen zu wohnen, war vielmehr die mühsam reifende Frucht eines langen Abklärungsprocesses, den das menschliche Unterscheidungs- und Urtheilsvermögen durchmachen mußte. So gelangten endlich jene Begriffe zum Durchbruche und zur Geltung, welche heute als verpflichtende Normen des menschlichen Strebens und Handelns dastehen, und als Regulatoren des Wohlseinstriebes so allgemein anerkannt sind, daß sie als „sittliche Grundsätze" schon frühe**) den Kindern vorgeführt und eingeprägt werden.

Der Weg aber, der zu diesen Begriffen, d. h. zur Theorie

---

*) So fallen auf den untersten Stufen der Glücksbeurtheilung die Begriffe des Guten und Angenehmen noch völlig zusammen, wie bei jenem Buschmann, der es gut nannte, wenn er einem Anderen das Weib raube, schlecht dagegen, wenn ihm sein eigenes geraubt würde — während bei sittlich hoch entwickelten Naturen gerade die Mitrücksicht auf fremdes Wohl in solchem Grade zur bewußten Bedingung ihres eigenen werden kann, daß schon Blicke und Wortbetonungen unter die ethische Disciplin fallen.

**) So daß das so früh Eingeprägte dem späteren, dieser Genesis entrückten Bewußtsein für „angeboren" gilt.

von der Selbstbescheidungspflicht des total egoistischen Eigen=
willens führen mußte, läßt sich leicht erkennen. Es war der
Weg oder die Schule practischer Zurechtstoßung: die Erfah=
rung des Einzelnen, der eine rücksichtslose Durchsetzung seines
Eigenwillens an dem der Andern scheitern oder ein unmode=
rirtes Handeln zu seinem Schaden ausschlagen sah, lehrte ihn
allmälig in der Rücksichtnahme auf das Wohlbefinden Anderer
eine Mitbedingung, einen Factor seines eigenen Wohls
erkennen und veranlaßte ihn, im eigenen Interesse sein Thun
nach dieser Einsicht zu regeln.

Früher oder später aber mußte diese Praxis im Verein
mit der sich fortwährend erneuernden Wahrnehmung, daß das=
selbe Streben nach Wohlsein und Erhaltung, nach Abwehr
des Unangenehmen und Störenden, im einen wie im anderen
Menschen, ja in allen Lebewesen herrsche, dem so angebahn=
ten Begriffe der Gegenseitigkeit zum Range eines Principes
verhelfen, welches in der Formel: Man solle Niemandem an=
thun, was man sich selbst nicht angethan wünsche — seinen
besonnenen, wenn auch zunächst nur negativen Ausdruck fand;
bis — zuletzt — auch die positive Seite dieses Gedankens
erfaßt und jenes Verbot durch das Gebot vervollständigt
wurde: daß Jeder gegen die Anderen auch so handeln solle,
wie er wünsche, daß diese gegen ihn handelten.

Erst als in diesen Grundsätzen die Bedingungen mensch=
lichen Glückes richtig erkannt waren, konnte der Solidaritäts=
begriff in den Einzelnen Leben gewinnen, zum mitbestimmen=
den Factor ihres Handelns werden und der Aufbau eines
Allgemeinglückes beginnen. Nun erst war jene Gesinnung
möglich geworden, welche in der Mitarbeit an dem großen
Wohlseinskunstwerke ihre Freude suchte, und in der Hingabe
des Einzelnen an das Wohl des Ganzen nicht mehr ein Opfer,
sondern die Erringung des größeren Gutes sah.

Waren somit jedenfalls große Zeiträume und lange Ent=

wickelungskämpfe nothwendig, bevor das Bewußtsein der Menschen im Großen und Ganzen diesen Standpunkt erreichte, der den Strom des Wohlseinstriebes in geregelte Bahnen lenkte, so kann es nicht auffallen, daß dieser Proceß, welcher in dem Bewußtsein jedes Einzelnen von vorn anhebt, im Kleinen jene Kämpfe wiederspiegelt; daß in einem Jeden die Urtheils- und Gewissenswaage lange spielen muß, bevor ihm die einfache Wahrheit aufgeht: daß das Wohlsein der Gattung mehr bedeute, als das des Individuums, das Glück Vieler mehr als das des Einzelnen; d. h. bevor er den Gedanken, daß das Ganze mehr werth sei als die Theile, das größere Gut mehr als das kleinere — in seiner absoluten Allgemeingültigkeit erkennt, und denselben Grundsatz, der ihm in den bürgerlichen Gesetzen als eine äußere Macht gegenüber getreten war, nunmehr auch als innere Macht, als den Kern der Sittlichkeitsforderungen wiederfindet. Und wie er jene Gesetze als Consequenzen des egoistischen Principes billigen mußte, so muß er es auch in Betreff dieser Forderungen, welche nur den Grundsatz, daß immer und überall dem größeren Gute das kleinere nachzustehen habe, tiefer nüanciren und zur völligen Ausgestaltung bringen. Und mag ihn die unerwartete Metamorphose, das Umschlagen des egoistischen Princips in das ethische auch zunächst mit Staunen erfüllen; er kann doch nicht umhin, diesen neuen Standpunkt, obwohl von ihm aus sein Einzelglück klein und unbedeutend erscheint, als den richtigeren anzuerkennen und den früheren Centrumswahn aufzugeben.

So beginnt der Mensch seine egoistische Laufbahn in der Hoffnung und mit der Absicht, den Makrokosmus in sich hineinzuziehen, Welt und Menschen seinem Ich dienstbar zu machen — Befriedigung und Aneignung scheinen ihm identisch; — um schließlich zu der Einsicht vorzudringen, daß er seine Ziele auf der entgegengesetzten Seite zu suchen habe, daß nicht Aneignung, sondern umgekehrt Enteignung, Selbsthingabe, Unterordnung seiner Einzelwünsche unter die Bedürfnisse des Ganzen der Weg zum wahren Glücke sei.— Aber zu dieser Einsicht gelangt freilich nur der, der des eigentlichen Maaßstabs inne wird, der als der letzte wahre aller Werthbeurtheilung zu Grunde zu legen ist, und für den alle zu messenden Objecte zu Nüancen eines einzigen Generalobjectes geworden sind. Bis dahin ist es dem Gefühl des Einzelnen schwer, sich in die unerbittliche Logik jener Metamorphose zu finden; und wenn er sie nicht zu erschüttern vermag, so glaubt er sich um so mehr zu der Annahme berechtigt, daß eine tiefe Kluft zwischen dem ethischen und egoistischen Principe liege, behauptet, der in sein Gegentheil umgeschlagene Egoismus dürfe nicht mehr Egoismus genannt werden, und erklärt es für ein Spiel mit Worten, den Zweck der Selbstbeglückung auch Demjenigen zu imputiren, der gerade sein Wohlbefinden opfere, um ein anderes nicht zu schädigen oder gar um so hohen Preis zu fördern. Das so erzeugte Glück möge freilich dem Ganzen frommen; indem aber gerade Derjenige vom Genusse desselben ausgeschlossen sei, der es zu empfinden am meisten verdient hätte, werde die Anwendung des Glücksbegriffes auf den Entsagungsmuthigen zu einer Art von Hohn, da der Trost, daß das kleinere Wohl bei seinem Aufgehen in ein größeres in diesem erhalten bleibe, also nicht verloren gehe — werthlos werde, wenn das Ich erloschen sei, dem er gelten soll; denn Glück müsse empfunden werden, um diesen Namen zu verdienen. Man müsse also entweder Glückseligkeit als Ziel der Wesen aufgeben, oder den Unsterblichkeitsglauben zu Hülfe nehmen, durch den allein die Disharmonie zwischen Tugend und persönlichem Wohlsein ihre Auflösung und die so ungleiche Vertheilung der Glückswerthe ihre Correctur finden könne.

Nachdem wir diese Argumente, welche von jeher als die

festesten Stützen der (von uns angefochtenen) Unsterblichkeits=
lehre gegolten haben, in ihrem ersten Theile bereits durch
den Nachweis entkräftet zu haben glauben, daß es **unmög=
lich sei, ein anderes Motiv als das Streben nach
Glückseligkeit** oder Befriedigung — und zwar in dem
durchaus egoistischen Sinne persönlicher Befriedigung — allem
Wünschen und Handeln, also auch dem des Tugendhaften
unterzulegen, wollen wir jetzt den schwierigeren, ja für uner=
bringlich geltenden Beweis zu führen suchen: daß dem opfer=
willig oder „selbstlos" Handelnden der Lohn, d. h. das volle
Aequivalent seines Strebens und Ringens wirklich und zwar
ihm selber, und hier auf Erden, zu Theil werde.

Gelingt dieser Nachweis, d. h. gelingt es zu zeigen, daß
auch der letzte Theil der oben skizzirten Bedenken vor einer
tieferen Betrachtung nicht Stand hält, so fällt wieder eine
Hauptstütze der Unsterblichkeitshypothese, und diese kann, selbst
ihres Haltes beraubt, nicht länger der spiritualistischen Theorie
zum Eckstein dienen.

Die principielle Tragweite solches Ergebnisses und die
Tendenz der vorliegenden Schrift rechtfertigen daher wohl den
eingehenden Charakter dieser Untersuchung; zumal dieselbe
einem Thema zu Gute kommt, welches — auch abgesehen
von den hier maaßgebenden Gesichtspunkten — das wichtigste
Problem menschlichen Nachdenkens bleibt, dessen befriedigende
Lösung noch keineswegs gelungen ist. Denn keine Philo=
sophie bis heute kann sich rühmen, den Begriff „Pflicht"
genügend oder erschöpfend definirt und ein unanfechtbares
Fundamentalprincip der Ethik aufgestellt zu haben. Die starr
äußerliche, das Sollen des Individuums schon in sich be=
greifende Nothwendigkeit Spinoza's kann so wenig befriedi=
gen, wie der „kategorische Imperativ" Kants, der — wie
Schopenhauer ganz richtig hervorhebt — an einer petitio
principii leidet: indem als „Gesetz" schon hingestellt wird,

was eben begründet werden soll. Schopenhauers eigenes Moralprincip aber — das „Mitleid" — ist wohl ein wichtiges Entwicklungsmoment der Sittlichkeit, nicht aber deren Wurzel zu nennen, da ja das Mitleid selbst erklärt sein will. Als diese Wurzel nun würde Schopenhauer, wenn er die volle Consequenz seines Gedankens gezogen, der Genesis des Mitleids nachgeforscht hätte, wieder nur den Egoismus gefunden haben, da das Motiv des „aus Mitleid" Handelnden offenbar nur der Wunsch sein kann, durch Aufhebung einer sich ihm darstellenden und zu einem Theile seines Vorstellungsinhaltes gewordenen Disharmonie eben jene Mißempfindung zu enden, in die er sein Ich verwickelt sieht. Denn **Mitleid ist Mit=Leiden; wer also aus Mitleid hilft, thut es gerade darum, weil er mitleidet, und dieß eben nicht will.***

Daß es aber überhaupt zu solcher Mitleidenschaft kommt, erklärt sich ganz einfach aus dem Walten der **Phantasie**, die als Vermittlerin der Vorstellungen des Individuums dieses zwingt, den Zustand des eigenen Ichs mit dem des fremden zu vergleichen, d. h. die fremde Situation als die eigene zu denken, sich an die Stelle des Anderen zu versetzen, da nur so eine Erfassung des Unterschiedes möglich ist.

Die Genesis der ethischen Begriffe liegt hier klar vor Augen: Dieselben erweisen sich als Momente, die von dem modus procedendi des Vorstellungsvermögens mit bedingt sind, die durch den fortschreitenden Entwickelungsproceß des Unterscheidungs= und Urtheilsvermögens aus dem egoistischen Keime des Glücksbedürfnisses mit derselben Naturnothwendigkeit hervorgetrieben werden, wie aus einem rauhen Stamme

---

*) Zu dem von Schopenhauer so oft citirten „tat twam asi!" — (Das bist Du!) — der Inder tritt die egoistische Natur dieses ethischen stimulans mit kindlicher Naivität zu Tage.

der ihm so unähnliche und dennoch zu ihm gehörige Blüthenzweig.

Würde man diesen Sachverhalt gründlich erwägen, so würde das durch eine falsche Consequenzenziehung so lange verdeckte Verhältniß zwischen Sittlichkeit und Egoismus endlich klar werden. Denn statt in diesen beiden Motoren zwei diametral entgegengesetzte Principien zu sehen, würde man sie als die, zwar verschiedenen, aber durch unzählige Vermittelungsstufen verbundenen Weisen erkennen, in denen demselben einen Ziele persönlicher Glückseligkeit nachgestrebt wird. Deshalb kann die Behauptung, daß dieser oder jener Handlungsweise der Vorzug gebühre, immer nur durch den Nachweis gestützt werden, daß der empfohlene Weg das größere Glück verheiße. Und daß man in allen Fällen wirklich so verfährt, beweist am besten, wie sehr der Mensch im tiefsten Inneren von der absoluten Alleinherrschaft des egoistischen Princips überzeugt ist. Steht doch auch Denjenigen, die in dem Sittengesetz ein völlig exclusives Princip in Händen zu haben glauben, um der Anpreisung desselben Nachdruck zu geben, auch bei der studirtesten Augenverdrehung und allen Künsten salbungsvoller Verbrämung, kein anderes Mittel zur Verfügung als der Hinweis auf ein zu gewinnendes Gut — oder auf einen andernfalls zu gewärtigenden Nachtheil*), wobei gerade die Behauptung, daß es sich um Gewinnung eines „höchsten" Gutes, um die Vermeidung „schwersten" Leids handle, erst recht die Ausschlag gebende Gewalt des Selbstbeglückungstriebes bezeugt. Deshalb ist auch alle Reue lediglich Kummer über verfehltes Glück, gleichviel worin es bestehe.

Wenn somit der Höhengrad des Glückes der einzige Werthmaaßstab menschlichen Handelns ist, so muß es ein Kri-

---

*) Der Teufel auf der Kanzel würde sich genau eben so verhalten.

terium geben, nach welchem sich der objective Werth der Wohl=
seinsgrade schätzen läßt. Dazu aber ist vor Allem die Beant=
wortung der Frage nöthig, was denn Glück selber sei,
worin Wohlsein bestehe; weil ohne eine allgemeingültige
Definition von Glück, welche entscheiden läßt, ob ein Object
überhaupt unter die Kategorie der Glückswerthe falle, die Rich=
tigkeit der Wahlurtheile völlig uncontrollirbar wäre.

Freilich vermag nur tiefernste Besinnung diese Cardinal=
frage zu stellen, den Glücksbegriff selbst, oder die Natur des
Glückes zum Gegenstande kritischer Prüfung zu machen, auf
Grund der Einsicht, daß die Beantwortung dieser Frage*)
die Vorbedingung aller weiteren Schlüsse sei.

Aber damit ist dann auch der Berg erklommen und das
Problem wird durchsichtig.

Denn da die Instanz, welche über die Glückswerthe
entscheidet, das Urtheil selber ist, da nur dieses die Fähigkeit
des Vergleichens und Schließens besitzt und Niemand außer
ihm da ist, dem die Herausfindung des Zuträglichen zum
Nutzen gereichen, ja nur verständlich werden kann, so muß
das Wesen des Glückes in der eigenen Befriedigung des
Urtheils liegen, womit der Satz von der Alleinherrschaft des
egoistischen Princips seine tiefste und letzte Bestätigung erhält.

Dann verschwindet der Widerspruch, welcher zwischen
dem Glücke, welches das, Gewissen genannte, Urtheil fordert,
und demjenigen zu bestehen scheint, welches unseren Wünschen
vorschwebt — vor der Erkenntniß, daß wir selbst jenes Ur=
theil sind, welches wir nur zu haben glauben, daß Ich
und Urtheilskraft zusammenfallen, da sich das Ich eben gar
nicht entscheiden könnte, wenn es nicht selbst das Urtheilende
wäre.

---

*) Die sich Millionen Menschen niemals stellen und daher jeden Quark mit Glück verwechseln.

Ist einmal dieser dualistische Schein zerronnen, das Trugbild eines Doppel=Ichs verschwunden, dann werden wir auch der großen Wahrheit inne, daß Alles, was im besonderen Wohlsein, Glück, Befriedigung, Abwehr von Leiden heißt, nur die Bedeutung von Veränderungen unseres Bewußt= seinszustandes hat, daß, welche Eindrücke auch mit ein= ander verglichen werden, nur Bewußtseinseindrücke mit einander verglichen werden und zwar von dem Bewußtsein selbst, da ja nur dieses empfinden und genießen kann; denn Urtheil und Bewußtsein sind dasselbe. Bewußtseinssache ist Alles; ob mich ein Stiefel oder ein Mord drückt, ob ich im Genusse eines Bratens oder einer Hymne schwelge.

Besteht aber alles Wohlsein in Gedankenbefriedigung, d. h. im Einverständnisse des Urtheils mit seinem jeweiligen Vorstellungsinhalt, ist also der Grad dieser Uebereinstimmung der eigentliche Werthmaaßstab des Glückes, mit Bezug auf Entschlüsse und Handlungen also deren das Urtheil befriedi= gende Beschaffenheit, so bleibt nur noch die eine letzte Frage übrig — und unser eigenes Urtheil, d. h. wir selbst müssen sie beantworten können; — worin denn das Urtheil seine Befriedigung suche, von welcher Natur die Objecte sein müssen, die den Beifall des Urtheils finden sollen, d. h. in was das Glück des Urtheils, das einzige wirkliche, bestehe. Hier wieder die Uebereinstimmung des Vorstellungsinhalts mit dem Urtheile anzuführen, hieße sich im Kreise drehen, da wir eben wissen wollen, wie die Vorstellungen beschaffen sein müssen, welche dem Urtheil gefallen sollen.

Die Antwort kann, dem egoistischen Generalprincip ge= mäß, nur lauten: Dem Urtheil ist alles und nur dasjenige genehm, was seiner eigenen Constitution, d. h. den Gesetzen entspricht, die sein Wesen ausmachen und die es zum Aus= druck bringt. Wenn wir aber nach diesen Gesetzen forschen, so finden wir, daß der Plural nur ein scheinbarer ist, daß es sich in Wahrheit nur um die speciellen Manifestationen eines einzigen letzten Gesetzes oder vielmehr Grundbegriffes handelt, den keine Speculation noch weiter vertiefen kann. Es ist der Begriff der Verhältnißmäßigkeit, der harmonischen Gliederung, der abgestuften Wesenswerthe, der Unterordnung der Theile unter das Ganze, des Kleineren unter das Größere — der Alles beherrscht und somit auch unser Urtheil. Der uns im Kunstwerk als das Schöne, in der edlen That als das Gute, in der gewonnenen Erkenntniß als das Wahre entgegentritt, erhebt und entzückt.*) Das Mehr oder Minder von Verhältnißmäßigkeit ist also der einzig mögliche Maaßstab, den das Urtheil an Fremdes und an Eigenes anlegen kann; denn es ist weiter nichts als dieser Maaßstab, und wir selbst sind es, die den Tactstock des Gewissens schwingen. Deshalb können wir unserem Urtheile so wenig entgehen, wie unserem Schatten. Kann ich eine äußere Wohlseinsmehrung nur dadurch erkaufen, daß ich, im Sinne der Vernunft, eine Unverhältnißmäßigkeit begehe, so räth das „Gewissen" (d. h. meine gewisse Erkenntniß des wahrhaft Verhältnißmäßigen) von diesem Tausche ab, da der Schaden den Nutzen überwiegen, das äußere Ungemach nur in's Innere verlegt sein würde. Umgekehrt, wenn durch Uebernahme und Ertragung äußeren Leides die innere Harmonie gewinnen kann, so räth das Gewissen, diesen vortheilhaften Tausch einzugehen. Und wie der leibliche Magen gerade die leckersten Speisen oft als unverdaulich zurückweist, so verwirft das als letzter Wohlseinsregulator fungirende Gewissen oft diejenigen Handlungen, von denen wir uns zwar die besten Wirkungen versprechen, die aber nur das einseitig

---

*) Bis zu der primitiven Freude herab, die das Kind über die Gewißheit des Satzes empfindet, daß 1 und 1 = 2 und 2 × 2 = 4 sei.

Angenehme oder die Befriedigung des Momentes im Auge haben.

Das Schlußergebniß dieser Studie gipfelt also in den Sätzen, daß:
1) alles Glück Bewußtseinssache sei;
2) das Maaß des Glückes dem Grade von Verhältnißmäßigkeit entspreche, den das Urtheil in einem Vorstellungsinhalte findet;
3) das höchste Glück in Hinsicht auf unsere Wünsche und Handlungen also in dem Bewußtsein ihrer Uebereinstimmung mit den Harmonieforderungen des Denkens bestehe.

Damit darf nun aber wohl der Beweis als geführt erachtet werden, daß (wie Seite 102 behauptet wurde) dem Opferwilligen, dem Entsagungsfreudigen in der That das Aequivalent seines Handelns — und zwar ihm persönlich — zu Theil werde. Denn wenn alles Glück (ja jegliches Empfinden) lediglich Bewußtseinssache ist, und das größere Glück in dem Bewußtsein besteht, der größeren Verhältnißmäßigkeit die Ehre gegeben zu haben, so genießt der in solchem Sinne sich Bethätigende in dem beglückenden Beifall seines Urtheils ja das einzig wahre Glück im höchsten Grade, und zwar sogar dann, wenn das Bewußtsein solchen Glückes nur ein Moment wäre, dem die Nacht des Todes folgte.

Wer dieß bestreiten wollte, hätte zu beweisen, daß die Intensität des Glückes von ihrer Dauer mitbedingt und abhängig sei, daß der qualitative Gehalt eines Bewußtseinswerthes durch Recapitulation gesteigert werde.

Dieß ist aber nicht nur nicht der Fall, sondern es läßt sich zeigen, daß vielmehr, zwar nicht die objective Größe eines Vorstellungsinhaltes, wohl aber die Empfänglichkeit unseres

Bewußtseins für dessen Wirkungen, also gerade die in Betracht kommende Affection, durch Wiederholung abgeschwächt wird; denn kein Erinnerungsbild vermag die Leibhaftigkeit des Urbildes zu erreichen.

Wenn ein Arnold von Winkelried in dem Momente, da er die mit weitem Ausgriff gepackten Lanzen der geschlossenen feindlichen Colonne sich in die todesmuthige Brust bohrte, um den Seinen und der von ihnen verfochtenen Idee eine Gasse zu bahnen — das höchste Bewußtseinsglück empfand, hätte dasselbe wohl, bei angenommener Rettung seines Lebens, eine Zunahme erfahren können? Wäre nicht jede spätere Erinnerung an diese seine That deren immer flacher werdender Abklatsch gewesen? Eine aus immer matteren Strahlen gewobene Photographie des großen Momentes, den er in der Wirklichkeit genoß!?

Oder hätte das Denkerglück eines Euklid und Pythagoras über die von ihnen gefundenen Lehrsätze, geschweige deren Wahrheit, etwa zugenommen, je öfter sie sich dieselben vergegenwärtigt hätten?

Gewiß hat das keinen Sinn, sondern man muß einräumen, daß es genügt, alles was Schmerz oder Lust heißt, überhaupt empfunden zu haben, um einen Bewußtseinsinhalt und damit ein Factum zu begründen, welches durch keine Dauer wachsen, aber auch durch keine Macht vernichtet werden kann.

Dann aber, d. h. im Lichte dieser Erwägungen, verlieren gerade die beklemmendsten Anomalieen des menschlichen Daseins ihren Stachel, und jener Unsterblichkeitsglaube wird überflüssig, der den Jammer über solche Anomalieen zur Basis hat.

Denn ist alles Bewußtseinsglück der adäquate Ausdruck einer durch ihre Glieder mit Nothwendigkeit bestimmten Verhältnißgröße, so ist auch die Incongruenz zwischen Glück und

Tugend eine nur scheinbare, und das Bedürfniß nach einem ausgleichenden Jenseits entfällt, da es demselben gerade in der Hauptsache an Stoff gebräche. Wozu ein Extra=Himmel, wenn es in eines Jeden Hand steht, sich das auch in solchem einzig denkbare Glück des Bewußtseins selbst und hier zu schaffen? Himmel ist überall, wo Seligkeit ein Herz durchzieht; denn der Himmel ist ein **Gefühl** und nicht ein **Ort!**

Aber seltsam! diese Wahrheit, die in dem Satze: Jeder trägt den Himmel oder die Hölle in der eigenen Brust — längst ihren präcisen Ausdruck gefunden — gilt für eine Metapher; während die sichtlich den Stempel der Bildlichkeit an sich tragenden Phantasiegespinnste über die Modalitäten eines jenseitigen Daseins für baare Münze genommen werden. Und wenn man anfängt, das ewige Hallelujahsingen nach= gerade etwas langweilig zu finden, so sollen doch jedenfalls „weiße Gewande" ein nicht zu umgehendes und wörtlich zu nehmendes Attribut der Engelthumscandidaten bleiben.

Doch auch dieses letzte Hembe wird fallen, wenn die menschliche Besinnung genügend auf das kalte Bad vorbereitet sein wird, das ihrer harrt. Denn wenn einst, nachdem alles auf Zeitgewinn berechnete Herumtänzeln als nutzlos erkannt, der horror frigoris überwunden, der schwere Sprung gethan sein wird, — dann wird der Unsterblichkeitstraum ganz von selbst sein Ende gefunden haben, und man wird nicht nur den Schluß: daß der Wunsch des Individuums nach einer ewigen Weiterentwickelung dessen Erfüllung und die dazu nöthige Fortdauer der Seele verbürge — als einen fehler= haften, sondern diesen Wunsch selbst als einen unbe= rechtigten erkennen und aufgeben. Und zwar, weil man sowohl seine Unvereinbarkeit mit der überall sich als Kreis= lauf darstellenden Entwickelung (im Sinne unserer vorigen Studie) durchschauen, als auch bei fortschreitender Vertiefung in das Universalprincip der Verhältnißmäßigkeit der hochgradigen Unverhältnißmäßigkeit eines Verlangens inne werden wird, welches allein mit der Unersättlichkeit der menschlichen Natur im Einklange steht. Dann wird man Denen, welche die Unsterblichkeitslehre auf das: sic volo, sic jubeo! — zu stützen fortführen, den dann längst zum Dogma gewordenen (heut noch mißliebigen) Satz Ludwig Feuerbachs entgegenhalten: daß die Wünsche des menschlichen Herzens nicht Gesetze sind für die Welt — und sie auffordern, denselben entweder anzunehmen, oder durch den Nachweis zu widerlegen, daß der Makrokosmus dem Mikrokosmus unterthänig sei.

Es möchte ihnen schwer werden, diesen Nachweis zu führen; und sie würden es auch gar nicht versuchen, sondern umgekehrt fordern, daß man ihnen zeige, wie denn jenes Uebermaaß menschlicher Wünsche entstehen konnte, deren „Unverhältnißmäßigkeit" doch auf eine nicht selbst wieder als irregulär zu denkende Wurzel zurückführbar sein müsse, weil sonst gerade jene Wünsche der beste Gegenbeweis gegen die behauptete Universalität des Verhältnißmäßigkeitsbegriffes sein würden.

In der That wäre dieser Einwand vollberechtigt, und die Aufdeckung der Genesis jener Wünsche erscheint demnach als das beste Mittel, den letzten Knoten unseres Problems zu lösen.

Diese Lösung aber, und damit den Quellpunkt der Verwirrung aufzufinden, ist nicht so schwer: Er liegt in der Verwechselung oder ungenauen Auseinanderhaltung der beiden Standpunkte, auf denen das Bewußtsein des Menschen, wegen seiner Doppelrolle als Eigenwesen und als Gattungspartikel balanciren muß. Als Individuum weiß er sich als Ganzes für sich, ist sich Hauptperson, ja Weltcentrum —; im Rückblick auf seinen Hervorgang aus einem größeren Ganzen, dem er angehört, und von dem er getragen wird, zerstiebt dieser Wahn wieder; denn da fühlt er sich als Bruchtheil, als Nebenperson, als unbedeutender Peripheriepunkt.

Da er nun, in Folge der Nöthigung, immer der größeren Befriedigung den Vorzug zu geben, an der letzteren Vorstellung weniger Behagen findet, als an der ersteren, so substituirt er unwillkürlich — wenn es sich um Glücksziele handelt — diejenigen der Gattung seinen eigenen, wobei ihn gerade das Bewußtsein seiner Gattungsangehörigkeit in den Wahn verstricken hilft, als könne oder solle er, der Einzelne, dasjenige erreichen und vollbringen, was nur als Product der gemeinsamen Arbeit Aller Sinn hat, als Leistung oder Genuß sich auf die Gesammtheit aller Einzelnen vertheilt.

Und weil er ferner, als Einzelner, zu erwägen vermag, welch' unübersehbare Steigerungsreihe von Wahrheits=, Schönheits= und Tugend=, überhaupt aber von Glückswerthen denkbar ist, so meint er umsomehr, es müsse das ihm idealiter Faßbare ihm auch realiter erreichbar sein.

So entsteht jener Wahn, welcher in jedem Einzelnen einen Gläubiger des Weltalls, in jedem Lichtstrahl einen Focus sieht; während ein von dieser Verwechselung der Standpunkte frei gebliebenes Bewußtsein einfach sagen würde: Was Du nicht erreichen, genießen und leisten kannst, werden Andere, wird Der oder Jener erreichen und genießen; alle aber sind Iche wie Du, und so wird die Bedingung ja erfüllt, wonach nur Ichen die Güter wachsender Erkenntniß, Schönheit und moralischen Werthes zu Theil werden können, und die Gesammtheit möglicher Glückswerthe (die den Inhalt jenes aparten Reservoirs — des „Himmels" — bilden sollen) kommt zu wirklicher Vertheilung.

Daß aber jeder Einzelne Anspruch auf Alles, ja die Pflicht habe, ein Superlativ zu werden (der in diesem Falle eigentlich gar keinen Plural vertrüge), ist eine krasse Ueber=

schwänglichkeit, die soviel Sinn hat, wie etwa der Vorsatz, Palmenwälder zum Frühstück zu verzehren, oder die Forderung, ein jeder einzelne Thaler solle sich zur Million ausweiten, ja zur Summe alles Geldes werden.

Wie maaßvoll erscheint dem gegenüber die Glücks= und Pflichtauffassung der Bienen, an deren practischer Ein= und Unterordnungsphilosophie sich die „„Herren der Schöpfung" ein Muster nehmen könnten.

Geschähe dieß aber endlich, handelte der Mensch wie die Bienen, die in gemeinsamer Arbeit, ohne Zaudern und Grübeln, sich ihren Himmel, den Honig, schaffen, der, aller Werk, einer jeden von ihnen die gleiche Fülle des Genusses bietet — machte er endlich das: hic Rhodus, hic salta! — zu seinem Wahlspruche, gäbe und nähme nur noch nach Sicht zahlbare, nicht mehr aber jene Wechsel, von denen ihm der Einlösungsort so unbekannt ist wie der Fälligkeitstermin — dann würde auch das wunderlichste und ungerechteste aller für die Unsterblichkeitsforderung geltend gemachten Argumente verstummen, dessen Besprechung uns noch übrig bleibt. Es ist die Ansicht, daß die Ungleichheit der menschlichen Lebensloose, die in der verschiedenen, ja ungerechten „Vertheilung" der zum äußeren Wohlsein erforderlichen Lebensbedingungen ihren Grund habe, ein Jenseits fordere, welches diese Unregelmäßigkeiten corrigire.

IV. Die Ungleichheit der Lebensloose und das menschliche Elend als Gründe für den Unsterblichkeitsglauben.

Wir nannten dieses Unsterblichkeitsargument wunderlich und ungerecht und denken dieß zu beweisen: Wird nämlich der ungleiche Antheil der Einzelnen an den äußeren Wohl=

seinsbedingungen, oder vielmehr der Schwierigkeitsunterschied
hinsichtlich ihrer Erreichung, eine der Correctur bedürftige
Anomalie genannt, so heißt dieß, daß jedes menschliche Indi=
viduum als solches den Anspruch auf einen relativ gleich
großen Wohlseinsquotienten habe. Wenn aber die Menschheit
diesen Satz als eine Wahrheit proclamirt, so ist es äußerst
sonderbar, daß sie die erforderliche Remedur einem Jenseits
zuweist, (in welchem gerade die einer besseren Repartition be=
dürftigen Werthe nach der geläufigen Auffassung fehlen sollen,
ohne daß sich über die Qualitäten der dort präsumirten Er=
satzwerthe das Geringste feststellen ließe) — statt den empfun=
denen Uebelständen s e l b s t u n d z w a r a n O r t u n d S t e l l e
abzuhelfen.

Denn da die Menschheit in ihrer Gesammtheit selbst
die Summe jener Güter in Händen hält und verwaltet, über
deren „ungerechte Vertheilung" sie jammert, so steht es ja
ganz und gar und nur allein bei ihr, den für wünschenswerth
und gerecht erklärten Zustand herbeizuführen. Thut sie dieß
nicht, schlägt sie ihrem eigenen Axiom in's Angesicht, so hat
sie dieß doch wahrlich nur mit sich selber auszumachen,
nicht aber von unbekannten Mächten die Erfüllung einer Auf=
gabe zu fordern, zu der ihre eigene Kraft ausreicht. Hieran
ändert auch der Einwand nichts, daß die Ungleichheit mensch=
licher Denkungsart oder vielmehr die ungleiche Ausbildung
der Urtheilsvermögen der Erreichung jenes Zieles ungeheuere
Schwierigkeiten entgegenstelle. Denn dann ist es eben die
unerläßlichste aller Aufgaben, durch Verallgemeinerung der
Urtheilsklarheit jene Einmüthigkeit hinsichtlich des leitenden
Princips herbeizuführen, welche ein gemeinsames Vorgehen
erlaubt. Wie viel Zeit die Menschheit noch gebraucht, um
der Einsicht, daß das Glück des Ganzen mit dem seiner
Theile zusammenfalle, zum vollen Durchbruche zu verhelfen,
dem Solidaritätsbegriffe die Alleinherrschaft zu sichern, ist ihre

Sache; einem Jenseits hat sie die eigene Aufgabe jedenfalls nicht aufzubürden.

Aber — werden die schwer zu Ueberzeugenden hier ausrufen — die durch den zur Allgemeinherrschaft gelangten Humanitätsbegriff denkbaren Correcturen könnten sich doch immer nur auf rein sociale Unverhältnißmäßigkeiten erstrecken, nicht aber auch auf die ein sehr ansehnliches Contingent zu dem allgemeinen Ungemach stellenden Unterschiede der Abstammung, des Geburtslandes, der individuellen Körper- und Geistesbeschaffenheit u. s. w.; in diesen bleibe somit ein jeder Rectification unzugänglicher Disharmonierest übrig, welcher aller menschlichen Correcturen spotte. Vor Allem bleibe die furchtbare Trias von Schmerz, Krankheit und Tod, deren Walten allein hinreiche, alles Glück illusorisch zu machen; und eben, weil hier jede menschliche Hülfe versage, suche man Trost in dem Glauben an eine bessere Welt, in welcher jene schlimmsten aller Uebel in Wegfall kämen.

Abgesehen von dem hier wiederkehrenden Wahn, als ob das Vorhandensein menschlicher Wünsche deren Erfüllung bedingte, so darf behauptet werden, daß sich hinsichtlich der Abstellbarkeit des ersten Theils der hier zur Sprache gebrachten Anomalien ein auch nur annähernd zuverlässiges Urtheil zu einer Zeit noch gar nicht fällen läßt, in welcher kaum die Abstellung der schreiendsten socialen Gebrechen begonnen hat, und daß wir heut noch nicht entfernt den Umfang und den Momentenreichthum der Gebiete übersehen können, welche die in ihrer ganzen verpflichtenden Größe erfaßte Idee der Verhältnißmäßigkeit dem Regenerationsprocesse zu unterwerfen vermag. Zu diesen der humanitären Correctur zugänglichen Momenten kann aber sehr wohl ein großer Theil derjenigen Nachtheile gehören, welche dem Individuum aus den Zufälligkeiten seiner persönlichen Abstammung und den Verhältnissen seines Geburtslandes heute noch erwachsen; wenn es

8*

nämlich, und in dem Maaße als es der immer siegreicher vordringenden menschlichen Culturarbeit gelungen sein wird, den ganzen Erdball allmälig zu einer von Ort und Klima immer unabhängigeren, der Hauptsache nach gleichartigen Wohnstätte einer nur noch vom Gerechtigkeitsbegriffe regierten Menschengemeinschaft zu machen.

Und wer wollte behaupten, daß sich nicht auch einst die körperlichen und intellectuellen Besonderheiten der Individuen unter die Zucht einer vorschauenden Directive stellen lassen, daß die Menschen nicht auch lernen könnten, das Propagationswerk dem großen allgemeinen Principe zu unterwerfen! In Hinsicht auf körperliche Beschaffenheit des Nachwuchses durch eine immer klarere Erfassung und Befolgung der Bedingungen normaler Organisation bis zum Embryo herab; in Hinsicht der propagirungswürdigen intellectuellen und moralischen Qualitäten durch Niederreißung der Schranken, welche das Weib von der recht eigentlich ihr zugehörigen Domaine der Zuchtwahl trennen, und ihr die Rolle des Objects, die zweite Rolle, da zuweisen, wo ihr, wenn nicht die erste, so doch eine gleiche wie dem Manne gebührt.

Die Herstellung des richtigen Verhältnisses in diesem Punkte wäre sicherlich ein Hauptmittel, um einerseits die am meisten zu einander passenden Individuen zu verbinden, also die besten Ehen zu stiften, und um andererseits nur die vererbungswürdigsten und lebensfähigsten Eigenthümlichkeiten auf neue Menschenkinder zu übertragen, und so nicht nur den Fortbestand, sondern die Weiterbildung des Geeignetsten durch Züchtung immer höher organisirter Keimlinge zu sichern.

Daß es aber, und wie bald es in dieser Beziehung zur Betretung des richtigen Weges komme, ist der Menschheit eigene Sache; sowie es auch ihre Sache ist, daß allmälig die Medicin zur Nosophthorie, überhaupt aber die

Lehre von der Verhinderung und Vermeidung der Uebel, zur practischen **Prophylaxis**, und diese zum **Mittelpunkt aller Lebenskunst** werde.

Diejenigen, deren Leben in den Werdeproceß, in die Vorbereitungsstadien dieses Zieles fällt, haben deshalb nicht zu trauern, da ihnen in der Vorstellung des zu erreichenden Gutes, noch mehr aber in dem Bewußtsein kräftigen Mitthuns, d. h. in der einzig möglichen Form alles Glückes, ein nicht minderes Freudenmaaß zu Theil wird, wie den die Erfüllung erlebenden Enkeln, die zwar die vollen Schüsseln vor sich haben, dafür aber das Bewußtseinsglück des Producirens entbehren.

Versinkt so Anomalie um Anomalie vor der Tragweite zukünftiger Menschenthat, so bleibt nur noch die menschliche Ohnmacht gegen die drei unerbittlichen Feinde Schmerz, Krankheit und Tod als Stütze der Hoffnung auf ein Jenseits übrig, in welchem auch diese schwersten Uebel ihr Ende finden sollen.

Nun wohl! diese Hoffnung ist keine vergebliche; ein solches Jenseits existirt! Das — Tod genannte — Aufhören des Bewußtseins erfüllt auch diese letzten Wünsche, mit Einschluß der biblischen Verheißung, daß in „jener Welt" keine „Zeit" mehr sein wird. Denn natürlich! Zeit giebt es nur für ein unterscheidendes Bewußtsein. —

Aber damit soll man sich denn auch zufrieden geben, und einsehen, daß Alles, was hierüber hinaus von einem Jenseits gefordert wird, widersinnig und deshalb unmöglich ist. Dieß gilt vor Allem von der Vorstellung, welche in dem Jenseits wiederum ein Leben, nur ein anders geartetes, sieht, ohne der contradictio in adjecto inne zu werden, welche in der Zusammenstellung von „Jenseitigkeit" und „Leben" liegt. Wie könnte wohl das Jenseits in Wahrheit seinen Namen verdienen und die ihm zugemutheten Leistungen erfüllen, wenn es nicht vor Allem auch jenseits des — Bewußtseins läge! Dieß ist nur Denen unbegreiflich, die sich nicht klar zu machen vermögen, daß der durch das Wort „Jenseits" bezeichnete Gegensatz nicht einen Orts= sondern einen Zustandsunterschied bedeutet, und zwar den allergrößten, der nur denkbar ist. Dieser aber ist — gerade wenn man Leben mit Bewußtsein identificirt — offenbar der Zustand der Unbewußtheit. (Daß dieser darum keineswegs, wie gewöhnlich geurtheilt wird, gleichbedeutend mit Nichtsein oder Nichts ist, erhellt aus der Erwägung, daß, wie wir vor unserer Geburt und zwar von Ewigkeiten her in irgend einer Form existirt haben mußten, obwohl unbewußt, wir auch nach Beendigung der kurzen Lebens= oder Bewußtseinsepisode nicht überhaupt zu sein aufhören, sondern nur in den früheren, unbewußten, uns von je geläufig gewesenen Fundamental= zustand zurücktreten.)

Wer den Gedanken klar erfaßt, daß der dem Leben „jenseitige" Zustand nothwendig Leblosigkeit, speciell Unbewußtheit sein müsse, sieht im Principe ein, daß alle gewähnten positiven Qualitäten eines zukünftigen Lebens ihren Sinn verlieren, wenn, bei Wegfall des Bewußtseins, das Subject fehlt, dem sie angehören sollen.

Es läßt sich aber auch direct einsehen, und zwar gerade in Betreff des bedeutsamsten der, oberflächlicher Weise für möglich gehaltenen, Seligkeitsprädikate — der Schmerzlosig= keit nämlich — daß dasselbe mit der Fähigkeit, verschiedene Eindrücke zu unterscheiden — welche einem als Leben gedachten Jenseitigkeitszustande nicht fehlen dürfte — völlig unvereinbar ist, daß also in einem solchen Jenseits das schlimmste aller Uebel — der Schmerz — in alter Weise fortbestände.

Dabei ist es ganz unerheblich, ob man, zwischen körper= lichen und geistigen Schmerzen unterscheidend, etwa speciell

an den Wegfall der ersteren dächte, da diese doch auch nur
insofern Schmerzen sind, als sie das Bewußtsein, und
zwar auf eine unangenehme Weise afficiren, mithin sich in
der Hauptsache den vorzugsweise geistig genannten Schmerzen
völlig analog verhalten, sodaß in letzter Instanz die einen
wie die anderen ganz gleichlautend, nämlich als „widriger
Vorstellungsinhalt" definirt werden müssen.

Wo ein solcher möglich ist, ist eben Schmerz möglich,
und da die als ästhetisches und ethisches Mißfallen (namentlich wenn letzteres die eigene Harmonie betrifft) auftretenden
Bewußtseinsschmerzen an Stärke der Pein den schlimmsten
Köperleiden nicht nur gleichkommen, sondern dieselben weit
übertreffen können, so würde, wenn auch nur diese Leiden
in einem jenseitigen Leben möglich blieben, die gewünschte
Schmerzlosigkeit sicher nicht gewonnen sein, wohl aber und
ganz allein dann, wenn mit dem Tode das Bewußtsein
selbst, also das Vermögen des Empfindens, Unterscheidens
und Urtheilens erlischt.

Ueberblicken wir noch einmal den durchmessenen Weg:

Wir hatten damit begonnen, zunächst die Unwahrscheinlichkeit einer selbstständigen Substantialität der Seele durch
den Hinweis auf die für die entgegengesetzte Ansicht sprechenden Resultate der naturwissenschaftlichen Embryologie und
Biologie darzuthun; dann die Analogielosigkeit des
eigentlichen Motivs der Unsterblichkeits=Hypothese: einer
in Ewigkeit fortschreitenden Höherbildung der Seele — an
einer Untersuchung über die Natur aller Entwicklung nachgewiesen, als welche, ziellos und immer fertig, stets einen Kreis
beschreibend, für jene Annahme nicht den geringsten Anhalt
biete; und zuletzt hatten wir der aus den Forderungen des

Sittengesetzes gefolgerten „Nothwendigkeit" der Seelenfort=
dauer — weil ohne sie jene Forderungen haltlos und unver=
ständlich und die edelsten Zielpunkte des Glückseligkeitstriebes
unerreichbar seien — den Nachweis gegenübergestellt: daß das
Sittengesetz nur der in fortschreitender Besinnung sich läu=
ternde Glückseligkeitstrieb selber sei, dessen ursprüngliche Form,
der Egoismus, allmälig vor der Einsicht zusammensinkt: daß
der Einzelne seine Befriedigung in der Selbstbescheidung
und Selbsthingabe zu suchen habe, da nicht die Herrschaft
des subjectiv Zusagenden, sondern des objectiv Verhältniß=
mäßigen den ewigen Bestand der Weltordnung verbürgt.

So wird das Ich, oder Einzelbewußtsein, von Consequenz
zu Consequenz bis zu der Schlußeinsicht getrieben, daß der
Unsterblichkeitsglaube auch eine Unverhältnißmäßigkeit
sei, die schon als solche fallen müsse: daß aber auch — seine
etwaige Erfüllbarkeit vorausgesetzt — durch sie das mensch=
liche Hoffnungsgebäude keinesweges gekrönt, sondern diese
Krönung umgekehrt verhindert, die Erreichung der Schmerz=
losigkeit unmöglich werden würde. Denn in dieser allein
muß das Urtheil zuletzt den einzig sichern Trost, das denk=
bar höchste Gut erkennen.

V. Von der absoluten Unmöglichkeit eines vollkommenen Glückes.

Für Diejenigen, denen der Beweis für die Wahrheit der
Buddha = Schopenhauer = Hartmann'schen Glückselig=
keitsformel noch nicht genügend erbracht schiene, welche fort=
führen, sich die „Gefilde der Seligen" als disteln= und dor=
nenlos vorzustellen, sei zum Schlusse das Fehlende noch in
einem kleinen Excurse nachgeholt.

Dieselben gäben vielleicht im Allgemeinen die Möglichkeit des Schmerzes auch in einem zukünftigen Leben zu, hofften und vermeinten aber, eine fortwährende Seligkeitszunahme werde demselben mehr und mehr Terrain entziehen, bis er zuletzt in jener „absoluten Seligkeit" erlösche, die als ein Hauptattribut der Gottheit und der zu ihr durchgedrungenen Seligkeitsaspiranten gilt.

Aber die so Sprechenden hätten wahrlich diesen Punkt wenig eindringend erwogen; denn sonst würden sie sich sagen, daß ein als persönliches und bewußtes Wesen, als Weltschöpfer und Glücksspender gedachter Gott, d. h. gerade ein Gott in ihrem Sinne, ein von furchtbarem Wehe durchzucktes Innere haben müßte, und zwar umsomehr, je bewußter man sich ihn, ja wenn man ihn gar als allwissend denkt.

Denn da in diesem Falle nicht nur alles Harmonische, sondern auch alles Disharmonische zu seinem Vorstellungsinhalte gehören würde, so müßte man entweder behaupten, daß er, im Widerspruche zu den ihm gleichfalls beigelegten Prädikaten der Liebe und des Erbarmens, mit eisiger Gleichgültigkeit die Bilder tausendfältigen Jammers an sich vorüberziehen lasse, oder aber zugeben, daß auch er, und zwar gerade er, alles Unschöne und Böse als disharmonisch und widrig, mithin als Wehe oder Schmerz empfinde,*) in der sich stets erneuernden Riesensumme des Jammers aller Welten demnach den Inbegriff aller nur möglichen Schmerzen und in allen nur erdenkbaren Graden koste, daß also der „absolut selige" Gott vielmehr das wehe- und trauervollste aller Wesen sei.

Aus dieser Schlußbetrachtung ergiebt sich wohl klar, daß die Vorstellung eines vollkommenen Glückes ein Wahngebilde

---

*) Ganz conform jener kindlichen Auffassung, welche von Gottes Mißfallen, seinem Zorne und seinen Strafgerichten spricht.

ist, und daß kein Jenseits und kein Himmel ungetrübte Selig=
keit zu bieten vermag — wenn nicht einmal ein Gott
von Leiden frei erscheint.

Wir könnten hiermit unsere Aufgabe als gelöst, das
ganze Lehrgebäude des Spiritualismus durch Exstirpirung sei=
nes Fundamentalaxioms als umgestürzt betrachten, sapienti
sat! sagen, wenn nicht die auf die Bewohnbarkeit ihres Phan=
tasieheims Schwörenden den Einwand übrig hätten: es sei
gar nichts bewiesen, so lange nicht auch die „Unmöglichkeit"
der Seelenfortdauer dargethan sei. Diese Fortdauer möge sich
bei dem jetzigen Stande unserer Erkenntniß vielleicht als
unwahrscheinlich oder unnöthig, ja gar als unver=
hältnißmäßig und zwecklos darstellen, und könne trotz
alledem ein Factum sein. Hierfür sprächen aber die durch
einen fortwährend wachsenden Zeugenkreis bestätigten spiritu=
alistischen Erscheinungen, die nur als Wirkungen intelligenter
wenn auch unsichtbarer Wesen erklärbar seien.

Nun allerdings! Zwei Zugeständnisse sind nicht zu um=
gehen: der Beweis von der Unmöglichkeit der Seelen=
fortdauer läßt sich nicht führen, und: wenn es den (bei
Annahme einer Gesammtzahl von 8 Millionen) etwa 2 Procent
der civilisirten Menschheit ausmachenden Spiritualisten gelingen
sollte, die anderen 98 Procent zu ihren Ansichten zu bekehren,
so fielen alle Proteste wie Kartenhäuser zusammen, und auch
diese Schrift gehörte dann nur zu den plaidoyers für eine
verlorene Sache, zu den Documenten für den tiefen Stand=
punkt unseres heutigen Wissens und Begreifens. Dann frei=
lich gälte es, von Neuem in die Schule zu gehen, nämlich
in die Schule des Verlernens — um Platz zu schaffen für
das neue Evangelium.

Bis dahin aber darf das Deficit unseres Verstandes uns nicht auf das Kerbholz des Gewissens gesetzt werden, und die Gefahr einer Blamage vor der Weisheit späterer Geschlechter hat uns von der bestmöglichen Verwerthung unsrer heutigen Intelligenz nicht abzuschrecken.

Wir gehen deshalb, das Unmögliche unmöglich sein lassend, zur Besprechung der noch unerwogenen Seiten des Problems über, zufrieden, wenn so ein Schlußergebniß von auch nur relativer Festigkeit zu gewinnen ist.

VI. Der Gesichtspunkt der Continuität, und ihre Consequenz: die Präexistenz-Hypothese.

Das noch zu prüfende, speciell von Wallace geltend gemachte Argument für den spiritualistischen Glauben, ist die Idee der Continuität, der sprunglosen Verknüpfung aller Seinsformen — deren ausnahmslose Herrschaft er als Mitaufsteller der Descendenz- und Transmutationstheorie, mit Wärme verficht. Mit diesem Gesetze der stetigen Vermittelung und allmäligen Umbildung soll es nämlich auf's Beste stimmen, wenn der Tod lediglich ein Uebergang in ein anderes und zwar wieder bewußtes Leben, das jenseitige Leben also die unmittelbare Fortsetzung des diesseitigen wäre. Diese Ansicht — sagt Wallace — (siehe Seite 33) müsse sich, als die natürlichste, Denen ganz von selbst aufdrängen, welche den großen Gedanken einer lückenlosen Continuität begriffen hätten.

Es läßt sich aber leicht zeigen, daß diese Auffassung vor ihren eigenen Consequenzen nicht Stand hält: Denn wenn aus dem Gesetze des ununterbrochenen Ueberganges zu folgern wäre,

daß ein Bewußtseinswesen durch einen zur Unbewußtheit füh=
renden Tod einen undenkbaren Sprung thun würde, so müßte
auch jedes Entstehen von Einzelbewußtsein für unmöglich
erkärt werden, da dieß ja ein Sprung aus der Unbewußt=
heit in die Bewußtheit sein würde. Ist aber der absolute
Zustandswechsel bei der Geburt möglich, warum sollte
er es nicht beim Tode sein! Machen wir doch denselben
Sprung im Kleinen täglich beim Einschlafen und Erwachen;
die Natur aber fortwährend im größten Maaßstabe, indem
sie eine vom Ichthum durchpulste Organismenwelt aus dem
Materiale bewußtloser Elemente sich erheben und wiederum
in diese zerfallen und zurücksinken läßt. Wo ist hier die
Brücke, welche nicht soll fehlen dürfen, wo der Beweis, daß
nicht gesprungen, nur gegangen werden könne?

Statt immer und immer wieder sich um den Nachweis
abzumühen, daß jeder „Sprung" eigentlich ein „Uebergang"
sei, sollte man sich lieber klar machen, daß vielmehr umge=
kehrt jeder Uebergang in Wahrheit ein Sprung
ist, wie klein man ihn sich auch denke; daß die vielgesuchte
Brücke gar nicht vorhanden ist, sondern allemal durch ein
unvermitteltes, (d. h. nur durch sich selbst bedingtes) Etwas
geschlagen wird, nämlich durch — That.

Wenn man aber diese Hauptsache aller Hauptsachen nicht
unter den Begriff der Continuität, die doch wohl mit Be=
dingtheit identisch ist, zu bringen vermag, That und
Kraft vielmehr als das schlechterdings Ursprüngliche *)

---

*) Anmerkung. Man versteht dieß am besten, wenn man bis
zu den letzten Componenten oder Factoren aller Gestaltung, den Ato=
men, zurückgeht, welche ihre Leistung: die Abänderung ihrer gegen=
seitigen Stellung, ihr An= und Voneinandertreten und die dazu nö=
thige Durchschreitung des absolut Leeren offenbar nur durch ihr
selbsteigenes Kommen und Gehen, mithin durch einen unvermittel=
ten, spontanen Act zu Stande bringen können, für den um so ge=

definiren muß, wie will man die Universalität des Continui=
tätsbegriffes retten.

Doch derartige „trockene," wenn auch vielleicht principiell
hochwichtige Prolegomena sind nicht nach dem Geschmack der
nach Phantasieerregung lechzenden Spiritualisten; viel dank=
barer erschien die Vertiefung in den Begriff der Continuität;
und als die mystische Speculation seiner hohen Verwendbarkeit
inne geworden war, begann er unter ihren Händen bald
üppige Sprossen zu treiben!

Hatte sich Wallace mit einer Continuität nach vorwärts
zufrieden gegeben, an dem Geburtssprunge in's Bewußtsein
keinen Anstoß genommen, so ersahen sich andere Köpfe gerade
hier den wunden Fleck, zugleich aber auch das corrigible
Deficit der ganzen Lehre: es fehlte ja noch der Ausbau nach —
unten! Wie war es nur möglich, ein ganzes großes Gebiet
der Jenseitigkeit zu übersehen, das große der Zukunft eben=
bürtige Reich der Vorgegenwart so lange unerobert und
unbevölkert, solchen Phantasieschatz ungehoben zu lassen!

wisser keinerlei Continuitätsband mehr existirt, als ja Alles, was
Zusammenhang heißt, gerade so erst erzeugt werden soll. Nicht
minder versagt hier auch der Begriff eines die Action von außen
her bedingenden Impulses: denn da die Atome wie gemeine Sol=
daten zu denken sind, die einander nichts zu befehlen haben, so bleibt
auf sie nicht einmal jene Continuität anwendbar, die als Auf=
stachelung par distance zu definiren wäre, sondern die Atome
müssen als ganz und gar spontane Individualenergieen ge=
dacht werden, denen sogar das Wie ihrer Laufrichtung, oder das
Wohin ihres Drängens als Originaltendenz beizulegen ist. Nur so
wird es auch erklärlich, daß sie aus allen Verfangungen und Ver=
strickungen stets unversehrt hervorgehen und die mit ihrer Discre=
tion verschwisterte Actionsurweise in alter Reinheit bethätigen.

(Wer sich über diesen vielleicht consequenzenreichen Gedanken
näher zu orientiren wünscht, findet dazu Material in des Verfassers
schon erwähnter Schrift: „Das Atom, oder das Kraftelement
der Richtung". Leipzig, bei Theodor Thomas.)

Giebt es eine Postexistenz, wie sollte es nicht auch eine Präexistenz geben, wie nicht nach rückwärts gelten, was nach vorne gilt! Kann das Bewußtsein im Tode nicht aufhören, so kann es auch nicht mit der Geburt begonnen haben; kein Zweifel also, wir waren schon immer da, und zwar bewußt da, wenn auch unter immer anderen Verhältnissen, anderem Namen und in stets wechselnder Gestalt. Und dann, wäre etwa diese Lehre neu, gab es nicht Präexistentianer zu allen Zeiten, Köpfe, in denen es wie eine geheime Besinnung an vorvergangenes Leben und Erleben spukte! ja ist nicht die Palingenesie noch heute das Hauptdogma des Buddhaismus, der ausgebreitetsten aller Religionen auf Erden!

Hier war viel nachzuholen und gut zu machen, und — es ist geschehen: Ein spiritualistisches Medium, die Freiin Adelma von Vay, hat vor Kurzem die Welt mit einem Buche *) beschenkt, welches eine so großartige Fülle von Geisterbekenntnissen über Jenseitigkeitszustände und erneuerte Incarnationen enthält, daß ein kindliches Gemüth an der Wahrheit des (wenn auch etwas spät europäisirten) Dogma's der „Wiedereinverleibung" kaum mehr zweifeln kann.

Es wird uns deshalb nichts übrig bleiben, als auch zu dieser neuesten Entwickelungsphase der spiritualistischen Doctrin Stellung zu nehmen, und zu diesem Behufe den Inhalt des gedachten Buches näher in's Auge zu fassen. Wenn es sich dabei ereignen sollte, daß (in dem zweiten Theile unserer Abhandlung) der Weg zur Belehrung theilweis durch das Gefild der Heiterkeiten führte, der Leser ausriefe: du sublime au ridicule il n'y a qu'un pas! — nun, so wird ihm wenigstens sein guter Humor im Reiche der Gespenster nicht abhanden kommen.

---

*) Die schon pag. 69 erwähnten „Studien über die Geisterwelt", Leipzig 1874, in Commission bei Oswald Mutze.

Zweite Studie.

Die Welterklärung und die Wiedereinverleibungslehre

des „spiritualistischen Mediums"

Adelma, Freiin von Vay.

> Jedoch der schrecklichste der Schrecken,
> Das ist die Frau in ihrem Wahn!
> Frei nach Schiller.

A. Darstellung und Beleuchtung der Grundzüge des Bay'schen Lehrgebäudes.

Es würde ein umfangreiches Werk erfordern, wenn wir den Offenbarungen der Frau von Bay auf Schritt und Tritt folgen wollten. Wird doch schon diese Besprechung manchen Bogen füllen, obwohl wir aus dem großen Materiale nur Dasjenige hervorziehen werden, was allgemein principielles Interesse hat, und ein Urtheil über die **Wiedereinverleibungslehre**, diesen eigentlichen Kern ihrer Theorie ermöglicht.

Zuvörderst müssen wir die philosophischen Grundgedanken in's Auge fassen, welche das ganze, in Wahrheit **theologische** Lehrgebäude tragen, und als quasi kosmologisches System Einlaß in unsere Köpfe begehren, da sie gewissermaaßen den Obolus darstellen, den wir bei'm Eintritte in das Bay'sche Geisterreich entrichten sollen.

Es ist eine seltsame Verquickung buddhaistischer Ideen mit specifisch christlich-katholischen Glaubenslehren, welche uns in diesem Systeme entgegentritt, dessen äußere Einheit durch eine, zwar nicht ohne Geschick gewählte, aber ohne jede Ahnung von der Pflicht specieller, begrifflicher Begründungen gehandhabte Terminologie vermittelt wird.

Wir erfahren zunächst, daß es eine Dreiheit giebt, daß zwischen den „Principien", den „Mitteln" und den „Erscheinungen", oder zwischen dem „bewegenden Geiste", der „belebenden Kraft" und dem „kleidenden Stoffe" unterschieden werden müsse.*)

Gleich darauf aber wird die so eingeschärfte Dreiheit wieder zurückgenommen und, mit Berufung auf die Johanneische Eingangsformel, in die Einheit des „Wortes" aufgehoben, als welches sowohl Gott selbst, dann die Kraft des Hervorbringens und zugleich auch das Hervorgebrachte sein soll**). Hieraus (!) soll es nun verständlich sein, d. h. folgen, daß das so eben wieder mit den „Mitteln" und den „Erscheinungen" confundirte „Princip" jedenfalls das „höchste Princip" sein müsse; und wenn

---

*) Diese das Duett von „Kraft und Stoff" zum Terzett erweiternde Theorie hatte schon in einem früheren Werke der Verfasserin: „Geist, Kraft und Stoff" — ihre Darstellung, und an dem Würzburger Universitätsprofessor Franz Hoffmann (Ritter des St. Michaelsordens I. Classe), dem bekannten Interpreten Baaders, ihren ehrerbietigen Commentator gefunden.

**) Der Logos des Johannes ist eine wahre Fundgrube für die mystische Speculation geworden. Die Schöpferkraft des „Wortes" hat etwas so geheimnißvoll Magisches. — Hätte man richtiger mit „Vernunft", „Einsicht", „Intellect" übersetzt, so entfiele das Kopfzerbrechen, wie das „Wort", welches doch als Manifestation des Intellectes schon etwas Gestaltetes, also Secundäres ist, das „wahrhaft Erste", das „schöpferische Princip" sein könne. Aber auch wenn man, die nur bildliche Priorität des „Wortes" einsehend, der „Vernunft" — etwa im Sinne Oersted's — die erste Rolle vindicirt, sie zur dirigirenden, gestaltenden, ja schöpferischen Macht erhebt, kommt man um nichts weiter, sondern dreht sich nur in einem neuen Kreise. Denn würde man diesen (erst durch Abstraction gewonnenen und gewinnbaren) Begriff tiefer erforschen, so würde man finden, daß die „Vernunft" — als Reflex des Verhältnißmäßigen — ebenfalls schon etwas Zweites ist, mithin nicht die Grundlage und Hervorbringerin Dessen sein kann, was in seinem Zusammenwirken das vernünftig Genannte erst erzeugt. Dieß hieße sagen, daß ein Product sein eigener Producent sein könne.

man diesen Superlativ nach Wegfall der Comparationsglieder nicht versteht, so muß der Ausdruck „Geſetz der Schaf=
fung", „Urgeſetz", als wahre Definition dieſes höchſten Princips doch wohl jeder Conſternirtheit abhelfen!

Wenn uns die Collaborate der Einzelenergieen im Sinne deſſen anmuthen, was wir verhältnißmäßig, ſchön, „vernünftig" nennen, (wobei freilich die aus denſelben Energieen möglichen und wirklichen Geſtaltungen des Scheuslichen, Widrigen, Unverhältnißmäßigen und Unvernünftigen ignorirt werden), ſo berechtigt dieß doch wahrlich nicht zu der Auffaſſung: daß die „Vernunft ſich ſelbſt zur Darſtellung bringe" — wie ſo gern geſagt wird. Wo käme denn der Nominativ, das Er, Sie oder Es von jenem „ſich" her, der Subjectwerth oder gar die Perſönlichkeit deſſen, was nur ein Verhält=
niß iſt, und nur als ein Verhältniß Sinn hat!? Ein Ver=
hältniß aber kann nicht ſeine eigenen Glieder hervorbringen, da es ja erſt durch ſie zu Stande kommt.

Wenn ſich doch die Menſchheit über dieſen Cardinalpunkt klar werden, das Trügeriſche der immer und immer wieder aus den „platoniſchen Ideen" hergeholten Wahneinwände endlich durch=
ſchauen wollte! Der Wahn, daß die „Idee" das prius aller Er=
ſcheinung ſein müſſe, entſteht ja nur dadurch, daß wir, als Weſen, die ſelbſt ſchon Repräſentanten eines fertigen Verhältniſſes d. h. eines Schlußergebniſſes ſind, den Naturproceß von der umge=
kehrten Seite betrachten, die Spitze des Kegels zu ſeiner Baſis machen, während all' unſer Hervorbringen vielmehr ein Rückerobern Deſſen iſt, was jene Spitze bilden half. Ein Menſch kann freilich ein Haus, ein Tongemälde u. ſ. f. nur auf dieſem umgekehrten Wege erzeugen — wie dürfte er aber behaupten, daß der (allein durch ſeine Bewußtſeinsnatur bedingte) Modus ſeines Geſtaltens auch derjenige der Natur ſei, die ja erſt in ſeinem Kopfe das In=
ſtrument und die Stätte, alſo die Möglichkeit jenes Reflectirens ge=
wann, welches unter anderen Begriffen auch den des Verhältniß=
mäßigen hervortreibt.

Eine Hauptſchuld an der ganzen Verwirrung trägt die falſche Definition des Ichs, von deſſen Individualität d. h. Untheilbarkeit man redet, dem man Prädicate und Qualitäten unter feſtem Beſitz=
titel beilegt, ſtatt einzuſehen, daß das Ich, das angebliche „Sub=

Dieß als vorläufige Probe des Grades gedanklicher Klarheit, über den die von „Geistern inspirirte" Verkünderin letzter Wahrheiten verfügt.

Natürlich ist das so construirte Höchste, das so eben ein „Princip", dann ein „Gesetz" war, eigentlich eine **Person** — nämlich „Gott!" — und dieser ein „Engel", (wie der im Buche auftretende Geist des Vaters der Autorin bekundet) angethan mit allen gewohnten Attributen der christlichen Theosophie.

Daß, bevor von einem „Gesetz der Schaffung" überhaupt die Rede sein könne, erst der Sinn des Wortes „Schaffen", oder die Denkbarkeit dessen, was man in diesem Worte am Bändchen zu haben glaubt, klar zu stellen wäre, fällt unserem Medium (wie so vielen Menschen) gar nicht ein, und dasselbe würde sich vielleicht sehr über die „Dummheit" der Chinesen wundern, die so völlig unfähig sind, das ex

---

ject" ein vorübergehender multicausalistischer Effect ist, dessen Selbstwesenheitsschein nur der wahrhaft realen Wesenheit der constituirenden Elementarfactoren sein Aufleuchten verdankt.

Wie darf also der Mensch die Aeußerungsweisen seines (erst aus dem Selbsterhaltungstriebe hervorgewachsenen) Bewußtseins, die er Vergleichen, Denken, Urtheilen, Intellect, oder Logos nennt, zu weltdirigirenden Mächten erheben — wie wähnen, daß das absolut Selbstständige, das selbstherrliche Atomenthum, der Dirigirung fähig oder bedürftig sei!

Das wäre eine schöne Weltregierung, die sich auf Minister des Nachdenkens und Ueberlegens stützen müßte, eine schöne Allmacht, die Studien zu absolviren hätte!

Nur weil der Mensch im Denken seinen größten Nothhelfer, im Intellect seinen verläßlichsten Rathgeber, die unentbehrliche Leuchte auf dunklen Pfaden sieht, macht er diese seine höchste Fähigkeit zur Omnipotenz, zum „Gott", und seine Krücke, das Wort, zum weltgebietenden Königsscepter!

nihilo nihil fit als Phrase zu behandeln, daß sie in ihrer Sprache nicht einmal ein Wort für „Schaffen" haben, da sie in dem Wahne leben, daß jedes „Hervorbringen" nur ein Hervortreten, d. h. nur ein Orts= und Gestaltenwechsel von etwas schon Dagewesenem sein könne.

Frau von Bay glaubt den Gedanken der „Schöpfung" hinlänglich durch die Behauptung zu stützen, daß Alles (!) seinen „Keim", seinen „Saamen", seinen „Vater" (!), überhaupt aber seinen „Beginn" haben müsse, und merkt nicht, daß aus diesem Argumente gerade das Entgegengesetzte von dem folgen würde, was sie zu beweisen gedenkt:

Denn wenn Alles seinen Keim, seinen Saamen, seinen Vater haben muß, so heißt dieß doch wohl: alles Seiende! Denn was könnte sonst gemeint sein? Dann aber müßte entweder behauptet werden: Gott sei nichts Seiendes, d. h. der gewähnte Schöpfer existire nicht, oder: auch Gott sei erschaffen worden, habe als etwas Seiendes einen Keim, einen Saamen, einen Vater nöthig gehabt und dieser wieder einen u. s. f. wobei man offenbar niemals auf ein wahrhaft, d. h. voraussetzungsloses Erstes käme, mithin den Satz eben nicht aufrecht erhalten könnte, daß alles Seiende entstanden, ja geschaffen sein müsse.

Die absolute Unsinnigkeit der Vorstellung, daß das Seiende geschaffen sei, erhellt am klarsten aus der Erwägung, daß nur das Nichts als dieser „Schöpfer" übrig bliebe, da jedes Etwas als ein angeblich Geschaffenes auszuschließen ist. Ist aber das Nichts Schöpfer, so ist eben Nichts Schöpfer, d. h. es giebt keinen Schöpfer, denn das „Das" vor Nichts hat doch nur formell=grammatikalische Bedeutung.

Ist somit der Begriff eines weltschöpferischen, d. h. das Sein hervorbringenden Gottes unter keinen Umständen zu retten, so könnte die für ein „höchstes Wesen" übrig bleibende Rolle offenbar nur die eines Formers sein, der die Hauptsache, das formbare Material schon fertig vorgefunden hätte; was die weitere wichtige Consequenz einschließt, daß ein in diesem einzig möglichen Sinne — als gestaltende Kraft nämlich — gedachter Gott ohne jenes Material überhaupt nicht sein würde, da es an jedem Objecte für seine Thätigkeit gebräche.

Wenn aber die Existenz dessen, was man Gott nennt, von dem Vorhandensein eines Seinsmaterials abhängt, mithin bedingter oder secundärer Natur ist, so fragt es sich, mit welchem Rechte man überhaupt jenem „Materiale" eine „Gestaltungskraft" als selbstständige Entität, ja gar als eine Person gegenüberstellt. Könnte denn nicht sehr wohl, was Gestaltungsaction heißt, die That der Einzelenergieen selber sein, deren Walten, als Proceß wie als Product, nur ihre eigene Natur zum Ausdruck und damit eben das zu Stande brächte, was wir verhältnißmäßig nennen, und sonderbarer Weise einem Personenwesen in die Schuhe schieben? Und möchte nicht gerade diese Anthropomorphose den letzten Rest jenes auf kindlichen Vorstellungen beruhenden Götzenthums bilden, mit dessen endlichem Falle recht eigentlich die Mündigkeits-Aera des menschlichen Bewußtseins inaugurirt sein würde?!

Man mache sich nur vor Allem klar, daß der von dem Glauben an eine Weltschaffung und an ein persönliches Weltregiment erhoffte Nutzen einer „erleichterten Welterklärung" ein völlig illusorischer ist, da es die Schwierigkeiten des zu durchschauenden Problems wahrlich nicht vermindern, sondern vermehren, ja verdoppeln heißt, wenn man hinter jedes einzelne Atom einen Treiber und Zuchtmeister stellt: da nun neben „rein passiven" Atomen noch

deren Dirigenten und deren noch viel räthselhaftere Special=
gewalt zu begreifen wären, d. h. ein viel größeres Maaß
jener spontanen Individualenergie, deren geringeres
Maaß man für unmöglich erklärte! Daß eine Zusammen=
fassung solcher dirigirender Urenergieen in eine Gesammt=
urenergie unter dem Namen Gott, auch wenn man dabei
an einen Gesammthauptmann und General=Director denkt,
hieran nicht das Geringste ändern würde, liegt auf der Hand;
man hätte sich vielmehr nur die größere Schwierigkeit aufgebürdet:
ex intenso abzuleiten was man in extenso verstehen wollte.

Ist es somit unmöglich, den Begriff der spontanen Ur=
energie nicht zuzugeben, führt keine Zurückverlegung in eine
andere um ein Haar weiter, so ist es doch wohl einfacher, die
Atome selbst handeln zu lassen, ihr Wirken als ein durch die
ihnen immanenten ja ihr Wesen ausmachenden Eigenschaften
bedingtes anzusehen, statt sie immer und immer wieder durch
Entitäten dirigirt zu denken, denen man ja doch die den
Atomen bestrittenen Fähigkeiten zugestehen müßte.

Ob die Ergebnisse dieses Wirkens unser Erstaunen her=
vorrufen, namentlich die von uns wahrgenommene Ueberein=
stimmung der Erscheinungen mit unseren Verhältnißmäßig=
keitsbegriffen, mit dem was wir vernünftig, logisch, oder
schön nennen, oder welche Namen wir für die Eindrucks=
unterschiede ersinnen — ist wirklich Nebensache. Wundern
kann man sich über Vieles und der Einsichtsgrad und der
Verwunderungshorizont eines Jeden sind correspondirende
Größen. Die Hauptverwunderung aber: über den logisch=
mathematischen Charakter der atomistischen Weltaction wird
Denjenigen gar nicht befallen, der bis zu der Consequenz vor=
dringt: daß auch der Intellect mit sammt seinen
Forderungen, ja jegliches Erstaunen oder sonstige
Affecte mit zu den atomistischen Collaboraten

gehören, so daß nur der Character und die Modalitäten der verschiedenen Processe das Studium herausfordern können.

Copernicus hat dem Wahne ein Ende gemacht, daß sich die Sonne um die Erde drehe, das Umgekehrte als wahr erwiesen; und gar viele Dinge sind seitdem (man denke nur an die früheren und jetzigen Theorien des Sehens und der Verbrennung) einer copernicanischen Correctur unterworfen worden. Wie denn! wenn auch der Satz: die Welt ist ein Product Gottes — umgekehrt zu lauten hätte: Gott, oder vielmehr das Göttliche, d. h. alles Schöne, Wahre, Liebe, Gute — kurz, alles Verhältnißmäßige — ist die That, das Produkt und zwar mühsame Arbeitsproduct der Welt!*) womit zugleich der Zauberstab eines Schöpfergottes in eine zahllose Menge ehrwürdiger Schweißperlen zerfiele.

Das wäre kein Kunststück, wenn ein Zauberer eine Welt machte, da er nur sein Werdewort zu rufen brauchte — wohl aber dürfen wir staunen, wenn das Chaos sich selbst zum Kosmos gestaltet; und andererseits werden wir es dann und gerade dann begreiflich finden, daß dieses Epitheton nur sehr bedingte Wahrheit hat.

Die Blüthe trägt nicht den Baum, sondern der Baum die Blüthe, und die Menschheit muß einsehen lernen, daß die Spitze des Thurmes nicht seine Basis ist.

Es wird die Zeit kommen, wo jeder Schulknabe sagen

---

*) Nicht minder alles Widrige, Unschöne, Abscheuliche, d. h. alle mangelhaften oder verzerrten Darstellungen des Verhältnißmäßigen — denn die That der Welt ist die Darstellung der Verhältnißmäßigkeit aller Grade; und nichts ist so beschaffen, daß es nicht in irgend einem Sinne, wenn auch einseitig, harmonisch wäre. Was Rosenkranz in seiner „Aesthetik des Häßlichen" andeutete, gäbe in seiner vollen Weite erfaßt, den Blick in jene Harmonie, zu der auch alle Mißtöne gehören.

wird: „Die Welt ist ein Zeugungsproceß, nicht ein Zeugungsproduct!" — wenn nämlich einst das: mundus creator Dei (recte: harmoniae), so geläufig geworden sein wird, wie heut das: Deus creator mundi! —

Aber gehen wir zu den ptolemäischen Philosophemen unseres Mediums zurück: Macht einmal das Vollkommene den Anfang, so muß natürlich der Fortgang — Depravation sein, und wir wundern uns nicht, zu hören, jener höchste, vollkommene Gott habe Wesen („Erstlingen") das Dasein gegeben, von denen — obwohl sie „Emanationen der höchsten Intelligenz, der reinsten Liebe, des kräftigsten Willens" gewesen — einige, trotz dieser glänzenden Ausstattung, nicht die Probe des freien Willens bestanden hätten, sondern durch „Ehrgeiz" und „Hochmuth" gefallen wären; wodurch dann andere Geister, von secundärer Wesenheit, von geringerer Qualität als die Erstlinge, entstanden seien. Man sieht zwar dieses „wodurch" so wenig ein, wie die Möglichkeit, daß jene Emanationen des „kräftigsten Willens" ihr köstliches Angebinde je verlieren, d. h. wie sie willensschwach werden konnten; aber, von diesem Cardinalpunkte abgesehen, ist das Kunststück gelungen, das Unvollkommene aus dem Vollkommenen, das Böse aus dem Guten abzuleiten. Selbstverständlich ist damit die Brücke zu der Behauptung geschlagen, daß der Weltproceß ein Restitutionsproceß, das Menschenleben das Arbeitspensum in einem Correctionshause bei.

Heißt dieß aber etwas Anderes, als daß die von Gott erschaffenen Wesen gut zu machen hätten, was er verbrochen? Denn da ein als allwissend gedachter Gott den Fall seiner Erstlinge und allen sich daran knüpfenden Jammer voraussehen mußte, und in der Lage war, durch ein einfaches: Laß es bleiben! die ganze misère zu verhindern (zumal kein Ungeschaffenes ihn um Dasein bitten konnte), so ist es doch wohl klar, daß auf ihn allein die Verantwortung fällt, wenn er den Schritt dennoch unternahm.

Der hier gewöhnlich geltend gemachte Einwand: Gott habe sein Glück mit vielen beglückten Wesen theilen wollen, und es sei nicht seine Schuld, wenn diese seine Absicht vereitelt hätten — würde zwar um den Preis des Zugeständnisses, daß die Vollkommenheit des vollkommensten Wesens nach Seiten der Voraussicht eine mangelhafte gewesen, jenen Vorwurf entkräften, dafür aber die noch schwierigere Frage übrig lassen: wie denn in einem vollkommenen Wesen überhaupt irgend ein Wunsch, mithin auch der nach Selbstbespiegelung — nach einem Glückeswiederschein aus tausend Augen — habe entstehen können, da ja jeder Wunsch ein Bedürfniß, mithin einen Mangel voraussetzt, der mit dem Begriffe absoluten Selbstgenügens völlig unvereinbar ist! Was will man hierauf vorbringen? Wie der Einsicht entrinnen, daß es bei einem vollkommensten Wesen überhaupt zu gar keinem Thun und Handeln habe kommen können, sowohl weil es einem vor der Schöpfung in sich Alles seienden Gotte an jedem Motiv für eine Aenderung gefehlt hätte, als auch weil jede Aenderung, der von ihm schon repräsentirten Vollkommenheit gegenüber, offenbar nur eine Verschlechterung, ein Rückschritt hätte sein können.

Es würde wenig nützen, hier das Gespenst jenes Nichts zu Hülfe zu rufen, in dessen „öder Leere" sich Gott vor der Schöpfung „einsam" befunden und die er „auszufüllen" gestrebt hätte. Denn dieß hieße, nicht einmal einem Gotte die Fähigkeit zutrauen, sich selber zu genügen, und vergessen, daß derselbe vor der Schöpfung, wie gesagt, Alles in Allem gewesen sein mußte, mithin nicht „das" Nichts, sondern nichts! neben sich hatte.

Dann aber hätte der Satz: Gott sei durch das ihn

umgebende Nichts zur Erschaffung einer Welt, überhaupt zum Handeln bestimmt worden — ja vielmehr zu lauten: Nur Gott war und außer ihm war nichts; es konnte ihn daher auch nichts zu einer Thätigkeit veranlassen; — d. h. es folgt das Gegentheil von dem, was man beweisen wollte.

Sind nun Thun und Geschehen wirklich vorhanden, das Wahrzeichen alles Seienden, und setzt alles Thun ein Ver=änderungsbedürfniß, jedes Bedürfniß aber einen Mangel, mithin Dasjenige voraus, was in einem vollkommenen Wesen weder vorhanden sein noch aufkommen kann — so folgt un=widerleglich: daß die Triebfeder alles Geschehens die Unbefriedigtheit, der Mangel, kurz die Un=vollkommenheit sein müsse (mit Bezug auf die Ur=componenten — die Atome — also deren als Unruhe, als Orts=wechselstreben zu definirende Natur) — daß demnach alle Versuche, das Unvollkommene aus dem Voll=kommenen abzuleiten, den einzig denkbaren Sach=verhalt auf den Kopf stellen.

Doch wir wollen unsere Autorin ihre cephalopodischen Constructionen vollenden lassen. Sie fährt fort:

„Durch den Fall der Erstlinge entstand der ‚Gegensatz‘, und „die Schaffung erlitt eine Aenderung. Es fand eine Ver=„mehrung und Vervielfältigung statt*), und das ‚Lebens=„princip‘ mußte mehrere Turnusse durchmachen, bis es, „mit Gottes Hauch und Licht sich versöhnend, die nachge=„schaffenen oder ‚Embryogeister‘ gebar. Beim Fall der „Erstlinge traten vermehrte Bewegung, verdoppelte Rota=„tion, vervielfachte Spiralkreise oder Stufen (!) und Le=

---

*) Durch Wen? und warum? Woher weiß das die Lehrerin? Ohne den „Fall" wäre also die Schöpfung auf die Ur= oder Erz=engel beschränkt geblieben?

„bensturnusse ein, sowohl für das Lebensprinzip*), wie für
„die Geister. Der Fall der Embryogeister**) hatte die
„Menschwerdung zur Folge***). Alle Menschen sind also(!)
„von ihrer Geburt im Fleische an†) gefallene Geister.

„Wir theilen Euch hier die Dinge nur in den Prin=
„cipien mit, welche sind: das Urlebensprincip, ‚Gott'; aus
„ihm das zweite Lebensprincip, die ‚Messiasse'††), als Erst=
„linge Gottes. Nach dem Fall das dritte Lebensprinzip,
„die ‚Embryogeister'.

„Diese drei Lebensprincipe sind individuell geistig und
„intelligent, sie sind die drei geistigen Wesenheiten als:
„Gott, der Vater und Schöpfer; die Erstlinge (als Tota=
„lität): der Sohn; die secundären Geister, nach ihrer Har=
„monisirung und Einswerdung, als Totalität: der ‚heilige
„Geist'."†††)

---

*) Also ein Princip kann „rotiren!"

**) Diesen abermaligen „Fall", von dem wir hier zum ersten
Male hören, sollte man nach der so eben statt gefundenen „Versöh=
nung" kaum für möglich halten.

***) Und der Fall der Menschen hatte vielleicht das Affen=
thum zur Folge, und so fort bis zum Protoplasma=Moner her=
unter! Man sieht, Darwin, Häckel und Consorten gehen nur darin
fehl, daß sie das Z für das A halten.

†) Soll wohl heißen: „waren schon vor ihrer Incarnation."

††) Auf den Titel „Messiasse" haben diese Erstlinge bisher wohl
noch wenig Anspruch.

†††) Diese Ableitung der Trinitätsqualitäten ist denn doch etwas
unklar und die Definition des „heiligen Geistes", als Totalität der
zur Harmonisirung gelangten „secundären" Geister, eine wenig Ehr=
furcht gebietende. Nächstdem stände jener Totalität die unzählbare
Menge der noch im Ringen begriffenen Secundärgeister gegenüber,
deren Totalität, als Darstellung einer vierten Wesenheit, der des
„unheiligen Geistes" nämlich, wohl ebenfalls auf eine Kategori=
sirung Anspruch gehabt hätte.

„Durch den Fall der Geister entstand ein Dualismus,
„ein Gutes und Böses, ein Gesetz und ein Gegensatz;
„Alles theilte sich in das gesetzlich Gute und in das gegen=
„sätzlich Böse. Alle nachmaligen Welten*), also auch die
„Erde entstanden schon durch diese Gegensätze und in ihnen.
„Dieser Dualismus, diese Extreme, die sich feindlich und
„störend gegenüberstanden, vereint nur ein Gesetz; die
„‚Gnade Gottes‘ — sie ist das Potenzirungs= und Ro=
„tationsgesetz**), welches ewig versöhnend, harmonisirend,
„vergeistigend wirkt. In diesem einen Gesetze liegt Alles:
„die Assimilation oder Einigung, die Stufen oder Turnusse,
„die Stadien oder Zustände, der Kampf und die Harmonie,
„der Austausch und der Stoffwechsel***).

Später heißt es:
„Wie die Geister die Krönung†) der Schöpfung sind, so
„ist es auch der Mensch inmitten des materiellen Lebens.
„Der Mensch wäre, wie der thierische Organismus, ohne
„den Geist, mit dem Lebensprincip allein, eben kein den=
„kendes Wesen und nicht die Krone der Schöpfung. Zeuge
„dessen sind die tief gefallenen Geister, die, ihre geistige
„Kraft verlierend, sogar den höheren Thieren††) an Cha=

---

*) Es giebt also nicht nur Personen, sondern auch „Welten", sogar vorweltliche Welten. Gesagt wurde davon bisher nicht das Geringste.

**) So hätten denn die Physiker und Astronomen endlich den vielgesuchten Motor der Rotation in der „Gnade Gottes".

***) Dieß möchte denn doch eine nähere Darlegung fordern.

†) „Krönung?" Es hieß ja diese Kronen wären das zuerst Gewordene.

††) Wo plötzlich „Thiere" herkommen und welcher Degenera= tionsklasse sie angehören, wird nicht gesagt. Das Geistige wird ihnen abgesprochen und dennoch können sie „Character" haben. Sollte hier nicht eine aus dem Fall der zu Menschen degradirten Embryogeister

„racter (!) und Eigenschaften nachstehen, weil sie eben den
„göttlichen Funken in sich erstickten, unterdrückten, versinn=
„lichten*) und sich nur dem animalischen Leben zuwandten.
„Wir nehmen den Standpunkt der Erde und des Menschen,
„d. h. der schon gefallenen Geister an. Diese Geister
„müssen alle in Folge der durch ihren Fall bewirkten Ver=
„dichtung und Beschwerung ihres Nervengeistes**) Mensch
„werden nach dem Gesetze der Schwere (!) welches sie
„einverleibungsfähig und bedürftig macht***). Lebens=
„princip und Geist sind im Menschen und stellen den Instinct
„und die Vernunft dar".

„Ersteres, das Lebensprincip, bildet die Seele, den
„Nervengeist, und dieser, der Nervengeist bildet das flui=
„dische Lebensband, welches den Geist an den Menschen

---

hervorgegangene Kategorie von Wesen übergaugen sein, sowie das
aus den „abscheulichsten Thieren" hervorgehende Pflanzenthum,
nebst deren Degenerationsproducten, den Mineralien, die zuletzt die
Ausartung so weit treiben, Molecüle, endlich gar Atome zu werden?
(Doch die Verfasserin will uns ja nur die „Principien" mittheilen;
es ist demnach unsere Sache, das Fehlende zu ergänzen).

*) Was eine Versinnlichung sei, und worin überhaupt der
Unterschied des Sinnlichen und Geistigen liege, ist bisher nirgends
erklärt worden.

**) Hier wäre also ein psycho=physikalisches Gesetz aufgedeckt:
der Fall, die Sünde, oder das moralisch Böse bewirken eine
Verdichtung der ätherischen Substanz, d. h. die Aetheratome rücken
näher zusammen. (Warum nicht?)

***) Man hätte sich also vorzustellen, Aetherwesen hätten auf
ehemaligen reineren Welten Böses gethan, wären dadurch in einen
Verdickungszustand gerathen, der sie nach dem Gesetze der Schwere
(welches somit in ihrem Edelheim nicht existirte) auf einen der
Zuchthaussterne, z. B. die Erde, geführt habe. Wie entsetzlich, wenn
die solchergestalt „einverleibungsfähig und =bedürftig" Gewordenen
schon zu der Zeit auf die Erde verwiesen worden sein sollten, wo
diese ihnen nur den Mutterschooß von Plesio= und Jchthiosaurien als
Einverleibungsstätte anzubieten hatte.

„tettet und ihn mit dem Körper verbindet. — Das Lebens=
„princip der Seele ist also auch in der Blume, im Thier,
„in den Monaden*), in der Luft, im Sonnenstrahl; im
„Menschen aber ist es potenzirt, individualisirt, zum Be=
„wußtsein gelangt durch seine Verschmelzung mit dem gött=
„lichen Funken, dem unsterblichen Geiste. In allem Andern
„ist das Lebensprincip sich selbst unbewußt, dem Gesetze
„mechanisch folgend . . . . .

„Das Lebensprincip belebt Alles in einer gewissen
„Reihenfolge und Ordnung. Nehmen wir z. B. ein be=
„stimmtes Atom oder Lichtchen (!) aus dem großen Lebens=
„princip heraus**) und wir werden sehen, wie es, obzwar
„unbewußt, mechanisch folgend doch eine gewisse Selbst=
„arbeit und Individualisirung des Einzelnen verfolgt".

„Versetzen wir uns in den Feuerofen des Schaffens
„im Mittelpunkte des Universums***): Seht, von da geht
„das Leben, die Belebung strahlenförmig aus! Millionen
„Lebensprincipe, im Effect doch nur einen Strahl im
„Lichte bildend, ergießen sich aus diesem unendlichen Mittel=
„punkte†) nach der Bewegung der Rotation††) über das All;
„in erster Reihe die chemischen (!) und verfeinerten Fluida
„und Stoffe belebend; nur rotiren und bewegen sie sich

---

*) Von diesen Kindern Leibnizens hörten wir noch gar nichts.

**) Wenn man das Experiment nur machen könnte, dessen Er=
gebniß die Verfasserin so zuversichtlich beschreibt.

***) Hier erfahren wir somit, daß das Universum begrenzt,
d. h. endlich zu denken sei, denn wie wäre sonst von einem „Mittel=
punkt" zu reden!

†) Ein Punkt kann also „unendlich" sein, trotz seiner Aus=
dehnungslosigkeit ein Innen haben, ja die unendliche Fülle des
Alls aus sich ergießen! O Jacob Böhme, wie weit warst du noch
zurück!

††) So ist denn die von den Physikern behauptete gerad=
linige Strahlung des Lichtes auch ein Wahn.

„abwärts*). Hier ist das Strahlenleben, welches aus dem „großen Eins kam, schon gebrochen, vermehrt und bildet „eigene Strahlenkränze**) in den Fluiden der anderen Kreise „und Sonnen***). Diese Fluida nun rotiren abermals be= „lebend nach abwärts. Das Lebensprincip arbeitet jetzt „verdichtend, Festes gestaltend. Auf diese Art findet jedes „Lichtatom seine eigene Kleidung, Form und Ausbildung, „vom Geistigen bis zum Materiellen, durch alle Mineralien „und Vegetabilien hindurch. Immer aber stehen diesen „Verwandlungen die das All bewegenden Geister vor (!)†). „Aus der Belebung der Mineralien führt die Rotation (?) „die Lebenskeime in das Vegetabilische ein, wo sie sich „bis zu ihrer Verschmelzung mit dem animalischen Leben, „in ein seelisches, d. h. bewußter werdendes Leben verwandeln. „Hier entfalten sich die Lebenskeime schon einzeln nach den „Arten; es beginnen die Abstammungen und Abstufungen „des Einen vom Andern††). Das Verwachsen des fluidischen, „vegetabilischen und animalischen Lebens in einander ist „das innige Band, welches Alles an einander knüpft. Es ist nirgends eine Trennung, sondern überall herrschen „Uebergänge, Lebensaustausch, Verbindungen.

---

*) Wo ist im Weltall „abwärts", oben oder unten?

**) Ist das nicht lauter Bilderspuk und unverständlicher Firle= fanz? So ein philosophirendes Damengehirn ist wirklich der schreck= lichste der Schrecken.

***) Wo kommen denn plötzlich „Sonnen" her?

†) Natürlich! Anders geht es nicht. Sie stehen bei Allem, stecken in Allem, drechseln und formen, filtriren, decantiren und sub= limiren höchst eigenhändig; etwa wie von Hartmann's „Unbewuß= tes" in jeder Zelle sein Wesen treibt, nur — „wie dumm!" — als unpersönliches Neutrum.

††) Dieß gilt doch schon von den Pflanzen, nicht erst von den Thieren, wie man nach dem „hier" am Anfange des Satzes zu schließen hätte.

„Das Lebensprincip wird geartet. Ein reineres Princip „liegt in der Taube, in der Rose, im Pferde, als wie im „Eisen, im Raben, in der Belladonna, in der Hyäne. Der „Fall der Geister erzeugte Gegensatzfluide, Gegensatz= „empfindungen und Schöpfungen, die sich im Seelenleben „abspiegelten und in gröberer Materie, in Giftpflanzen, „bösen Thieren Ausdruck fanden. Deshalb muß der „Mensch diese selbstgeschaffenen (!) Fluida ausrotten, zäh= „men*), potenziren**) .... Ausdrücke, wie: Wasser=, „Feuer=, Blumen= und Thierseelen sind deshalb kein leerer „Wahn, sondern finden eine naturgesetzliche Begründung. „Es giebt jedoch keine vaganten, uneinverleibten oder herum= „irrenden Blumenseelen***). Das Lebensprincip der Pflanzen „findet gleich sein neues Leben, seine neue Form, die Seele „des todten oder gemordeten Thieres gleich ihren neuen „Lebenskeim oder ihre ‚Einverleibung'†) wieder.

Nachdem wir schon in diesen letzten Sätzen ein bedenk= liches Schwanken des Princips, etwas wie eine Umkehrung der Scala wahrgenommen haben, erreicht unser Erstaunen den höchsten Grad, wenn wir, kurz nach Obigem, Folgendes lesen:

„.... Der Mensch ist schon Das, was die ganze „Natur zu werden strebt: eine unsterbliche, bildungsfähige „Individualität ... Auf die mechanischen Entwicke=

---

*) Fluida können also auch „gezähmt" werden. Es ist wirklich höchst merkwürdig.

**) Soll wohl heißen depotenziren. Denn eine „Potenzirung" des Schlimmen wäre ja wohl gleichbedeutend mit dessen Zunahme.

***) Wie Schade! Es wäre doch so poetisch schön gewesen, die un= terschiedlichen Blumendüfte in diesem Sinne zu schildern. Nun viel= leicht giebt es wenigstens umherirrende Thierseelen.

†) Also auch mit vaganten Thierpsychen ist es nichts. (Hier haben wir plötzlich die Idee der Wiedereinverleibung, ohne jede Motivirung).

„lungen des Naturgesetzes wird das Lebensprincip **nach** „**und nach sich selbst bewußter, bis es** „zuletzt' **indivi=** „**duellen Geist und durch dessen freien Willen Freiheit** „**und Vernunft erlangt.** (!)"

Der leitende Grundgedanke unserer Philosophin war doch der, daß Geist und zwar individueller, bewußter Geist den Anfang gemacht habe, daß aus der höchsten Intelligenz hehre Intelligenzen ersten Ranges, aus diesen Geister von secundärer Qualität u. s. f. bis zum Menschen herab hervorgegangen seien; wir durften demnach erwarten, es werde nun in consequenter Durchführung des Princips aus dem Fall des Menschen die Entstehung der Thierwelt, aus deren Degeneration das Pflanzenthum abgeleitet werden, welches dann weiter zum Steinreich, also zu unorganischem Stoffe entartete, bis der Degenerationsproceß durch Zerfall der Stoffe in ihre Molecule ganz zuletzt beim Atom als seinem Schlußproducte anlangte!! — Statt dessen wird plötzlich Bewußtsein und individueller Geist als das Endergebniß **einer stufen= weisen Entwicklung hingestellt**, so daß wir uns verdutzt die Augen reiben und aus Versehen eine Stelle im Darwin aufgeschlagen zu haben glauben.

War das des Pudels Kern, warum uns soviel schwitzen machen? Wozu der Umweg von oben nach unten, wenn man roch von unten nach oben wollte?

Aber die Verfasserin merkt von ihrem salto mortale nicht das Geringste; sie geht ganz unbefangen zu einem anderen Thema über, zu einer näheren Betrachtung des activen individuellen Antheils nämlich, der den „Geistern" an den Naturvorgängen zukommen soll. So erfahren wir, daß:

„die oft so sonderbaren Witterungsverhältnisse durch Erd= „atmosphäregeister geleitet werden. Aus dem Centrum und „Innersten der Erde heraus bilden sich fluidische∙ Erup=

„tionen, welche namentlich für die klimatischen Verhältnisse
„Mittel-Europa's von großer Wichtigkeit sind".

Man höre den Grund:
„Europa ist mehr als alle anderen Welttheile klimatischen
„Veränderungen ausgesetzt, da es — am ‚Nabelpunkte' der
„Erde liegt, an dem Punkte, wo einst die Ausscheidung
„der Erde aus der Sonne stattfand*).

Von den anderen Welttheilen heißt es:
„Amerika ist ein neutralerer Theil, dessen Entwickelung
„langsamer ist (sic!); Asien ist die Seite des Gleichge-
„gewichts, der Harmonisirung; Afrika ist der Theil der

---

*) Dieser „Ausscheidungspunkt" müßte wohl jedenfalls auf der Sonne liegen. Was aber den wie eine feste Specialität angesehenen „Nabelpunkt" der Erde betrifft, so sollte, wer eine Kosmogenie schreibt, sich wenigstens darüber klar sein, daß die Erde im Momente ihrer Abschleuderung ein Sphäroidalfragment, eine Sonnenwelle war, die sich erst durch Rotation zur Kugel formirte, und daß deren Oberfläche eine differencirte Gestaltung im Sinne von Absetzungen des Festen gegen das wässrig Flüssige zu einer Zeit noch gar nicht zeigen konnte, in welcher der ganze Ball noch eine feurig flüssige Masse war, deren Theile sich im Zustande absoluter Verschieblichkeit befanden. Ein individualisirtes Oberflächenbild und damit Welttheile konnten erst in Folge des durch die Abkühlung eingeleiteten Incrustirungsprocesses im Laufe ungeheurer Zeiträume entstehen, und unter dem Miteinfluß der allmäligen, aber periodisch totalen Umwendungen der Erdachse so durchgreifende Veränderungen erfahren, daß das angebliche „Nabelland" Europa vielleicht schon oftmals Meeresboden war.

Wer freilich über diese Dinge so selbstständige Ideen hat, daß er die Erde in ihrer jetzigen Land- und Meervertheilung wie eine fertige Minerva aus der Sonne hervorspringen läßt, der kann allerdings von einem Erdnabel sprechen, ja vielleicht den europäischen Alpenwulst als einen Beweis dafür ansehen, wie schlecht die damals fungirende kosmische Hebamme jenen Nabel seiner Zeit abgebunden habe.

„Unfruchtbarkeit und Latentisirung, welcher Theil belebt werden „muß im Laufe der Entwicklung und zwar durch Europa. Asien „ist das Haupt und Hirn, Europa das Herz und Sonnen= „geflecht, Amerika das Verdauungs= nnd Nahrungssystem; „Afrika der Sockel der Erdfigur.*) Diesem Allen (!) stehen „entsprechende Geister vor, und jeder Welttheil hat so seine „eigenthümlichen Geisterkreise.**)"

Nun kommt die Begründung dieser Symbolik: „Beachtet einmal die Philosophieen und Religionen, wie „sie alle (?) in Asien als dem Haupte der Erde, ihren „schönsten Ursprung hatten***), besonders das Christenthum;

---

*) Wie sehr irrt also Derjenige, der die Asiaten im Allge= meinen für denkfaul, die Europäer für Denker, die Ameri= kaner für Erfindergenies, d. h. für productiv, die Afri= kaner für feurig und beweglich hält! Schade, daß uns die Charakterisirung von Australien und Polynesien gänzlich vorenthal= ten wird!

**) Statt zu sagen: die Bewohner verschiedener Himmelsstriche und Welttheile tragen das Gepräge ihrer Heimath, die ethnographi= schen Unterschiede lassen sich als natürliche Consequenzen der geo= graphischen Sonderbedingungen aufzeigen — wird lieber angenommen, daß sich die Einverleibung suchenden Geister je nach ihrer Quali= tätsklasse den für diese speciell prädeterminirten Welttheil wählten, ja daß sie jenen Fundamentalqualitäten vorstünden, d. h. sie er= zeugten.

***) Daß die größten Denker und Philosophen des Alterthums Griechen und Egypter, also nicht Asiaten sondern Europäer und Afrikaner gewesen, das afrikanische Alexandria durch Jahr= hunderte die Hüterin der Wissensschätze aller früheren Culturvölker war, ignorirt Frau von Vay gänzlich; nicht minder übersieht sie, daß der Hinweis, daß Asien die Geburtsstätte der einflußreichsten Re= ligionen gewesen, diesen Welttheil nicht als Hirn sondern eher als Herz oder als Gefühlsquell characterisiren würde, denn Religionen entspringen nicht aus Verstandes= sondern aus Ge= fühlsbedürfnissen. Die Welttheilsymbolik des Mediums leidet dem= nach an einer gelinden Confusion.

„dann in Europa beherzigt wurden und sich so erst nach
„Amerika verpflanzten, wo man Vieles materialisirte. In
„Afrika hat das Geistige noch keine bewußten Wurzeln ge=
„faßt. So hat jeder Welttheil seine Individualität. In
„Asien begann das Leben, der Gedanke*), welcher in
„Europa Wurzel faßte und Fortpflanzung fand, durch
„Europa nach Amerika gelangte, und nun auch Afrika er=
„wecken soll"**).

Der Leser stöhnt vielleicht schon lange: Ist es noch nicht zu Ende? Sind das die versprochenen Heiterkeiten?

Er waffne sich mit Geduld, und bedenke, daß er sich in ein Labyrinth gewagt hat, aus dessen Irrgängen nur an der Hand der sich selbst vertrauenden Vernunft der Ausweg zu finden ist. Der Schlußgewinn eines klaren Gesammturtheils wird um so sicherer in seine Hände fallen.

Gerade ein solches Buch, wie das der Frau von Bay ist äußerst lehrreich; es ist ein wahres Prachtexemplar jener Geisteswerke, die „mit Worten ein System bereiten", und giebt dem logischen Secirmesser Gelegenheit, einmal Wort für Wort die Hohlheit jenes Hyperbelbombastes aufzudecken, der sich — noch immer — als Philosophie, ja als Kosmologie spreizt und nicht nur eine in Bildern sich bewegende Ter= minologie mit dem Ernste der Objectivität handhabt, sondern auch deren Verknüpfung durch subjective Gedankensprünge für ächten logischen Kitt ausgiebt.

Wahrlich! wenn das Apostolat der spiritualistischen Vor= lichter auf so hölzernen Füßen steht, so sieht es mit der Vertrauenswürdigkeit der ganzen Doctrin und der gedank=

---

*) Soll wohl heißen: „als" Gedanke.
**) Dieser Schlußsatz stimmt wieder gar nicht zu der Grund= idee der Verfasserin; eher paßte er zu den Belegen, welche man für den Antheil der Migration an einer Entwicklung von unten nach oben beibringen könnte.

lichen Klarheit ihrer in verba „Mediorum" schwörenden Jünger etwas windig aus.

Unsere Eingeweihte fährt fort:

„Auch im Innersten der Erde giebt es Geister.... Die „Erde wird in ihrem Gravitations= und Bewegungsgesetz „von Geistern begleitet, die dieser Bewegung folgen; denn „einer jeden Bewegung steht gesetzlich ein geistiges Princip, „d. h. eine Kategorie bestimmter Geister*), vor**). Mittelst „seiner Fluide dringt ein Geist überall durch, wo er An= „halt (?) und homogene Fluida findet. So wie ein Geist „bei geschlossener Thür, in einem gut verwahrten Raume „Dir erscheinen kann***), so kann er auch in's Innerste der „Erde dringen†). Ohne dieses Durchstrahlen der Geister (!) „bis in's Innerste der Erdfluide wäre kein Leben, keine „Wärme††), keine Bewegung von Innen nach Außen; die „Erde müßte erstarren†††). Es ist nicht nur nöthig, daß „die Geister als Menschen auf der Erdoberfläche leben und „sie bearbeiten, sie müssen auch als Geister im Innern der „Erde arbeiten. Diese Arbeit ist für die betreffenden „Geister eine unbewußt mechanische †a) und wird nur von

---

*) Anders geht es nun einmal nicht: „Principien" müssen durchaus Personen sein.

**) Erst „folgen" sie, dann stehen sie vor! Wie reimt sich das zusammen? Darf man so mit den Worten spielen?

***) Natürlich bekleidet!

†) Trägt er auch in diesem Falle ein Gewand?

††) Nun wißt Ihr's endlich, Ihr Physiker, was das ist, was Ihr Aether nennt.

†††) Da ist es ja ein wahres Glück, daß es „gefallene Geister" giebt, die solche misère verhindern.

†a) Wo steckt nur inzwischen das Bewußtsein dieser, solcherge= stalt dem, was man Naturkräfte nennt, zum Verwechseln ähnlich sehenden „Geister?"

„solchen Geistern ausgeführt, welche so tief gesunken sind,
„daß sie den Fluiden der Erde*) adäquat und homogen
„sind. Solche Geister sind diejenigen, welche auf Erden
„wilde, tiefstehende Menschen waren; ihre Leiber gehören,
„wenn sie sterben, der materiellen Erde**); ihre Geister
„aber werden von den Erdfluiden erfaßt und in die Ro=
„tationsbewegung gezogen. Indem sie nun diesen Fluiden
„zur Belebung dienen, ist dieser Rotationsgang für sie eine
„sie reinigende, erlösende Arbeit. Für derartige Geister
„wird diese untergeordnete, fortgesetzte Arbeit ein neu er=
„weckendes Leben, welches ihnen das Selbstbewußtsein
„wiederbringen soll***); es reißt sie heraus aus der ewigen†)
„Verdammniß und geistigen Versunkenheit und giebt ihnen
„nach einem Arbeitsturnus Kraft zur Wiedereinverleibung††)
„auf Erden . . . . . Wundere Dich daher nicht über einen
„Traupmann — siehe, für ihn war seine Erdenexistenz
„vielleicht schon ein Fortschritt; denn statt täglich Menschen=
„fleisch zu essen und Hunderte zu morden, mordete er jetzt,
„seiner Mordlust nach, nur sechs und wird als Geist mit

---

*) Hoffentlich sind wenigstens diese „Erdfluide" nicht auch wie=
der verkappte Geistpersonen.

**) Die Leiber eines Sokrates, Plato verwesten wohl nicht? flo=
gen wohl davon?

***) Ist dasselbe aber auch mit der Rückbesinnung auf ihr
verfehltes oberweltliches Menschenthum verbunden? Wenn nicht, so
wüßten sie ja gar nicht, weshalb sie eine Weile unterirdische Last=
schieber sind!

†) Wie kann es ein Herausreißen aus einer „ewigen" Ver=
dammniß geben? Sind die Ausdrücke der Verfasserin nur cum
grano salis zu verstehen, so soll sie auch das Salz liefern.

††) Auf die sie, des Glückes der Bewußtlosigkeit theilhaftig ge=
worden, gewiß lieber verzichteten. Aber vielleicht heißt es: Der
Bien muß!

„dem Gesetz getrieben und fortgetrieben, bis er das erlö=
„sende Gesetz der Bruderliebe im Christenthum zu begreifen
„anfangen wird*).

„Was wird nun aber aus den Wilden, aus Solchen,
„die keinen Begriff von Gott und dem Guten haben?
„Sie sind eben solche tiefgesunkene Geister, die ein primi=
„tives Leben aus der Materie heraus beginnen sollen, um
„neu geweckt zu werden. Mit der Potenzirung der Erde
„und ihrer Fluida werden sich auch die Arten ihrer Ele=
„mente und Geister ändern, potenziren.

„Plötzliche Kälte oder Hitze sind also Geister (!!) und
„Ode**), die aus dem Innersten der Erde herausgehaucht
„und getragen werden. Die Erde steht außerdem unter
„allerlei planetarischen Einflüssen***):

Nun aufgemerkt:
„Von der Venus strömt ihr Lieblichkeit und Güte zu†);
„Mars ist kriegerisch und reizbar††); Jupiter vergeistigend,
„fortschreitend; Saturn nahrhaft, trocken†††); Merkur ma=
„teriell, verbrennend†a); Uranus kalt und regnerisch, der

---

*) Ist es ein Wahnsinn, hat er doch Methode.

**) Wie unterscheiden sich Ode und Geister?

***) Wer hätte gedacht, daß es auch dergleichen gebe.

†) Lieblichkeit und Güte scheinen demnach auch Flüssigkei=
ten oder — auf Bayisch — „Fluide" zu sein.

††) Natürlich! Darum heißt er ja so. Wie denn aber, wenn er
zufällig Pax' getauft worden wäre?

†††) Nahrhaftigkeit und Trockenheit pflegen sonst nicht gerade
Hand in Hand zu gehen.

†a) Heiß mag es in Folge seines nahen Standes zur Sonne
auf dem Merkur wohl sein.

„Mond verliebt, sinnlich*), selbst mörderisch**). So oft die
„Erde nun in ihrem Laufe unter dem einen oder anderen
„dieser Einflüsse steht, äußern sich bei ihr diesem ent=
„sprechende Dinge; denn der Effect spricht von der Ursache."

Hier endet die Belehrung über die Natur der Planeten; freilich ist sie etwas mager, wenn man an die hundert und einigen vierzig bis jetzt eruirten Sonnenkinder denkt; aber es ist doch ein Anfang und wer weiß, was wir noch erfahren.

Unser Medium kommt jetzt auf den Unterschied zwischen Instinct und Vernunft zu sprechen und weist darauf hin, daß es unmöglich sei, hier auf rein anatomischem und physio= logischem Wege die Wahrheit zu ergründen; dieser Weg allein werde die Menschen nie bleibend aufklären und belehren. Es sei vielmehr unumgänglich nöthig, daß zu den anatomischen und physiologischen Studien auch geistige und seelische, (psy= chische Studien hinzukommen, nämlich durch den Verkehr mit dem geistigen Princip, durch Medien und Geister.

Sie bricht dann eine Lanze für das der Homöopathie zu Grunde liegende Heilgesetz durch „Potenzirung"***), deren Sinn und Bedeutung sogar den exacten Gelehrten noch so völlig verborgen sei, daß sie das Gesetz der dynamischen Heilkraft schnurstracks leugneten, und die durch dieselbe be= wirkten Heilungen ignorirten — während gerade hier die Handhaben für eine wissenschaftliche Erfassung des Daseins geistiger Kräfte sich darböten. Doch die Entwickelung der Dinge, die Ereignisse und Umstände und das die Erde um= gebende geistige Princip, d. h. die Geister, würden durch die Einflüsse ihrer Fluida die Menschen jetzt auf diese Studien

---

*) Sollte hier nicht der „keuschen Luna" Unrecht geschehen, und eine Verwechselung mit Frau Venus vorliegen?

**) Wer hätte geglaubt, daß der Mond so überaus schlimm ist.

***) Nämlich nach rückwärts! durch Verdünnung.

führen. Denn soviel sei wohl klar, daß den spiritualistischen Erscheinungen positive Naturkräfte zu Grunde liegen müssen; wie wolle man sonst die als Gesang, Sprache, Leuchten, Erscheinungen von Geistern auftretenden Phänomene erklären, sowie die sonderbaren Kräfte, von denen Hunderte von Medien begleitet wären, oder Thatsachen wie z. B. die Emporhebung und das freie Schweben des Mr. Home, schriftliche Mittheilungen ohne Zuthat von Dinte und Bleistift*) und dergleichen. Dies seien doch wohl „Beweise"**), zumal die meisten Medien, wie bekannt, trockene, ehrliche Leute, keineswegs Phantasten***) oder Betrüger seien.

„Aber" — fährt sie fort — „wissend, wie wenig die „materiellen Beweise die Menschen zu überzeugen pflegen†) „wählen wir nicht den von Vielen eingeschlagenen Weg der „physischen Effecte, sondern den aussichtsvolleren einer ver= „nünftigen Deduction."

Nun, sehen wir, ob die noch ausstehenden „Deductionen" dieses Epitheton verdienen:

Die Verfasserin bringt uns vor Allem noch ein „Princip". Es gebe — sagt sie — außer den drei individuellen Lebensprincipien noch das im Allgemeinen „mechanisch" belebende Princip, welches dem Mittelpunkte entströmend, das All belebe, nach unten durch alle Stufen sich verdichte††), umgekehrt

---

*) Vielleicht auch ohne Papier!

**) Es fragt sich nur — wofür?

***) Menschen mit äußerst erregbarer Phantasie sind sie gewiß. Freilich: clericus clericum non decimat.

†) Christus, indem er mehrfach sagte: „Wenn Ihr nicht Zeichen und Wunder sehet, so glaubet Ihr nicht" — war über diesen Punkt bekanntlich entgegengesetzter Ansicht.

††) Wiederum kann ein Punkt eine Fülle ausströmen, ja ein „Princip" kann sich verdichten! Wer nur so dunkler Rede Sinn zu fassen wüßte!

durch alle Stufen hinauf sich vergeistige. Dieses Princip fehle keinem Stäubchen, keinem Lüftchen, keinem Thierchen, werde in verschiedenen Lebensturnussen objectiv, bis es endlich seine Potenzirung oder Vergeistigung erreiche und durch Vereinigung mit Gottes Hauch und Licht zur Individualisirung gelange, d. h. zu Geistern oder zu einzelnen Subjecten werde.*) In den Embryogeistern bilde das mechanische Princip dann die Seele oder Hülle des göttlichen, ewig lebenden Funkens, Geist genannt, das „bist Du, ich, sind wir Alle."

Es muß dem Leser anheimgestellt werden, ob ihm nun der ganze Proceß klarer geworden ist, ob ihm die Nothwendigkeit und die Natur dieses vierten Princips einleuchtet; Frau v. Vay scheint dieß anzunehmen, da sie diesen Gegenstand nunmehr verläßt und zu Betrachtungen über „Gesetz" und „Gegensatz" übergeht, nämlich wieder auf den durch den allgemeinen Sündenfall entstandenen Gegensatz zum „Gesetz" zu sprechen kommt, der in „Gegensatzfluiden", in „Gegensatzkräften" und in „Gegensatzbewegungen", nämlich als Elektricität, Repulsion und Devotation seinen Ausdruck gefunden habe. Die Elektricität sei ihrem Ursprunge nach geistig, erst später sei sie fluidisch**) geworden; ihr gehöre

---

*) Hier haben wir wieder einmal, von dem angeblichen Centralquell des Ganzen abgesehen, die Schilderung einer Entwickelung von unten nach oben, mit dem individuellen Geiste als Endergebniß; im völligen Widerspruche zu seiner anderweitig behaupteten Primogenitur.

**) An früheren Orten war bisher „geistig" und „fluidisch" stets als synonym genommen worden, jetzt ist es wieder Gegensatz zum Geistigen. Wenn man den Sinn dieses Wortes in steter Schwebe läßt, kann man es natürlich mit unbegrenzter Willkür verwenden, und dem, der nicht zu folgen vermag, wohl gar die klägliche „Schwerfälligkeit seiner Fluide" vorhalten.

die Kraft der Repulsion, welche die Derotation zur Folge habe.

Das Gesetz dagegen sei ursprünglich Licht, beziehungsweise Magnetismus, ihm gehöre als Kraft die Attraction, mit der (gesetzlichen) Rotation als Folge. Diese im Princip schärfsten Gegensätze seien in ihrem Ringen durch mannigfaltige Assimalationsstufen und Lebensturnusse zu theilweiser Ausgleichung gelangt vermöge des Gesetzes der Dynamisirung oder Potenzirung, welches zur Harmonisirung und Einswerdung zurückführe. Auf dem Wege zu diesem Ziele sei die gegenseitige Verquickung der extremen Glieder oft eine so innige, Gesetz und Gegensatz oft so enge mit einander verwoben, daß ein tiefes Studium erforderlich sei, um die heterogenen Elemente in den einzelnen in der Gährung und Harmonisirung begriffenen Gebilden richtig zu erkennen und dieß sei oft so schwer, daß der Mensch in Verwechselungen der Begriffe und Namen verfalle. So gebe es auf Erden keinen wahrhaft reinen Magnetismus, außer in den Aeußerungen und Fluiden der hehren Geister an ihre Medien, ja auch sie müßten zur Ermöglichung dieser Aeußerungen den schon mit Elektricität gemengten terrestrischen Magnetismus an sich nehmen. Der Mensch kenne die Elektricität nur aus ihren Kraftäußerungen, aber ihre fluidischen, nervengeistigen, perispritalen Zusammensetzungen und Wesenheiten habe er noch nicht erforscht. Durch die Dynamisirung oder Potenzirung werde die Elektricität „magnetisirt" und nach diesem Gesetze heile der geistige Heilmagnetismus elektrische Krämpfe und Hysterieen, bekehre oder banne er elektrische Geister.*)

Dieser Auseinandersetzung folgt nun eine schöne Stelle

---

*) Man sieht, die Verfasserin weiß ziemlich viel von dem, was sie für noch „unerforscht" erklärt.

über den Geist, die in den Augen des Verfassers noch gewinnen würde, wenn statt „der Geist" das Geistige gesetzt wäre:
„Wenn Du das Princip*) des Geistes auf Erden finden „willst, so suche in Dir selbst, o Mensch! Da findest Du „das stillsprechende innerste Bewußtsein von ihm, dem „Herrscher und König, und unterscheidest ihn von der be= „lebenden Kraft, der instinctiven Seele und Dienerin, die „Ersterem mechanisch folgen soll. Wehe, wenn sie der „König, und er der Knecht ist; wenn der hingebende „Theil den erzeugenden beherrscht!"

(In das Deutsch des Verfassers übersetzt, würde dieser Satz etwa lauten: In seinem Innern findet der Mensch das Unterscheidungs= und Urtheilsvermögen, d. h. die Fähigkeit, die Grade des Verhältnißmäßigen zu unterscheiden und fühlt sich (siehe den Aufsatz über das Sittengesetz) gedrungen, der größeren Verhältnißmäßigkeit den Vorzug zu geben. Wenn hier Unklarheit herrscht, so ist es schlimm, d. h. es entsteht Nachtheil oder Wehe!)

Friedrich von Sallet, der edle, viel zu wenig gewürdigte deutsche Dichter=Philosoph feiert den „Geist" in folgenden (vielleicht auch unserer Verfasserin zusagenden) Versen:

„Ein starr Gesetz noch, fest nach Zeit und Raume,
„Hat ihn in sich der gold'nen Sterne Zier.
„Die Pflanze hat ihn in des Wachsthums Traume;
„Im dumpfen Fühlen seiner selbst das Thier.
„Jedoch im Menschen rafft er sich zusammen,
„Der die Gebilde, die der Welt entstammen,
„Zurückverschlingt in des Bewußtseins Kreis —
„So wird er Geist, der um sich selber weiß."

---

*) Mit diesem ewigen „Princip!" Warum nicht einfach sagen: Wenn Du wissen willst, was das Geistige ist (und zwar nicht nur auf Erden, sondern überhaupt, seiner Wesenheit nach) so u. s. w.

Doch unsere Spiritualistin weilt schon bei ganz anderen Dingen. Jene Hervorhebung der Zweiheit im Menschen sollte nur die Einleitung und Brücke zu der merkwürdigsten ihrer Offenbarungen sein, zu der Idee der „Dualgeister", nämlich. Sie unterscheidet in Gott ein männliches und weibliches Princip, eine zeugende und aufnehmende Kraftseite, die zwar beide in seiner Einheit wurzeln, doch zu factischer Differenzirung gelangen mußten, da es ohne diese Functionstheilung zu keiner Schaffung habe kommen können*). Da nun alles Geschaffene ein in den Principien Gott ähnliches, relatives Bild sein müsse, so sei jener Dualismus auch in den geschaffenen Geistern zum Ausdruck gelangt und zwar anfänglich in derselben Coordinirtheit, wie in Gott selbst. In den erstgeschaffenen Geistern sei der göttliche Funke oder das erzeugende, männliche Princip, mit dem potenzirten Seelenprincipe, als dem empfangenden weiblichen Prinzipe, noch auf's Engste verknüpft gewesen, einen Dualgeist bildend, dessen beide Seiten absolut gleiche Dignität besessen hätten: „Zwei in Allem gleiche Geister in einer gemeinsamen fluidischen Hülle, vereint durch eine Liebe, einen Willen". Die ungetrübte Reinheit dieses Verhältnisses sei der paradiesische Anfangszustand der Geister gewesen, der Zustand größter Glückseligkeit. „Wie konnten doch — ruft die Verfasserin hier aus — Einige aus dieser Harmonie heraustreten, der versuchenden Stimme des getrennten Gegensatzes, dessen einzelne Dualglieder sich mit Hochmuth der Selbstkraft rühmten, Gehör schenken!"

Ja wohl! das fragen auch wir, und zwar noch aus einem ganz anderen Grunde, nämlich weil nicht einzusehen

---

*) Anderen Ortes wird doch das „Wort" als das zu aller Hervorbringung ausreichende Eine genannt.

ist, wie von einer „verlockenden Stimme getrennter Duale" die Rede sein könne, bevor es solche gegeben, wie als Ursache des ersten dieser Trennungsfälle Das gelten könne, was erst ihre Wirkung und Folge ist.

Frau von Vay scheint diesen Cirkel zu fühlen, denn sie sucht nach einer besseren Motivirung: „Die zum Dual geeinten Geister — sagt sie — hatten als Solche zweiartige Liebe und zweiartigen Willen und dieser Wille war frei. Der empfangende Wille des weiblichen Geistes*) im Dual empfand das Verlangen nach der Erkenntniß der einzelnen, getrennten Gegensatzgeister (d. h. im Sinne unserer obigen Bemerkung: wünschte den Grad von Erkenntniß kennen zu lernen, der ihm im Falle des Heraustritts aus dem Verbande beiwohnen würde). Dieses (nämlich der in der Phantasie geborene Reiz der Neugierde) brachte zuerst in den Dualwillen, dann in die Dualliebe und drittens in die Dualkraft oder Fluide Uneinigkeit; bis die Trennung erfolgte, durch welche die Dualgeister einzeln, Eins und Zwei wurden, als Mann und Frau erschienen. Diese Dualtrennung hatte ‚Einverleibung', ‚Tod', ‚Geburt', ‚Lebensturnus', ‚Menschensinnlichkeit' zur Folge. (!)"

„Wieder ihren Ursprung zu erreichen, wieder eins zu werden in einer Liebe, einem Willen, einer ‚Hülle', ist das Streben, die Aufgabe aller gefallenen und getrennten Geister". —

Es muß zugegeben werden, daß sich die Verfasserin hier wieder im Einklange mit ihrer Grundidee bewegt; auch das poetisch Schöne dieser ganzen Auffassung ist nicht in Abrede zu stellen; aber gerade der nun vorliegende Hauptsatz ihres

---

*) Warum gerade der weibliche Theil? Woher weiß das die Dame? Könnte nicht auch einmal der Mann zuerst von der verbotenen Frucht genascht haben?

Credo legt so recht den eigentlichen Keimboden dieser Philosophie vor Augen: das specifische Fühlen einer Frauenseele nämlich — die aus den Fäden subjectiven Bedürfens ihre Hirngespinnste webt und meint, was diesem Fühlen zusagt, müsse auch wahr sein. Einem Männerkopfe möchte wohl schwerlich jene überenge Dualverkittung in gemeinsamer Hülle ersehnenswerth genug erscheinen, um sie zu — erfinden. Selbst ein Halm läßt Ingomar und Parthenia wenigstens äußerlich zwei Personen bleiben.

Frau v. Baț mißt also — sichtlich beeinflußt von der mosaischen Sündenfallerzählung — dem weiblichen Theile in den Dualen (gewissermaaßen ein kosmisches Evathum creirend) die Hauptschuld an jenen traurigen Auflösungen bei, behauptet, der erste Anstoß sei von weiblicher Seite gekommen. Dem entsprechend sei es daher auch das Weib, welches den größeren Theil der Buße auf sich nehme, wie ihre Rolle auf der Erde, der des Mannes gegenüber, zeige.

Sie schildert nun diese Rolle, die Härten des weiblichen Looses, die Präponderanz weiblicher Leiden sehr eingehend, weist auf den hohen ethischen Werth einer sittenreinen, ihren Aufgaben voll genügenden Frau hin, und sagt zum Schlusse: „So sühnt der hingebende weibliche Theil jener „Duale durch Schmerzen und Demüthigungen seinen ersten „Urfehler!"

Die Verfasserin giebt zwar der Vermuthung Ausdruck, der Dualbegriff werde Vielen unangenehm und unheimlich erscheinen, meint aber, solche Abneigung entspringe eben aus dem durch jenen Bruch und Fall hervorgegangenen Egoismus, der den ausgeglichenen Dualwillen in Hochmuth und Eigensinn verkehrt habe. Als logisch und wahr werde der Dualbegriff dagegen Denen erscheinen, welche sich sagten, daß alles Gute und Liebe aus dem Wunsche nach Einigung, alle Fehler und Verwirrungen aus der Isolirungstendenz entspringen. Der

Fall der einstigen harmonischen Liebe sei auch der einzige Grund des Verfalls der Racen und aller Unsittlichkeit.

Treffend und aus Frauenmunde selten sind ihre bei diesem Anlasse fallenden Bemerkungen über die wachsende Emanzipationssucht der Frauen, die „um so erbärmlicher" würden, je kecker sie ihre Häupter zwischen denen der Männer erhöben; sie beraubten sich, indem sie Universitäten besuchen, öffentlich auftreten, den Männern gleichgestellt sein wollten und so einen nie geahnten Einfluß zu erlangen hofften, nur ihrer angeborenen Größe und zerstörten selbst den ihnen angewiesenen Wirkungskreis, der wahrlich tief genug in das innerste sociale und civilisatorische Leben eingreife*).

Die Ursache dieser Emancipationsbewegung der Frauen, ihre fixe Idee von einer fortwährenden Unterdrückung, wurzele eben auch in jener Entzweiung der Dualgeister, da es gerade solche entzweite Geister seien, die auf Erden einverleibt würden. Denn nicht sowohl das Erdenweib, als der in demselben steckende selbstische Dualgeist, wolle mit dem des Mannes wetteifern.

Sie bespricht dann noch einmal die Hoheit, welche das Weib umgebe, wenn dasselbe in seinen Grenzen bleibe und Wissen mit ächter Weiblichkeit, Bildung mit Häuslichkeit und Demuth zu vereinigen verstehe; sie löse damit eine Aufgabe, zu der eine hohe Flexibilität des Geistes gehöre und welche das Weib in manchem Betracht über die Männer stelle. Von diesen würden die meisten vor der Zumuthung, diese Extreme zu vereinigen, vor dem Cyklus entsagungsvoller Frauenpflichten entsetzt zurückweichen. Jedenfalls sei es (bei Fleiß und Muße) leichter, Zoologie, Geologie, Astronomie u. s. w.

---

*) Gold'ne Worte, welche die Frauen Bull und Jonathan und die von der Promotionswuth ergriffenen Russinnen beherzigen sollten.

zu studiren, als täglich und stündlich die Tugenden der Demuth, Liebe und Nachsicht zu üben.

Und wie das Weib, so büße auch der Mann in der ihm vorgezeichneten Bahn für jenen Fall, den der weibliche Theil der Urduale zwar angeregt, der männliche aber (dieß erfahren wir erst hier) ausgeführt habe. Wenn nun die Frau das Bild der Reinheit darstelle, durch Liebe den Mann an sich fessele und ihm durch ein makelloses Leben Gott zu erkennen gebe, so erfülle sie ihre Aufgabe, und trage dazu bei, die einstige geistige Dualverbindung wiederherzustellen.

Der überzeugenden Gewalt der vorstehenden Auseinandersetzungen gewiß, sagt die Verfasserin:

... „wir haben Euch nun mit dem Princip Eures „Seins, mit dem Uranfang Eurer Wesenheit, mit dem „Grunde Eurer Trennung und Sünden näher bekannt „gemacht" —

und fügt hinzu, das Gesagte gelte nicht nur für die Mensch gewordenen, sondern auch für die „uneinverleibten" Geister, welche in ihrem Zustande*) „relativ" ganz dieselben Versuchungen, Aufgaben und Sühnen hätten**).

Obwohl gerade hierüber eine nähere Auskunft hoch erwünscht sein müßte, erhalten wir dieselbe nicht, sondern Frau

---

*) Der doch wohl im Sinne jenes Herumirrens und Vagirens gefaßt werden müßte, welches bezüglich der Pflanzen= und Thierseelen durch den Hinweis (f. S. 145) negirt wurde, daß dieselben sofort ihre neue Einverleibung fänden.

**) Es ist für den Nicht=Spiritualisten außerordentlich schwer, sich hiervon die geringste Vorstellung zu machen; und das „relativ", welches die Verfasserin hier einschiebt, bezeugt die gefühlte Verlegenheit. Können in jenem körperlosen Zustande ebenfalls alle jene Prüfungen, Aufgaben und Sühnen absolvirt werden, wozu dann eine Einverleibung? Doch vielleicht lautet die Auskunft: Solche entgehen der Einverleibung. —

v. Bay zieht es vor, in ihr Lieblingsthema, die „Einverleibun=
gen", näher einzugehen und deren Bedingungen und Moda=
litäten in's Auge zu fassen. Muthigen Schrittes betritt sie
das Gebiet der metaphysischen Embryologie und sucht wenigstens
die maaßgebenden Principien festzustellen. Sie sagt:
„In den Turnussen der gesetzlichen Einverleibung ziehen
„die erzeugenden Geister den männlichen, die empfangenden
„Geister den weiblichen Saamen an sich, um ihn nerven=
„geistig, Erstere als Mann, Letztere als Weib auszu=
„bilden*). Hierbei können durch unfolgsame, eigenwillige
„Geister ‚Devotationen' entstehen, so daß ‚verkehrte Ein=
„verleibungen' (von erzeugenden Geistern in weiblichem, von
„empfangenden Geistern in männlichem Saamen) stattfinden.
„Solche verkehrte Einverleibungen können indessen auch
„im Buß= und Sühnungsgesetze der betreffenden Geister
„selbst liegen, und dann ist die verkehrte Einverleibung
„gesetzlich prädestinirt. Der erstgedachte Fall aber, wo
„Devotation oder Eigenwille der Geister die Ursache ist,
„hat gewöhnlich die furchtbarsten Folgen: entsetzliche Aus=
„wüchse und Abnormitäten, (auch Hermaphrodismus) in
„physischer, Unweiblichkeit, Schamlosigkeit, Feigheit, in
„moralischer Hinsicht. Hierher gehören auch die leiden=
„schaftlichen männischen Weiber und die von einem weibi=
„schen, eitlen Geiste beseelten Männer; sie sind Früchte
„einer gegensätzlichen, verkehrten Einverleibung, sind ‚Ur=
„ninge'**)."

Diesen Zerrbildern gegenüber — heißt es weiter —

---

*) Wie war aber der Vorgang bei der ersten Einverleibung
wo weder ein Mutterleib noch Saamen sich darbot?
**) Bezüglich des Ausdrucks „Urninge" verweist die Ver=
fasserin auf die „Forschungen über das Räthsel der urni=
schen Liebe" — von Numa Numantius, Leipzig, in Commission
bei H. Matthes, (1864—1866).

gebe es nichts Herrlicheres, als die Urbilder des weiblichen und männlichen Geistes. Ersterer repräsentire die vollkommenste Schönheit und Liebe, letzterer die vollkommenste Kraft und Weisheit.

Unaussprechlich und über alle Beschreibung groß sei es, wenn sich zwei so vollkommene Wesen zur Einigung gegenüberständen, um getraut, vermählt zu werden durch das dritte, sie eins machende Fluid.

„Dieß ist der höchste Moment in der Schöpfung. Engels„chöre singen ihre Loblieder dazu und Gott schließt das „neuvermählte, wiedervereinte Dualpaar in seine Liebe, „sein Licht, seinen Glanz inmitten dieser göttlichen, herr„lichen Brautnacht*), in der ein Bund für die Ewigkeit „geschlossen wird".

Diese Vorstellung von einem ursprünglichen Dualzustande, dessen Retablirung der Zweck alles Ringens und aller Prüfungen sei, ist der Verfasserin zur fixen Idee geworden. Belege für solches Dualleben, für eine Verschwisterung des weiblichen und männlichen Princips glaubt sie durch die ganze Natur zu finden: jedes Stäubchen der Luft, jedes Körnchen der Erde sei männlich erzeugend, weiblich empfangend und fluidisch vereinend, so Gottes Dreiartigkeit wiederspiegelnd. Dieß gelte für das Größte wie für das Kleinste, für Subjectives und Objectives.

Man kann die formale Berechtigung zu solcher Zerfällung, oder die Unterscheidbarkeit dreier Constitutionsmomente in allem

---

*) Warum „Nacht?" Könnte der Bund nicht auch bei Tage geschlossen werden? und wie ist von einer Nacht zu sprechen, die von Gottes Glanz und Licht erhellt wird? Wozu diese Hyperbeln, die, Seifenblasen gleich, bei der geringsten logischen Berührung zerplatzen?"

Seienden sehr wohl zugeben, ohne daraus im Betreff des
Menschen die behauptete Consequenz zu ziehen. Im Gegen=
theil, gerade wenn alles Seiende jene Verknüpfung zeigt, so
ist sie ja wohl im Manne für sich und auch im Weibe für
sich schon vorhanden, und eine abermalige Verknüpfung würde
im Princip nichts Neues, nur eine Copie bringen, wie auch
der Coitus lehrt. Uebrigens bricht dieser Dualgedanke wie
ein Nebenzweig, wie ein plötzlicher Einfall erst im Verlaufe
dieser Philosophie hervor; denn in der genetischen Hauptpartie,
wo von den Erstlingen, den Embryogeistern u. s. w. die
Rede ist, wird jenen Urgeistern eine derartige Doppelpersön=
lichkeit nirgends beigelegt, oder von der Verfasserin irgendwo
gesagt, daß Christus als einer der nicht gefallenen Erstlinge
die Doppelnatur von Mann und Weib in sich vereinigt habe.
Wenn einmal in solche Fabeln eingegangen werden soll, so
wäre wohl die Vorstellung der Geschlechtslosigkeit*) in
Hinsicht reiner Geistwesen die allein würdige! Ein solcher
Engel könnte die Attribute der Kraft und Weisheit mit
Schönheit sehr wohl vereinigen, und was die Liebe, als lei=
tende Grundgesinnung in dem Gebahren eines Wesens gegen
andere, betrifft, so kann, ja muß sie zu jenen Attributen schon
von selbst hinzukommen und fordert wieder keinen besonderen
Repräsentanten. Wozu also diese Vertheilung der Rollen an
zwei Wesen, von denen das eine Weisheit und Stärke (aber
nicht Schönheit und Liebe), das andere Schönheit und Liebe
(aber nicht Weisheit und Stärke) besäße, so daß man sie erst

---

*) Daß die Geschlechtsdifferenz bezüglich der Duale von der
Verfasserin nicht negirt wird, beweisen wohl Ausdrücke wie: Dual=
Wiedervermählung, Brautnacht, zeugender und empfangender Theil
der Duale u. s. w. Würden aber diese Ausdrücke für Metaphern
erklärt, so wissen wir nicht mehr, was wir uns bei denselben denken
sollen, wenn wir uns eben das nicht denken sollen was sie be=
sagen.

zusammenschweißen muß, damit so jedes an dem Sonder=
capitale des anderen participire.

Nach der begeisterten Schilderung der Dualseligkeit
kommt die Verfasserin auf den Vorgang der Einverleibung
zurück und sucht denselben unserem Verständniß näher zu
bringen. Im Allgemeinen — sagt sie — könne die Einver=
leibung eine „Ausdehnung resp. Organisirung des Nerven=
geistes" genannt werden, so wie die Entkörperung ein nerven=
geistiges Zurückziehen, ein Wiederansichziehen der Belebungs=
fluide aus den Organen genannt werden könne.

„Der Lebenskeim wird im Mutterleibe geistig bewegt,
„geweckt, seelisch und nervengeistig belebt, herangebildet,
„geboren; das Kind wächst und gedeiht, wird zum ausge=
„wachsenen fertigen Menschen durch dieselben Principien
„und stirbt durch das Zurückziehen dieser Principien aus
„dem Organismus; d. h. der bewegende Geist und das
„Lebensprincip entziehen sich dem Körper, brechen mit ihm
„ab und gehen denselben Weg in sich selbst zurück, den sie
„aus sich selbst gegangen waren und werden ein Geist (!)
„d. h. ein selbstbewußtes, individuelles, geistiges Wesen,
„welches den menschlichen Körper als abgestreifte Hülle
„leblos zurückläßt. Dieser Körper, bar des bewegenden
„und belebenden Princips, zerfällt und verwest, während
„der Geist fortlebt".

Bei dieser Gelegenheit flicht die Verfasserin eine längere Be=
trachtung über das muthmaaßlich sehr häufige Verwechseln
von Starrkampf und Scheintod mit dem wirklichen, definitiven
Tode ein und plaidirt für großartige, wohleingerichtete Leichen=
häuser und meint, daß eine Leichnams=Wiederbelebungsanstalt
(durch gute Medien geleitet) manche Auferstehung feiern, manche
Thräne trocknen würde. Durch kalte Einpackungen und warme
Bähungen, vor Allem aber durch elektromagnetische Ein=
strömungen sei manche Wiedererweckung möglich da oft die,

Thätigkeit der Lebensorgane nur paralysirt sei und der Geist in die Hülle zurückgeführt*) werden könnte, namentlich durch „Anrufung des Geistes selbst" durch ein gutes Medium, in welchem Falle dieser selbst am besten angeben könne, wie ihm am ehesten zu helfen sei.(!) Christus habe die Motoren solcher Wiederbelebung gekannt und angewendet; was aber ihm nur ein Wort gekostet, sei für uns das Studium von Jahrhunderten.

Von den plötzlichen Todesarten, wie bei Hinrichtungen, Mord, behauptet sie, daß hier das seelische Nervenleben keineswegs plötzlich erlösche**), da sich dasselbe erst austoben, die nervaurische Agonie sich erst vollendet haben müsse, bevor der Geist ausscheide. Krieg, alles Morden und Hinrichten seien ein dreifaches Unrecht: man tödte gewaltsam das animalische Leben, quäle das Nervenleben und gebe dem Geiste eine lange peinvolle Agonie durchzukämpfen. Denn der Geist fühle Alles dreifach: geistisch, nervaurisch, fleischlich. Der Geist sei das **nervaurische Bild*****) des Menschen.

---

*) Ob dem befreiten Geiste mit solcher Zurückführung, oder dem glücklich zur Unbewußtheit Eingegangenen mit der Rückrufung des Bewußtseins, ein großer Gefallen geschähe, steht wohl sehr dahin; zumal in den meisten Fällen die Auferstehung wohl nur von kurzer Dauer sein und den zu sich Gebrachten bald den Qualen einer zweiten Agonie überliefern würde.

**) Es fragt sich nur, ob und in welcher Ausdehnung das Stadium des Ueberganges von Bewußtsein begleitet gedacht werden müsse, z. B. in dem Kopfe eines Enthaupteten.

***) Diese Definition ist nicht übel; sie könnte auch in einem materialistisch-medicinischen Lehrbuche stehen, wo freilich statt des Bildes „Bild" der Ausdruck „Thätigkeit" gebraucht werden würde. Aber vielleicht soll gerade das Wort Bild auf die „Gestaltähnlichkeit" des Geistwesens mit dem Fleischesleib hinweisen, und dann würde sich die Gestalt des ätherischen Substrats durch die Abbildung der Gesammtfigur des Nervensystems, d. h. der Totalität aller

Es folgt nun eine Recapitulation der Hauptlehrpunkte:

Der Mensch habe dreierlei Eigenschaften: geistige oder vernünftige; seelische oder nervengeistige; endlich körperliche oder organische. Vermöge der ersteren äußere er sich selbst individuell vernünftig, erhalte eben solche Aeußerungen von Anderen und könne mit ihnen in geistige Verbindung treten. Durch die seelischen Eigenschaften erhalte er nervengeistige Verbindungen, fluidische Effecte und Erscheinungen und gebe solche von sich. Durch seine organischen Fähigkeiten äußere er sich organisch, und empfange die Eindrücke des ihn umgebenden organischen Lebens.

Auf dieser Basis beruhe auch der Geisterverkehr mit Menschen, nämlich auf dem Gleichheitsgesetze der Duale, die durch Assimilirung, Vereinigung oder Mediumschaft Verbindungen knüpften. Der Verkehr der Geister mit den Menschen sei daher weder ein Wunder, noch etwas Außerordentliches; (?) und wenn solcher Verkehr auch noch im Allgemeinen als Mysticismus betrachtet werde, so sei doch jetzt die Zeit seines gründlichen Studiums gekommen. In Amerika habe bereits in den Jahren 1847 und 1851 A. J. Davis mit einer wissenschaftlichen Erfassung den Anfang gemacht; in Frankreich sei Allan Kardec der Erste gewesen, der den Grundstein zu einer systematischen Fortentwicklung des großen Werkes gelegt habe. Die Menschheit habe im Laufe der Zeiten Vieles lernen müssen und Vieles habe sich ihr als ein zwar unbekanntes und doch ewig bestehendes Gesetz erwiesen. Es sei deshalb wenig gerechtfertigt, das zu verdammen, zu bespötteln oder gar zu leugnen, wofür noch keine Erklärung gefunden sei.

Knoten, Stränge und ihrer Verästelungen vorstellig machen lassen, wenn auch vielleicht, (im Zustande des Ansichseins), in mikroskopischer Zusammengezogenheit. Mit etwas Phantasie geht Alles.

Zu Solchen, ja zu Denen, die überhaupt „den Geist"*) leugneten, rede die Verfasserin nicht, sondern zu Denen, die selbstthätig zu lernen suchten und der letzten Erklärung geduldig harrten. Ihr Hauptzweck sei, die verschiedenen Mediumschaften, den Verkehr der Menschen mit der Geisterwelt

---

*) Immer und immer „den" Geist! Kann man denn nicht das Geistige sehr wohl zugeben, ohne deshalb einzusehen, daß es entweder generis masculini oder feminini, kurz Person sein müsse? Man fasse es als Thätigkeit, als den Collaborationsmodus der Atome und diese als die Subjecte aller Action, dann wird man begreifen, daß nicht der geringste Grund zu der Annahme vorhanden ist, daß Bewußtsein und Persönlichkeit conditiones sine quibus non des Geistigen seien. Muß die regelmäßig krystallinische Gestalt der Schneesternchen das Sieb der Reflexion passirt haben, um möglich zu sein? Muß das **Verhältnißmäßige** das **Product** der **Ueberlegung** sein, weil Ueberlegung eines der Producte der Verhältnißmäßigkeitsaction ist? Man denke doch ein wenig **ernsthaft** nach! Weil die Gebilde von Menschenhand, die Industrismen, nur unter Mitwirkung von Intelligenz entstehen können, müßten auch Pflanzen und Thiere als so erzeugt gedacht werden?

„Erfordert schon die Erzeugung eines Hosenknopfes Nachdenken — sagt Profesor Krönig in seinem vor Kurzem erschienenen, ideenreichen Buche: „das Dasein Gottes" — um wie viel mehr (?) muß dieß von den billionenfach künstlicheren Organismen der Natur behauptet werden; der „blinde Zufall" kann in alle Ewigkeit dergleichen nicht hervorbringen." Der „Zufall" freilich nicht, der überhaupt nur ein Scheinbegriff ist, wohl aber vielleicht der gänzlich reflexionslose Arbeitsmodus der Atome, der bald dieß bald das und unter denselben Umständen immer Dasselbe zu Stande bringt. Denkt sich freilich der nur den Intelligenzweg kennende Mensch vor die Aufgabe gestellt, etwas den Naturgebilden Gleichkommendes zu schaffen, so muß er sagen: Dazu würde er eine der seinigen weit überlegene Intelligenz nöthig haben — wie er auch, beauftragt, das Bassin der Weltmeere mit Wasser zu füllen, diese Aufgabe als eine weit über seine Kräfte gehende bezeichnen dürfte. Wie aber trillionenmal Trillionen Wassertropfen jene Bassinfüllung spielend vollbringen, von dem dazu erforderlichen „colossalen Kraftaufwande"

auf der Basis der vorgetragenen Grundgedanken positiv zu erklären; und hier sei vor Allem der Auffassung gegenüber welche alle Mediumschaften als Ausflüsse der „magnetischen Kraft" betrachte, die Einseitigkeit der Begriffe zu corrigiren, die über diese Kraft im Schwange seien.

Die Aeußerungsweise des Magnetismus im Menschen sei eine dreiartige, nämlich:

1) geistig, als Licht;*)
2) fluidisch, als Attraction und Assimilation;
3) physisch,**) als Wärme und Ausströmung.

Dieser Magnetismus sei indessen niemals ganz rein, sondern immer mit Elektricität gemengt, außer im reinen, hohen Geiste, welcher dynamisirten, potenzirten Magnetismus enthalte.

Magnetismus im ersten Sinne sei „bewegend", und je nach dem Geiste hoch und niedrig potenzirt; im zweiten Sinne sei er „belebend", mehr oder weniger „attractiv" und „assimilirbar", d. h. „flexibel"; und im dritten, welcher schon die beiden anderen Formen zur Bedingung habe, sei er mehr oder minder kräftig und warm, leicht oder schwer.

Nach dieser Belehrung, die noch werthvoller sein würde, wenn uns die Verfasserin sagen wollte, wie sie es anfange, sich eine Attraction zu denken — wie man sich einen

---

gar nichts wissen, so könnten ja wohl auch die, als Kunstwerke betrachtet, unerreichbaren Leistungen der organischen Natur ebenso spielend zu Stande kommen, ohne jede Ahnung von dem, was der Mensch Nachdenken nennt, etwa wie ein Vogel die Technik des Fliegens übt, ohne sie theoretisch studirt zu haben, oder wie der seine Muttersprache Redende keiner Grammatik bedarf! —

*) Natürlich! Das Licht ist ein so passendes Symbol für die Intelligenz, darum ist Licht und Geist dasselbe.

**) Diese im Unterschiede „physisch" genannten Magnetismusäußerungen müßten ja auch als Fluide gedacht werden.

warmen, kalten, leichten und schweren Magnetis=
mus vorzustellen habe, ferner, was Elektricität sei,
u. s. w. — heißt es weiter:

„Außer den Spiritisten kennt die menschliche Wissen=
„schaft die meist nur dritte Erscheinung des Magnetismus,
„also die bedingte mechanische Kraft, die sich aber nie für
„sich allein vernünftig oder selbstständig intelligent äußern
„könnte, wie so viele Magnetiseure behaupten. Ohne gei=
„stigen oder seelischen Magnetismus, ohne Bewegung und
„Belebung ist er latent, leblos. Es ist ein Unsinn und ein
„Widersinn, die medianimischen und sonnambulen Effecte
„dem Magnetismus allein zuzuschreiben.

„Der Mensch strömt eine Dreikraft aus und saugt eine
Dreikraft ein. Aus diesem fortwährenden Geben und Empfan=
gen lassen sich alle geistigen, seelischen und körperlichen Zu=
stände der Geister und Menschen erklären. Die Gesundheits=
bedingungen der Menschen, die Ursachen vieler Krankheiten,
Ansteckungen, endlich alle Mediumschaften lassen sich aus die=
sen Gesetzen ableiten."

„Auch die Geister haben diese drei Arten von Magne=
tismus in sich; der geistige und seelische bleibt derselbe, wie
bei dem Menschen; nur der körperliche Magnetismus ist bei
den Geistern fluidisch und wird bei der Einverleibung or=
ganisch."

Hier liegt in der That etwas wie ein System vor; der
Jammer ist nur der, daß alle Geheimnisse der Welt in das
Wort Magnetismus zusammengezogen werden, über dessen
Natur und Wesen wir uns durch Worte belehrt finden sollen,
bei denen sich alles Mögliche denken läßt. Mit solchem Fac=
totum, unterstützt von einer Schaar von Principien geht dann
freilich Alles; und fehlt es doch noch irgendwo, dann flugs
ein neues Wort, und unserem Verstandesdeficit ist abgeholfen.

Jetzt folgen Aufklärungen über die verschiedenen Zustände und den Correctionsgang der gefallenen Geister:

„Die fallenden Geister sind an ein Gesetz gebunden, in „eine Bewegung eingeschlossen, und zwar in eine verdich= „tende, fortarbeitende, da es keinen Stillstand giebt. Durch „diese Gesetze gelangen die Geister nach ihrem Sturz oder „Fall mit den rotirenden Fluiden in die niederen (!) Wel= „ten, deren Bewohner sie zu werden bestimmt sind. Sie „werden also, je nach dem Grade ihres Falles, in höheren „oder niederen Welten einverleibt; sie gelangen je nach der „Potenz ihres Geistes und der fluidischen Schwere ihres „Nervengeistes, (der chemischen Natur ihrer Hülle*) an „ihren Bestimmungsort. Hierin waltet nur das göttliche „Gesetz, niemals die Willkür." —

Trotz dieser in den letzten Worten behaupteten Omni= potenz des Gesetzes, heißt es gleich darauf:

„Die sich dem Gesetze ‚widersetzenden‘ Geister bleiben „stationär, d. h. ohne Besserung auf ihrer Stufe stehen; „an ihnen geht die bildende Rotation wirkungslos vor= „über, ohne sie zu bessern und zu potenziren, da sie als „negativ dieselbe von sich weisen und willkürlich stehen „bleibend, derselben nicht theilhaftig werden können. Solche „Geister mengen sich in allerlei Fluide; sie wollen sich „eigenmächtig ein Gesetz machen und treten dem rotiren= „den, bildenden Gesetze hindernd in den Weg. Sie über= „häufen es schaarenweise mit Schwierigkeiten aller Art „und müssen schließlich ihre Ohnmacht einsehen. Wenn sie „auch hier und da Revolten, Eruptionen, Gegensätze her= „vorbringen, so können sie doch nicht das kleinste Gesetz

---

*) Diese sollte ja wohl beim Tode abgestreift werden; wie kann sie denn nachher noch einen Miteinfluß üben? Der Ausdruck „niedere" Welten ist auch sehr unbestimmt; aber schrecklich mögen sie wohl sein, diese Verbrechercolonieen von Zuchthaussternen!

„umstoßen, die kleinste Selbstschaffung erzeugen. Diese
„Geister sind aber äußerst hochmüthig und glauben sich
„schon bei der kleinsten Störung, die sie verursachen,
„Schöpfer und Herren.

„Eine jede Welt hat ihre Geisterschaar um sich, die in
„der Atmosphäre, in den Fluiden derselben, welche ihnen
„adäquat sind, leben, bis sie hoch und rein genug sind, in
„eine höhere Welt zu kommen, d. h. bis die Potenzirung
„ihres Gesetzes sie in eine höhere Rotation durch das Ge=
„setz der Gravitation führt.

„Demnach ist auch die Erde, wie von ihren Fluiden, so
„auch von ihren Geistern umgeben, die mit ersteren fort=
„rotiren*). Diese Geister der Erde sind die sinnlichen, ge=
„wöhnlichen Menschen**). Die hervorragenderen Men=
„schen sind jedoch meist Geister einer höheren Welt.

„Eine jede Welt entfaltet ihr besonderes Talent, ihre
„besonders ausgebildete Eigenschaft. So hat die Venus
„die Darstellungskunst, Jupiter die Musik, Saturn die
„Schrift, die Erde die Kunst des Bauens und der In=
„dustrie***). Die Hüllen der Erdatmosphäregeister sind
„nicht alle chemisch gleich begabt; einige entwickeln mehr
„Stickstoff, andere mehr Sauerstoff, Kohlenstoff, Elektri=
„cität, Phosphor u. s. w., je nach der Potenz der Geister.†)

---

*) Mit diesem ewigen Rotiren: als ob dabei an etwas Beson=
deres zu denken wäre.

**) Soll vielleicht heißen „die Geister der gewöhnlichen sinn=
lichen Menschen!"

***) Ist es nicht eine Keckheit, so über Dinge zu sprechen, die
Niemand wissen kann?!

†) Also „Stoffe" können entwickelt, d. h. hervorgebracht
werden! Merkt Euch das Ihr Chemiker! „Die Wissenschaft muß
umkehren!" — sagte schon Stahl.

„Das Wissen dieser Geister ist gering, geringer als das
„vieler Menschen, die aus höheren Planeten auf Erden
„einverleibt wurden. Die Haupteigenschaften dieser Geister
„sind Hochmuth, Eigenliebe, Sinnlichkeit*), Rohheit und
„Dummheit. Langsam und allmälig, erst nach den Tur=
„nussen mehrerer Einverleibungen erlangen sie bessere
„Eigenschaften. Auch die Erde bietet sehr verschiedene
„Geistesstufen, aber sie und alle Zustände der Erde müssen
„sich durch die Rotation**) und das Potenzirungsgesetz
„bessern und veredeln.

Jetzt bekommen die Pfuscher unter den Medien Eins
ab: „Niedere und minder ausgebildete Medien und Seher
„schreiben nur mit solchen Geistern der Erdatmosphäre,
„und, da deren Wissen beschränkt und ihre moralischen
„Eigenschaften niedrig sind, findet dieses in den Medien
„und ihren Aeußerungen seine Abspiegelung.

„Höhere Geister kommen entweder persönlich oder flui=
„disch zu den Medien, um sie zu beeinflussen, zu belehren
„und zu leiten; sie sind die Träger der Gnadengaben
„Gottes, welche ein jeder Mensch durch das Gebet an sich
„ziehen kann."

„Außer diesen zur Erde gehörenden Geistern ist dieselbe
„auch vom gesetzlichen Princip, d. h. von Schaaren guter
„und hoher Geister umgeben. Dieselben haben die Leitung
„der Erde unter Führung eines Messias übernommen.
„Dasselbe Gesetz gilt für alle Welten***). Allem steht das
„intelligente, leitende Princip vor. Gott ist allgegenwärtig —

---

*) Auf welche Weise sich wohl solche „Geister" der Sinn=
lichkeit ergeben mögen?

**) Natürlich! das ewige Umdrehen muß ja wohl Hülfe
bringen.

***) Traurig, wenn jede einzelne Weltenuhr solcher Vorkehrungen
bedarf, um im Gange erhalten zu werden!

„in ihrer göttlichen Abstammung und Potenzirung sind die
„Geister die Vertreter*) Gottes, das nach seinem Gesetze
„intelligente, leitende Princip, welches der Führung der
„Welten vorsteht, auch heiliger Geist genannt. Wenn es
„also Gegensatzgeister in der Erdatmosphäre und ihrer
„Bahn giebt, so giebt es auch helfende und leitende Gei=
„ster in derselben, Geister der gesetzlichen Rotation und
„Gravitation. Der Gegensatz ist niemals ganz verlassen
„vom Gesetz: er hat dasselbe stets vor sich, und kann sich
„demselben, wenn er will, immer wieder anschließen.

„Die gesetzlichen leitenden Geister der Erde sind die
„Träger der Sonnenstrahlen (!), des Gebetes (!)**), des Mag=
„netismus, der Fruchtbarkeit. Ihr guter Einfluß ist per=
„manent um Euch, als Gegengewicht zum Gegensatz, in
„ihren Schaaren findet ein jeder Mensch seinen Schutz=
„geist (!) . . . Diese Geister leiten nicht nur die Bahnen
„der Welten und ihren Fortschritt, sondern sie leiten Alles
„bis in's Kleinste, die Einverleibungen, Entkörperungen,
„Heilungen . . . Ohne dieses intelligente leitende Princip
„wäre keine gesetzliche Rotation und Bewegung; es wäre
„überall Umsturz, Verfall, Verwüstung und Tod.

„Wenn wir sagten, daß nicht alle Menschengeister aus

---

*) Ist Gott allgegenwärtig, wie braucht er dann Vertreter, und wie hätten sie Platz? Es ist ja dann Alles von Gott besetzt. Wenn nur Philosophen dieses Schlages ein bischen denken könnten, so würden sie einsehen, daß die „Allgegenwart Gottes" jede Welt ausschließt.

**) Wer hätte geglaubt, daß Sonnenstrahlen getragen werden müssen und wie sieht ein Gebet aus, während es getragen wird? Die tragenden Geister werden wieder von einem „Princip" oder „Gesetz" getragen; und da, wie die Verfasserin an anderer Stelle sagt, Licht ein Princip ist, so werden die Träger der Lichtstrahlen von diesen getragen.

„der Erdatmosphäre seien, so heißt das, daß sich auch
„höhere Geister, die über der Erdenstufe stehen, auf dieser
„Welt einverleiben. Auch hierin liegt ein Gesetz, keine
„Willkür, und zwar das versöhnende Gesetz Gottes, die
„Attraction (!), durch welche schaaren= und massenweise
„bessere geistige Einverleibungen auf Erden stattfinden, um
„als gebildete, edle Völker der Civilisation der Erde vor=
„zustehen. Das Leben, die Thaten, die Schriften, die
„Kunstschätze und Denkmäler solcher Völker besitzt die
„Menschheit noch jetzt und schätzt sie hoch als Andenken
„und Erinnerung der Einverleibung dieser hohen Geister
„auf Erden.*)

„Von Allem, was da ist, habt Ihr ein Bild auf Er=
„den; auch von Gott durch Christum Seinen Sohn, den
„Erstling**) seines Geistes, der die Erlösung und Bildung

---

*) Sonderbar, daß die alten Griechen, an welche die Ver=
fasserin hier doch wohl hauptsächlich denkt, wenn sie über der Erden=
stufe stehende Geister waren, trotzdem von einem Gotte im Sinne
der Frau von Vay nichts wußten, und noch sonderbarer, daß sie ent=
arten konnten.

**) Früher war doch von vielen Erstlingen die Rede;
Christus wäre also nur einer von denselben. Nach der unserer Ab=
schätzung zugänglichen Sternenmenge wäre allein von circa 1200 Mil=
lionen Fixsternen zu reden; mit Hinzurechnung von auch nur 80 Pla=
neten und Trabanten zu einem jeden derselben (Capella bei ihrer
Riesengröße kann vielleicht allein Tausende von Kindern haben) also
von mindestens hundert Milliarden Sternen. Wenn nun nach der
Behauptung der Verfasserin jede dieser Welten von guten und hohen
Geistern unter Führung eines Messias geleitet wird, so müßte es
eine gleich große Zahl eingeborener Söhne, Erstlinge Gottes geben;
und wenn dieselben überall nur zu erlösen, für fremde Schuld zu
büßen haben, sind sie um ihre Rolle wenig zu beneiden. Zwar
sagt die Verfasserin nicht, wie der Katechismus: „Also hat Gott die
Welt (d. h. die von ihm abgefallenen Geister) geliebt, daß er sei=
nen eingeborenen Sohn (d. h. den heilig gebliebenen Unschulds=

„der Erde aus Liebe zu Gott übernahm. Also (!) ist es
„wahr, daß ihr nur durch ihn, den Sohn, durch die Er=
„kenntniß seiner Wesenheit und Kraft, zu Gott dem Vater
„gelangt; denn das dritte geistige Princip kann nur durch
„das Zweite zum Ersten gelangen, da 3 nur durch 2 zu
„1 gelangt."

Man sieht, die Verfasserin hat ihren Gedanken durch
und durch ventilirt; er reicht zu jeder Erklärung aus; und
hat, wie wir bereits erfuhren, jeder Mensch seinen „Schutz=
geist", so kann es uns nicht wundern, zu hören: daß die
Gedanken, von denen wir sagen, sie seien uns „plötzlich
eingefallen", in der That Zuflüsterungen von uns umgeben=
den Geistern sind.*) „Denn — so ruft sie mit Emphase — durch

---

vollen) dahin gab," u. s. w. — diese grauenhafte Ungerechtigkeit
imputirt sie dem höchsten Wesen nicht — aber sie sagt: der Sohn
oder Erstling habe die Erlösung 2c. „aus Liebe zu Gott" über=
nommen. Daß aber damit die ganze „Schöpfung", alle Sterne
mit ihren Geisterschaaren, als mißrathene Producte hingestellt wer=
den, die bis in's Kleinste der nachbessernden Hülfe bedürfen, be=
züglich welcher Gott auf den guten Willen seiner Erstlinge ange=
wiesen wäre, dieß scheint Denker von der Kategorie unseres Me=
diums wenig zu beirren, geschweige daß sie das Kindische und Un=
würdige solcher Vorstellung einsehen sollten.

Können die Emanationen des Vollkommenen der Depravation
verfallen, so muß natürlich ein correctives Element ersonnen wer=
den, um wieder eine Zurückbildung nach Oben plausibel zu machen.
Da wäre es aber wohl einfacher, gleich von vorn herein das Reich
zwischen Ormuzd und Ahriman zu theilen und Beide um den schließ=
lichen Sieg ringen zu lassen. Eine solche Auffassung hätte sich we=
nigstens vor der Logik nicht zu schämen. Bei der schielenden Auf=
fassung der christlichen Dogmatik kann es weder zu einem ganzen
Gott noch zu einem ganzen Teufel kommen.

*) Wenn dem so ist, warum nicht gleich alle Gedanken so ent=
stehen lassen und sagen: Du glaubst selbst zu denken — Du irrst
gewaltig: andere Dich umgebende Geister sind es, die mittelst Deines

welches Gesetz „fiel" Dir der Gedanke ein? Weißt Du es, Du Held der Gehirnwindungen und ihres Phosphorgehaltes?" — Und dieß gilt nicht etwa nur für die guten Inspirationen, sondern auch für die schlimmen Gedanken (die sogenannten Versuchungen), ja auch für viele Krankheiten, besonders den Irrsinn*); überall ist das Gesetz der geistigen Annäherung oder Assimilation thätig. „Aus diesen Gründen ist die Wissenschaft dieser Gesetze dem Menschen gar so nöthig."

Von den physischen, hör= und sichtbaren (d. h. von den spiritistischen Effecten heißt es, daß sie durch Geister der Erdatmosphäre bewirkt würden, und diese seien es, von denen die „Anfänger unter den Medien" meistens beeinflußt würden. Die höheren Geister bedienten sich der Fluide der Erdatmosphäre als chemischer Mischungs= und Verbindungsmittel zu ihren Aeußerungen. Auch verwendeten sie oft niedere, lernende Geister dazu, denen dieß dann ein hoher Unterricht und Fortschritt sei.

Zuletzt folgt noch eine an verschiedenen Dreieckszeichnungen durchgeführte Symbolik, welche die normale Beschaffenheit des Geistes und die drei Grundweisen seines Abirrens (durch Derotiren des einen oder anderen Balkens) veranschaulichen soll: wonach die Vernunft (der eine Balken) durch

---

Gehirns denken, auf dessen Claviatur sie nach Belieben spielen. Du denkst zu gehen, Freund! Weit gefehlt! Du wirst gegangen; Du merkst es nur nicht, wer Dir die Füße setzt. —

*) Bei dieser Freiheit der Quälgeister wäre also der Mensch noch viel schlimmer daran, als er irgendwie für möglich hält, und das Gebet: Herr führe uns nicht in Versuchung — flehte so um Abwehr der bösen Geisterschlingel, die es in der Gewalt haben uns nach Belieben an Seele und Leib zu schädigen. Daß wir von unseren leiblichen Mitmenschen verführt, bestohlen, gemordet werden können, ist also noch nicht genug des Schlimmen!

Gegensatzvernunft in Wissensstolz umschlage, der Wille in Hochmuth und Eigenwillen, die Liebe in Sinnlichkeit, als Gegensatz zur Dualliebe. Hiermit sei dann der totale Fall eingetreten, der Triangel zum Gegensatztriangel umgebildet.

Diese Corruption wieder gut zu machen, wieder der erhabene doch so einfache gesetzliche Triangel zu werden, sein vervielfältigtes Zahlengesetz wieder zur Urdrei der gesetzlichen Vernunft, des gesetzlichen Willens und der gesetzlichen Liebe zurückzuverwandeln, den eigenen Willen wieder mit dem göttlichen zu harmonisiren, dieß sei die Aufgabe, die jeder Geist als sein Lebensgesetz übernehme, und es sei natürlich, daß kein Geist das ganze Zahlengesetz seines Daseins in einer einzigen Einverleibung erfüllen könne . . .

Die meisten der auf Erden einverleibten Geister müssen mit dem Wiederaufbau des Zerstörten ab ovo beginnen und jede einzelne Scharte des Balkens auswetzen.

Die gewissenhafte Durchführung dieser Arbeit potenzire den Geist und helfe ihm zur Erfüllung seines Lebensgesetzes, wobei sich ihm überdieß so viel geistiger Beistand darbiete, als er nur wünschen könne.

Man kann diese Dreiecks-Symbolik sehr hübsch finden, und zugeben, daß sie recht gut gewählt sei, um den Gedanken der Verfasserin zu illustriren; aber Bilder und Gleichnisse sind bekanntlich keine Beweise; und noch weniger können sie ein genügendes Gegengewicht zu den logischen Ungeheuerlichkeiten bieten, die uns bei Zergliederung des ganzen Ideenbaues fortwährend aufgestoßen sind, und deren hauptsächlichsten wir, theils im Text, theils in den untergesetzten Noten, zu Leibe gingen.

Von dem sie begeisternden Zahlengesetz und dem Triangelsymbol macht die Verfasserin noch folgende Specialanwendungen:

Der Mensch selbst bilde einen Triangel, dessen Spitze der Kopf mit seinen Denkorganen als Träger des Geistes darstellt. Der Geist oder die Gedanken durchströmen den Menschen, ihn als Licht und Motor nach rechts und links bewegend. Die Fluide concentriren sich im Sonnengeflecht, womit die Basis des ersten unter dem Herzen abschneidenden, aufrechtstehenden Triangels gegeben sei. An diesen Triangel nun schließe sich, weil der Mensch in Folge des geistigen Falles (wie alles Lebende) in Gegensätze oder Polaritäten getheilt sei — der zweite Triangel, der Triangel des thierischen Lebens, als umgestürztes Gesetz.*) Von dorther, nämlich von den Unterleibsorganen, kämen die elektrischen Fluida, träten ebenfalls in das Sonnengeflecht und wirkten als Wärme.

Indem so das Sonnengeflecht die Polaritäten in sich vereinige und kondensire, sich attractiv verhalte, habe es auch die Kraft der Repulsion und Wiedergabe; die geistigeren Fluide steigen in das Gehirn, die elektrischen in Unterleib und Füße; erstere geben dem Gehirne Nahrung und Flexibilität, letztere den Unterleibsorganen die Verdauung, den Füßen Bewegung ... Störungen dieser Verhältnisse heißen Krankheiten, Irrsinn, Blödsinn, Krämpfe, Schlag.

Die geistige Potenz, d. h. der persönliche Geist, wirke hauptsächlich auf das Gehirn, verbreite seine Mitwirkungen durch den ganzen Organismus und kondensire sich mit den elektrischen, materiellen Lebensfluiden des Unterleibes im Sonnengeflecht als dem Hauptsitze der nervengeistigen Fluide, des Gefühls oder der Seele. Auf diese Art sei der Geist hauptsächlich im Gehirn, die Kraft im Sonnengeflecht, der Stoff im Unterleib.

*) Thiere „besserer Welten" wären demnach ohne Leib und Füße, Pflanzen ohne den sündigen Wurzeltheil zu denken. Doch vielleicht haben solche Sterne weder fauna, noch flora.

Nun kommt eine köstliche Stelle:

„Bei seiner Einverleibung muß der Geist sich an diese Gesetze halten. Hier vereinigt sich der Drei=Geist, die Drei=Kraft, der Drei=Stoff zu einer Wirkung, und da diese drei niemals harmonisch vorhanden sind, so ist einzusehen, wie schwer es für einen Geist ist — erstens harmonische Eltern zu finden, und zweitens sich harmonisch einzuverleiben*) ... Diese Schwierigkeit ist um so größer als viele Geister im Vernunft=Gegensatze ausgebildet sind, die Erde selbst aber zu den ‚gefallenen Planeten‘ gehört. Hierin wurzeln auch die vielen Leiden des Weibes, die Sinnlichkeit der Eltern, und die Degeneration der Kinder."

Der Schluß bietet uns noch einige embryologische Details:

„Bei seiner Einverleibung wirkt der Geist absolut moto-
„risch"*) auf den Vater, relativ belebend auf die Mutter.
„Ist nun der absolute Lebenskeim in der Mutter, so ist
„auch der sich einverleiben wollende Geist und zwar durch
„seinen Perisprit, fluidisch im Fötus, dem er seelische Le-
„benskraft giebt. Der Geist selbst ist an Mutter und Fö-
„tus gebunden und befindet sich in einer oft schmerzlichen,
„organischen und nervengeistigen Umgestaltung***). Wäh-
„rend nun der wachsende Fötus durch die Mutter thie-
„risches Leben an sich saugt, zieht er durch den ihn be-

---

*) Wer hätte je gedacht, daß sich der Mensch seine Eltern aussucht, daß der Rath des alten Studentenliedes unbewußt Wahrheit gesprochen!

**) Also vermuthlich stimulirend. Und wenn sein neues Menschengewand zufällig die Arbeit mehrerer Schneider sein sollte, hat er dann auf jeden derselben „absolut motorisch" einzuwirken? Und wer ist es, wenn Zwillinge oder Drillinge entstehen, also mehrere Geiste dieselbe Werkstatt wählen?

***) Wovon freilich Niemand später das Geringste weiß.

„lebenden Geist seelisches Leben*) an sich. Da der Geist
„die Mutter fortwährend umgeben muß, so sind dadurch
„die verschiedensten Seelenzustände der schwangeren Frau
„zu erklären, weil eben der sie umgebende Geist große
„seelische Einwirkungen auf sie hat. Die Einwirkungen
„der Mutter auf das noch ungeborene Kind sind bekannt;
„hierin suchet wieder die Polaritäten die sich berühren,
„kondensiren, abstoßen, um ein drittes Ganze zu bilden.

„Wenn die Frucht das Stadium der materiellen Reife
„erreicht, prägt sich das seelische Leben immer mehr in
„demselben aus, so daß das Kind zum lebenden Wesen im
„Mutterleibe wird.

„Der Geist bildet sich also mit dem Fötus, durch die
„perispritischen und nervengeistigen Fluide auf ihn moto=
„risch einwirkend, im Verein mit dem thierisch-organischen
„Leben der Mutter einen Organismus; die Einwirkung
„des Geistes auf denselben ist also bis zum Zeitpunkte der
„Geburt dieses seelisch und organisch lebenden Kindes eine
„äußerliche. Doch im Proceß der Geburt kehrt der Geist
„immer mehr in seinen Körper ein, und der erste Schrei
„des Kindes kündigt euch die vollständige Menschwerdung
„des Geistes an. Nun kann der Geist nicht mehr von
„Außen auf seinen Körper einwirken, sondern er wirkt von
„Innen heraus, aus dem Körper. Die Erscheinungen
„todter Kinder sind Zurückziehungen des Geistes aus dem
„Organismus. Die Erscheinungen von blödsinnigen Kin=
„dern sind ebenfalls Folge von dem Nichteingehenwollen
„des Geistes in den Körper des Kindes, wodurch die Har=
„monie des herrschenden Geistes im Körper nicht herge=
„stellt ist, und statt dessen das seelische Leben regiert."

*) Das wahrscheinlich als ein Fluidum unbekannter Art in der Luft herumschwebt.

Nachdem wir dem Leser so in möglichst getreuer Wiedergabe das abenteuerliche Gedankengebäude der Frau von Bay und ihre Ideen bezüglich der Wiedereinverleibung vorgeführt haben, wobei wir die aus den vermuthlichen Eindrücken des Staunens, der Verdutzung ja Bestürzung zu befürchtenden Nachtheile für seine „nervengeistigen Fluide" durch unsere den citirten Text begleitende Glossirung nach Möglichkeit zu paralysiren versuchten — könnten wir ihn bitten, uns nunmehr in das Sanctuarium der Evangelistin zu folgen um, wenn auch nicht seinen Muth, so doch die Festigkeit seines Zwergfells den seiner harrenden Geisterbekanntschaften gegenüber zu erproben — wenn wir nicht zuvor über den Cardinalgedanken der Bay'schen Theorie — die Wiedereinverleibung — noch einige bis hier aufgesparte principielle Betrachtungen anzustellen hätten, die den unbescheidenen Nachweis bezwecken, daß die ganze Wiedereinverleibungslehre ein Faß ohne Boden ist.

Es ist nämlich vor Allem die Frage aufzuwerfen, wie denn das Hauptmotiv dieser Hypothese: Die von immer erneuerten Incarnationen zu erhoffende sittliche Besserung der Individualgeister — irgend einen Sinn behalte, wenn Niemand die Erinnerung an seine früheren Incarnirungen in sein jeweilig letztes Erdendasein mit hinübernimmt, Niemand das Geringste davon weiß, daß er jemals, und als Wer er früher da gewesen! Diese Erinnerung, die Continuität des Bewußtseins, wäre doch wohl die unerläßlichste aller Vorbedingungen, wenn von einer continuirlichen Verantwortlichkeit die Rede sein soll! Wie könnte ein jetziges Ich Handlungen zu sühnen haben, von denen es durchaus nichts weiß? Oder wie könnte sein neues Dasein seiner Besserung zu statten kommen, wenn bei Abgang jeder Erinnerung an seine Vorleben, ihm ganz unbekannt ist, worin er hauptsächlich früher gefehlt, nach welcher Richtung er also vorzugsweise an seiner Vervollkommnung zu arbeiten habe!

Hier liegt doch wohl der ganze Unsinn handgreiflich zu Tage!

Nehmen wir an, die menschliche Justiz eruirte als Thäter eines schweren vor Jahren geschehenen Verbrechens einen Menschen, der zwar zur Zeit dieser That bei normalem Verstande gewesen, später aber unheilbar irrsinnig geworden wäre. Würde sie denselben wohl wegen jenes Verbrechens noch bestrafen, oder würde diese Bestrafung irgend Jemand für gerecht halten? Gewiß nicht! Und zwar darum nicht, weil die Verrücktheit das Bewußtsein seiner individuellen Continuität corrumpirt oder aufgehoben hat. Das Vorhandensein dieser Bewußtseinscontinuität gilt somit als conditio sine qua non der Zurechnung, und man betrachtet den nach seiner That in Bewußtseinsverwirrung Gerathenen gerade so, als wenn er nicht mehr dasselbe Wesen wäre. Erscheint nun diese Auffassung schon in dem gedachten Falle als billig und selbstverständlich, wo doch die Identität des Verbrechers mit dem später verrückt gewordenen Individuum wirklich vorhanden und factisch nachweisbar ist, um wieviel mehr wird sie Platz greifen müssen, wenn diese Identität nicht nur für Andere sondern für den Betreffenden selbst total unerkennbar ist. Oder könnte es eine Schuld ohne Schuldbewußtsein geben?! Wäre dieß möglich, so könnte der reinste Wandel keine Beruhigung gewähren, da man sich mit der Frage zu martern hätte, ob nicht dem bischen Gutsein des letzten Lebens schwarze Riesenposten noch ungesühnter Verbrechen früherer Lebensläufe gegenüberständen, ob nicht, wenn man durch eine Feuersbrunst um Hab' und Gut gekommen, dieß die gerechte Strafe dafür sei, daß man vielleicht — man wisse es nur nicht mehr — einstmals ein Mordbrenner gewesen!

Aber — horribile dictu — gerade in diesem Sinne sollen wir nach der Ansicht der Frau von Bay und nach den ihr angeblich von den Geistern Verstorbener dictirten Bekenntnissen die menschlichen Schicksale betrachten: Der Bettler friert und hungert, weil er dereinst ein fühlloser Prasser gewesen. — Ein Leben in Niedrigkeit und Unterwerfung schleppt dahin, wer früher stolz zu Rosse gesessen, seine Untergebenen gequält und tyrannisirt hat. — Die schöne, vornehme, aber herzenskalte Dame hat etwa als schmutziges, zerlumptes, heimathloses Zigeunermädchen zu büßen, u. s. w. Natürlich sind dann auch die 32 Personen, die z. B. von 200 Reisenden bei einer Eisenbahnkatastrophe verunglücken, genau Diejenigen, welche durch ihre Sünden in einem früheren Leben solches Loos verdient haben. —

Wem stiegen hier nicht die Haare zu Berge!

Mit der erforderlichen Bewußtseinscontinuität weiß sich das Medium trefflich abzufinden; sie ist um Rath nicht leicht verlegen: „Wir wissen zwar während unseres jeweiligen Lebenslaufes nichts davon, Wer und Was wir früher gewesen, wohl aber — nach der Entkörperung! Dann überblicken wir wieder die ganze Reihe unserer früheren Incarnationen und die durch sie repräsentirten Einzelphasen unserer Gesammtentwicklung, mit Einschluß der soeben zurückgelegten letzten, und erkennen, worin wir abermals gefehlt haben und was von uns in ferneren Einverleibungen noch zu begleichen ist."

Consequent mag — vom Standpunkte der Verfasserin — diese Ansicht sein — aber Jeder wird sie grauenhaft und entsetzlich finden. Wer möchte nicht hundert Mal lieber in das Nichts der Bewußtlosigkeit versinken, als, sich selbst ein finsteres Räthsel, den unbekannten Verhängnissen zuzuschreiten, die seiner noch harren können! — Weiß er ja nicht, ob er nicht die Teufels=

thaten eines Nero oder Caligula noch mit unsäglichen Martern werde abzubüßen haben!

Hat aber wohl eine Continuität des Selbstes Sinn, die gerade durch die Zeit des Bewußtseins, die man Leben nennt, **unterbrochen** — und gerade wo sie **unterbrochen wird, hergestellt** werden soll? Heißt dieß nicht alle Vernunft auf den Kopf stellen?!

„Das Leben kann füglich betrachtet werden als ein Traum, und der Tod als das Erwachen aus demselben" — sagte der biedere Optimistenfresser Schopenhauer; aber so ganz schlimm meinte es der mit Tinte aus Galle (statt aus Galläpfeln) schreibende Philosoph doch nicht, da er bekanntlich unter „Erwachen" gerade das Umgekehrte von dem versteht, was profanum vulgus so nennt; denn ihm ist der Tod „das Zurücktreten in unseren wahren eigentlichen Zustand, von dem das Leben (d. h. aber gerade der durch Bewußtsein und Intellect charakterisirte Zustand) nur eine kurze Episode war." —

Wie sanft lautet doch Christi Rede: „Sorget nicht um den kommenden Morgen . . .; es ist genug, daß ein jeglicher Tag seine eigene Plage habe." — Und den schwer Keuchenden, die ihre freudenlosen Tage durch den Troß gefühlloser Menschenlarven hindurchringen, wäre nicht einmal die Hoffnung sicher, welche sie auf die marterfreie Ruhe des Grabes setzen?! Sie sollten noch hören müssen: Ihr habt euer Schicksal wohl verdient durch eure Thaten — in einem **früheren Leben**? Denn — wohlgemerkt! der umgekehrte Trost: sie, die jetzt Verachteten, Verkümmernden würden einst in Prinzenwiegen erwachen — läßt sich, bei Festhaltung des Bah'schen Gedankens, nicht geben. Büßen sie für begangenes (wenn auch) längstvergangenes) Unrecht, so haben sie ja nur ihr Conto beglichen und keine Entschädigung zu hoffen. (Daß damit die Denkbarkeit jedes unverschuldeten Leids, also auch jedes Märtyrerthum fiele, braucht wohl nicht erst auseinandergesetzt zu werden).

Wahrlich! schön und süß erscheint das Nichtsein solchen Perspectiven gegenüber! —

Aber fassen wir jetzt eine andere mit der Wiedereinverleibungsidee verknüpfte Absurdität in's Auge:

Die Mutter ruft aus: „Also unbekannte Eindringlinge habe ich getragen, gesäugt, gewartet, gehegt und erzogen!" —

„Ein unbekannter Bock hat mich gestoßen" — stöhnt der Vater — „was wir für unsere Kinder hielten, sind fremde Wechselbälge, die uns narren!"

Die Frau (schnell ihren Vortheil wahrnehmend): „Jetzt siehst Du, wie die Männer den Frauen Unrecht thun, wenn sie, bei vermißter physischer oder geistiger Aehnlichkeit der Kinder gleich Ehebruch wittern, Verdacht und schwarzen Argwohn auf die Unschuld häufen!"

Der Mann (zerknirscht): „Wer hätte das gedacht!"

Chor vieler Ehemänner:

Wie leicht wird uns! Jetzt wird uns klar,
Was immerfort uns dunkel war.

Wer lacht hier nicht vor — Rührung!

Natürlich ist unter solchen Umständen das als Regel auftretende Factum doppelt merkwürdig: daß die Kinder nicht nur in physischer, sondern auch in seelischer resp. geistiger Hinsicht gewöhnlich stark an ihre Eltern erinnern, ja daß in einzelnen Familien gewisse Eigenthümlichkeiten, moralische wie intellectuelle, sogar künstlerische Sonderbegabungen ꝛc. geradezu als erblich auftreten (man denke z. B. an die Musikerfamilie Bach und andere hierher gehörige Fälle); — aber wenn unser Medium diesen mit ihrer Auffassung etwas schwer zu vereinbarenden Umstand auch unberührt läßt, so ist doch zu vermuthen, daß derselbe sie durchaus nicht decontenanciren, sondern daß sie etwa sagen würde: Derartige Aehnlichkeiten und ihr häufiges Vorkommen sind ganz natürlich; denn die auf Einverleibung bedachten Geister suchen sich selbstverständlich die für sie passendsten Eltern, ein zur Musik inclinirender Geist also musikalische Eltern aus, gerade wie sich im Ganzen und Großen die Geister, nach Kategorieen gesondert, ihre terrestrische Niederlassungsstätte wählen: die Gedankencultivateure z. B. Asien, die Herzens= oder Gefühlsgeister Europa, die Assimilationstalente Amerika u. s. f., wie (man erinnert sich) früheren Orts vorgetragen wurde. Der Geist sucht sich zunächst den für ihn passenden Welttheil, in diesem das specielle Land, zuletzt aber die Hauptsache: die zu seiner Individualität, ja für seine neue Einverleibungsaufgabe schicklichsten Eltern aus.*)

Wie närrisch erscheint hiernach die Innigkeit der Elternliebe, wie flach basirt die gewähnte Tiefe kindlicher Pietät! Was die Erzeuger herzen und küssen, ist nur eine Hülse, die ein **gespenstisches Chamäleon aus Vorwelttiefen** birgt.

Das Erbrecht ist unter diesen Umständen eine Anomalie, und der Staat wäre befugt, mit Todesfalle die Güter einzuznziehen, denn die „Leibeserben" haben ja ihr Erbtheil — den Leib — schon in Händen und was sie sonst zu Lebzeiten der Eltern von diesen empfingen, wäre schon ein Extraplus.

Hat doch Verwandtschaft jeden Sinn verloren, wenn der verstorbene Vater wieder das Kind seiner eigenen Tochter werden kann!

Und noch ein kleiner, letzter Skrupel: Wie kommt es, daß die Zahl der auf Erden sich einverleibenden Geister in

---

*) Aus diesen Principien möchte vielleicht auch ein erhellender Strahl auf die noch immer ungelöste Frage fallen: weshalb die bedeutenderen Ströme eine so entschiedene Neigung zeigen, an großen Städten vorbeizufließen.

fortwährender Zunahme begriffen ist? Man sollte meinen, im Laufe von Jahrtausenden müßten doch wohl die meisten der fortwährend neu einverleibten Geister einen Grad von Vollkommenheit erreicht haben, der weitere Incarnirungen unnöthig machte, der Mehrzahl längst das Bürgerrecht auf edleren Sternen gesichert hätte, sodaß die Menge der Menschen sich fortwährend verringerte. Statt dessen sehen wir das Gegentheil: Statt der wenigen Menschen, die zuerst da waren, giebt es jetzt ca. 1300 Millionen und diese Zahl ist in stetiger Zunahme begriffen. Ist dieß nicht seltsam? So schwebten denn unzählbare Legionen Einverleibung suchender Geister in den Lüften, und keine noch so hoch gesteigerte Hülsenproduction vermöchte die in stets neuen Schaaren herandringenden Leibesaspiranten zu versorgen? Nach der „materialistisch" heißenden Auffassung, welche in der Seele und dem Geiste eines neuen Menschen nichts weiter als die Spitze der organischen Lebenseffecte sieht, die mit Ablauf des mechanisch=vitalen Processes von selbst d. h. mit verschwindet, hat diese Zunahme der Propagationsziffer durchaus nichts Auffälliges, (ist nicht verwunderlicher wie die numerische Cumulation im Pflanzen= und Thierreiche, bis herab zur Vermehrung der Zellen durch Theilung) — während aus dem Gesichtspunkt der Verfasserin eine abermalige Anleihe bei der Phantasie nöthig wird.

Doch wir wollen endlich die Geister selbst zum Worte kommen lassen; vielleicht sind ihre directen Belehrungen von der Art, daß sie das Fiasko auslöschen, welches die speculativen Philosopheme der Frau v. Bay vor dem Forum der nüchternen Logik machten; vielleicht beschämt die Praxis die Theorie, oder rückt sie in das Licht einer höheren Wahrheit, vor der wir uns beugen und schließlich doch sagen müßten: mater peccavi!

B. Special=Revüe
über den praktischen Theil der Vay'schen „Geisterstudien."

Bei der großen Fülle des hier gebotenen Stoffes, und Angesichts der dieser Schrift gesteckten Grenzen wäre es kaum möglich, eine solche Auswahl des Wesentlichsten zu treffen, welche das Selbststudium des Werkes zu ersetzen vermöchte. Wir beabsichtigen diesen Ersatz auch keinesweges, halten vielmehr das Studium, die persönliche Bekanntschaft mit dem Buche, die vollständige Kenntnißnahme seines Inhalts für das beste Mittel, um zu der Ueberzeugung zu gelangen: daß im dicken Nebel nichts zu sehen und nichts zu holen ist.

Jedem Lesenden wird sich gar bald die Wahrnehmung aufdrängen, daß der Ton, in welchem die Geister reden, zum Verwechseln dem gleicht, den wir aus der Philosophie der Schriftstellerin kennen gelernt haben; und wie ein Handschriften=verständiger auch aus verstellten Schriftzügen den wahren Schreiber herauserkennt, so läßt sich auch in allen Bekennt=nissen der Geister, ja in den angeblich von Johannes dem Täufer, von Buddha, Laurentius, der Jungfrau Maria u. s. w. herrührenden Expectorationen der individuelle Typus und die eigenthümliche Phantasiegebahrung und De=ductionsweise der Frau von Vay unschwer nachweisen. Die Sachen sind — trotz der concreten Mannigfaltigkeit im Detail — alle ersichtlich über einen Leisten gearbeitet; nur der Auf=putz ist verschieden; und das dichterische Individualisirungs=

talent eines Shakespeare hätte dasselbe Thema vielleicht noch etwas großartiger variirt.

Wir geben in Folgendem zunächst eine gedrängte Uebersicht des Inhalts, dessen Kapitelüberschriften zum Theil schon selber ihre Glossirung mit enthalten, oder eine solche in wenigen Worten anzufügen erlauben.

Abschnitt II.*) **Entwicklung der Mediumschaft der Adelma, Freiin von Vay, geb. Gräfin von Wurmbrand.** (Bruchstücke aus ihrem Leben und ihrem ersten „schreibmediumistischen" Tagebuche). „Zeichnungs"=mediumschaft des Barons Oedön von Vay, (Gemahls der Vorigen). „Heil"mediumschaft beider Eheleute.

Abschnitt III. **Zusammenstellung von (Geister)=Manifestationen aus den Jahren 1865—1869.** z. B.
Buddha's Offenbarungen an das Medium.
Manifestationen von Hahnemann und Mesmer.
Kundgebungen Maria's.
Die drei „geistigen Leiter" des Mediums (Maria, Buddha, Laurentius).
Ueber Maria's reine geistige Empfängniß und ihre jungfräuliche Geburt Christi.

Abschnitt IV. **Erklärung einiger medianimischen Zeichnungen des Barons Oedön von Vay;** nämlich:
Des Knaben Jesus (durch Handführung Buddha's gezeichnet).

---

*) Den Abschnitt I. füllt die besprochene Theorie.

Einer Thierseele, wenn sie eben ausgehaucht wird.

Des Geistes Robespierre's, wie er sich jetzt im Geister=
reiche mit seinen Leiden und Gewissensbissen be=
findet.

Eines wilden Menschen aus dem Mercur. ⎫
Einer Katze aus dem Mercur.
Einer Hyäne aus dem Mercur.
Des wachsamen Mopses aus dem Mercur. ⎬ Gezeichnet von Alexander v. Humboldt.
Eines fliegenden bösen Drachens aus dem
    Mercur.
Eines Haasen aus dem Mercur.
Eines Mondbewohners. ⎭

Des Magiers Gam aus Medina und seiner Frau
Rhadamanta.

Eines Spottgeistes.

Des in eine Marmorbildsäule verwandelten (oder
eingeschlossenen) Geistes der Frau von Pompadour,
nebst deren eigenen (theils in französischer, theils
in deutscher Sprache gegebenen) Erläuterungen.

Anmerkung: Wer die vorstehend erwähnten Zeichnungen in dem
Buche wirklich zu finden hoffte, würde sich gewaltig irren;
nur die „Katze" und den „Mops" aus dem Merkur kann
er bewundern. Die erstere ist, trotz der enormen Hitze auf
dem Merkur, mit einem wahrhaft sibirischen Pelze versehen;
der angebliche „Mops", der nach Humboldts Commentar
mit seiner „dicken langen Zunge das rohe Fleisch zermalmt" (!)
erscheint eher wie die gelungene Abbildung eines grobsträhnigen
Scheuerwisches. Trotzdem wird uns eingeschärft, überzeugt
zu sein, daß in diesen medianimischen oder mediumistischen*)
Zeichnungen kein Strichlein oder Härlein zu viel oder zu
wenig sei.

---

*) Man sieht, die Flexion des Wortes „Medium" will nicht recht über die Zunge.

Abschnitt V. Ueber das Schauen im Wasserglase.
  Erklärung dieses Schauens durch die geistigen Leiter.
  Beispiele solcher Gesichte:
  Ein komisches kleines Männchen mit einem Höcker.
  Ein mit einer Menschenseele emporschwebender Engel.
  Seltsame Zeichen in Goldschrift.
  Eine 1394 in Köln zu Tode gefolterte Hexe.
  Ein Selbstmörder.
  Eine Kuh und ein Recept für dieselbe.
  Ein Rabbi, ein Cardinal und eine stolze Frau.
  Kaiser Franz Josef im Meeressturm.
  Eine kaiserliche Gruft und Napoleon III. mit wackelnder Krone.

Abschnitt VI. Schreibmediumschaft der Frau Baronin Catharina von Bay, geb. Baronin von Geymüller.
  Besserungsversuch mit Geist L.
  Geist L. bessert den Geist H. G.
  Geist O. kommt durch den Geist L. erst zum Bewußtsein seines körperlichen Todes.*)
  Der Geist des Lehrers M. dankt für erwiesene Wohlthaten.
  Besuche der Geister von Donna Maria da Gloria und Dom Miguel.**)
  Manifestation eines verstorbenen Priesters.
  Der Geist Mustapha Pascha's und dessen Bekehrung durch Laurentius.

---

*) Der Leser erstaune nicht, daß Geister gar nicht wissen, daß sie als Menschen gestorben sind; dieß ist etwas „gar nicht Seltenes."
**) Bettelnde, total depossedirte Königsseelen, welche die Liebesbrocken auflesen, die von des Mediums Tische fallen.

Abschnitt VII. Das Buch der Kuren. (Heilmediumschaft der Baronin Adelma von Vay).

Anmerkung: Diese Kurgeschichten — 23 an der Zahl — bilden den bei weitem umfangreichsten Abschnitt, (der Seitenzahl nach mehr als die Hälfte), des ganzen Werkes, und sollen recht eigentlich die practische Bewährung der ganzen Lehre sein. Jedenfalls übertrifft wohl das hier Gebotene alles in ähnlichem genre bisher Geleistete; man reibt sich die Stirn, um sich zu vergewissern, daß man wache, nicht träume, greift nach dem Kalender und vergleicht die Jahreszahl auf dem Titelblatte des Buches, springt auf und — setzt sich wieder, um zu Ende zu lesen, Staunen und Verwunderung im Herzen über die unbegreifliche Mannigfaltigkeit von Verschiebungen, welche das gemeinsame Objekt Welt durch den verschiedenen Schliff jenes Reflectors erfahren kann, den man das menschliche Gehirn nennt. Ein physiognomischen Studien zugewendeter Maler, dem es vergönnt wäre, den Gesichtsausdruck der verschiedenen Leser dieses Abschnittes zu vergleichen und zu fixiren, würde mit seiner Ausbeute hochzufrieden sein.

Im Allgemeinen erwähnen wir nur, daß bei sämmtlichen vorgeführten Kurfällen die betreffenden Krankheiten durch „böse Geister" hervorgerufen sind, welche vorgeladen, verhört, ermahnt, und durch Belehrung und Gebet gebessert werden müssen; die Krankheit selbst weicht dann leicht magnetischen Heileinflüssen in Verbindung mit homöopathischen Mitteln. In diesen Hauptpunkten stimmen sämmtliche Fälle überein; wir heben deshalb von den 23 Nummern hier nur diejenigen hervor, auf die wir später im Texte zurückkommen:

a) Merkwürdige Erscheinung eines 6jährigen blödsinnigen Kindes. (Ursache: Geist eines früheren Gourmand's und Roué's).

b) Kur des G. von Epilepsie. (Ursache: Geist Moritz).

c) Kur des Fräuleins C. von Wahnsinn und ihrer Schwester E. von Beängstigung. (Ursache: Geister Rebecca und Jairus).

Der Schlußabschnitt (VIII.) bringt dann noch: „Merk=
würdige Manifestationen lebender (!) wie ab=
geschiedener Geister, z. B.:

    Medianimische Aeußerung des Geistes eines Lebenden.
    Manifestationen zweier im Jahre 1866 gefallener
        Offiziere.
    Beichte eines sehr sündigen Geistes.
    Manifestation des Geistes eines Zigeunermädchens.
    Ein Gespräch zwischen zwei sich im Jenseits be=
        gegnenden Geistern — der Erde und des Saturn
        — über das Erdenelend.
    Zwei verlorene Existenzen. (1, Ein leichtsinniger
        Künstler. 2, Spontane Aeußerung eines Selbst=
        mörders).
    Fünf Briefe einer Jenseitigen an ihre Schwester.
    Ein Friedensgeist.
    Des Pater Severinus Klostergeist.*)
    Swedenborg's Betrachtung über die Existenz Gottes
        und des Geistes.
    Maria Magdalena's Betrachtung über den Einfluß
        des Spiritismus.**)
    Buddha's Betrachtung über die irdischen Extreme und
        ihre harmonische Ausgleichung.
    Buddha's Betrachtung über den psychologischen und
        moralischen Einfluß der Gedanken.
    Maria's Betrachtung über das ewige Leben.
    Johanna's (der Großmutter des Mediums) Betrach=
        tung über den Krieg auf Erden.

---

    *) Nicht etwa ein Extract, sondern des Paters eigener, in
den Trümmern seines vormaligen Klosters umherirrender Geist.

    **) Was wohl Maria Magdalena vom Spiritismus gewußt
haben mag!

Schlußbetrachtung der drei geistigen Lehrer und Leiter des Mediums über die Christenlehre und die Geisterlehre.

Nach dieser allgemeinen Inhaltsübersicht wollen wir nun zu einer Besprechung des Interessantesten aus den einzelnen Abschnitten schreiten:

Zu Abschnitt II.

Die in diesem von der Verfasserin gegebene Darstellung der Entstehung und Entwicklung ihrer Mediumschaft ist für die Beurtheilung des Ganzen insofern von hoher Bedeutung, als sie uns gewissermaaßen den Schlüssel zu der Requisitenkammer der phantastischen Künstlerin ausliefert. Wir erfahren, daß sie streng katholisch erzogen, von früh an Gott geliebt, Zutrauen zu ihrem Schutzgeiste (!) gehabt und von einer besonders tiefen Verehrung für Maria, die Mutter Jesu, sowie von einer eigenen Liebe für die „armen Seelen" erfüllt gewesen sei. Daß sie von klein auf den ernsten Drang nach Erkenntniß ihrer Lebensaufgabe gehabt und sich oft im Gebete seltsam gelabt habe.*) Im Uebrigen habe sie stets eine große Scheu und Angst vor allem Geisterhaften empfunden, sich auch nie mit Magnetismus und Mysticismus, noch weniger mit Spiritismus, beschäftigt, welcher letztere, sowie seine ganze große Literatur ihr durchaus fremd gewesen sei.

Erst die Bekanntschaft mit einem Magnetiseur, Dr. G., den sie und ihr Mann im Herbste des Jahres 1865 kennen gelernt, habe den äußerlichen Anstoß zu der späteren, so tief eingreifenden Veränderung gegeben. Derselbe habe auf ihrer Stirn die Fähigkeit des geistigen Schauens phrenologisch aus=

---

*) Wir haben hiermit die specifisch katholische Genesis ihrer Philosophie und auch die Elemente zu den Hauptlehrsätzen derselben klar vor Augen.

geprägt gefunden*), ja sie sofort für ein Seh= und Schreib=
medium erklärt und ihr gerathen, das „magnetische Schreiben"
zu versuchen, was sie jedoch mit „großer Verachtung" als
antikatholisch und als ein abergläubisches Thun von sich ge=
wiesen habe.

Aber (semper aliquid haeret): als sie eines Tages
an heftigen Krämpfen gelitten, habe sie, wie im Scherze
erklärt, sie wolle einmal jenes magnetische Schreiben als
Heilmittel versuchen. Als sie nun den Bleistift in die
Hand genommen, sei ihr Arm plötzlich wie von elektrischen
Strömen bewegt, die Hand hin und hergerissen worden, bis
diese in großen Buchstaben geschrieben habe: „Ich bin
Thomas, dein Schutzgeist — schreibe magnetisch, es thut dir
gut, du wirst ganz gesund. — Heinrich — Sarg — 1867
für euch ein Trauerjahr. — Napoleon's Sturz 1870".

Hier habe sie erschöpft inne gehalten und mit ihrem
Manne langsam das Geschriebene entziffert, von dessen Wort=
laut sie während des Schreibens keine Ahnung gehabt habe.**)
Beiden sei sehr unheimlich geworden und sie habe sich fest
vorgenommen, dieses Schreiben nicht wieder zu versuchen.

Dieser Vorsatz wurde aber nicht lange gehalten. Der
Reiz des Geheimnißvollen drängte gar bald die unheimlichen
Gefühle in den Hintergrund und da Frau Adelma in den

---

*) Von einem Organ des „geistigen Schauens" hat der Ver=
fasser in den Darstellungen der phrenologischen Lehre nie etwas ge=
funden.

**) Hier beginnt das große psychologische Räthsel von dem
Nichtwissen um das Geschriebene. Auch war diese erste Mani=
festation insofern merkwürdig, als die darin enthaltenen Prophe=
zeiungen zutrafen: Heinrich, der Bruder des Barons Vay, starb wirk=
lich 1867, und Sedan traf auch ein. Was freilich die Notiz über
Napoleon überhaupt hier sollte, ist schwer einzusehen; doch wollte
der Geist vielleicht gleich eine tüchtige Probe von seinen Fähigkeiten
ablegen.

Geistern, die ihr schrieben, „arme leidende Seelen" fand, die um ihre Hülfe baten, so gewann sie den Umgang mit ihnen bald lieb, zumal deren Bitten und Aeußerungen „ganz mit dem übereinstimmten", was sie in dem katholischen Andachtsbuche: „Trost der armen Seelen" —, von Jos. Ackermann, (ihrem Vademecum seit ihrem sechzehnten Jahre) gelesen hatte*).

Hierauf folgt die Erzählung, wie bei dem Baron Oedön v. Vay, ihrem Gemahl, dessen Mediumschaft begonnen habe, die als eine andere Begabung, als Zeichnen nämlich, auftrat:

In einem ebenfalls im Buche abgedruckten „magnetischen Liede", welches der schon erwähnte Thomas eines Tages dictirt hatte, war nämlich ein Geist Zrini Gilda als Schutzgeist des Herrn Oedön genannt worden; und auf die Frage, wer Zrini Gilda sei, war dieser Geist so liebenswürdig, sofort persönlich zu antworten:

„Ich bin es, Zrini Gilda, ein Geist. Ich soll Oedön beschützen. Adelma, mache Oedön zu Gottes Knappen hienieden; wenn du ihn magnetisirst, wird er auch schreiben und Gott dienen".

In der That, ein dem Herrn Baron gereichtes Glas magnetisirten Wassers übt sofort seine Wirkung, und es entstehen als erste mediumistische Zeichenproben zwei Portraits: das eine von Zrini Miklos (dem einstmaligen anno 1552 gestorbenen Manne der Zrini Gilda), das andere von einem gewissen Johannes Amadé.

Während des Zeichnens giebt Gilda durch die Hand der Frau Baronin Erläuterungen zu den Bildern; zu dem zweiten

---

*) Dieses Geständniß ist wieder höchst wichtig: die Geister sprachen demnach so, wie nach den durch den Inhalt jenes Buches in der Verfasserin genährten Vorstellungen, arme Seelen zu sprechen pflegen!

heißt es: „Johannes Amadé war ein Raubritter;*) er tödtete einen gewissen Brunelesci. Seine eigene Tochter Valerie vergiftete ihn dafür, da sie den Ermordeten hatte heirathen wollen.

Hier stellt nun unser Medium an den Geist Zrini Gilda die Frage: „Wurde Valerie nicht auf ewig verdammt, wenn sie eine Mörderin war?"

Antwort: „Nein — denn eine Seele, welche Gott gemacht hat, kann nicht auf ewig verloren gehen.**) Sie litt aber furchtbar. Drei hundert Jahre mußte sie büßen; sie hat dir sehr gleich gesehen, im Gesicht, aber sonst nicht. Oedön wird sie zeichnen in ihrem Büßergewande***), wie sie im Fegefeuer litt."†)

Die Bemerkung der Gilda läßt in der Frau von Vay plötzlich den Gedanken auftauchen, ob sie nicht vielleicht schon einmal gelebt habe und etwa gar jene Valerie gewesen sein

---

*) Wo dieser „Raubritter" plötzlich hergeschneit kommt und was die Bekanntschaft mit ihm und seiner Familientragödie den Vay'schen Eheleuten soll, ist schwer zu begreifen.

**) Schade, daß dieß Dante nicht gewußt hat.

***) Also selbst im „Fegefeuer" trägt der Geist ein Gewand. Jedenfalls muß dasselbe aus exquisit feuerbeständigem Asbest bestehen.

†) Hier könnte also Wallace erfahren, daß keinesweges, wie er behauptet, alle Medien übereinstimmend lehren, daß den in's Jenseits Eintretenden weder besondere Belohnungen noch Bestrafungen erwarten (siehe Seite 36); sondern daß es furchtbare Strafen giebt und daß selbst das Fegefeuer kein Wahn ist. Wie freilich ein Aethergebilde es anfängt, Hitze zu empfinden, während vielmehr Aether als das Wärme und Hitze Bewirkende gedacht wird, ist ein Räthsel.

Wäre unser Medium nicht in dem Glauben an die katholischen Dogmen erzogen worden, so möchten die Geister vielleicht nichts vom Fegefeuer gewußt haben.

möge — d. h. es kommt ihr zum ersten Male die Idee der Reincarnation.

Nun ist es sehr merkwürdig, daß es im Texte weiter heißt:

Gilda schrieb: „Eine Seele, die Gott gemacht hat, lebt auf Erden nur einmal. Jene war Valerie, welche Gott im Höllengeisterchor züchtigte, und du bist Adelma Vay".

Denn der Geist antwortet hier auf etwas, was sich unser Medium bloß dachte, was nur in ihrem Innern vorging, (was übrigens der Frau von Vay gar nicht auffällig zu sein scheint); nicht minder merkwürdig ist es, daß wir hier einen Geist vor uns haben, der ausdrücklich die Wiedereinverleibung leugnet, ausdrücklich erklärt, eine Menschenseele lebe nur einmal auf Erden. Wie denn, wenn sich Herr von Vay an diese Aussage seines Schutzgeistes hielte und den Palingenesiewahn seiner Frau dadurch für widerlegt erklärte! Könnte er nicht sagen: Ein Geist, der seit 300 Jahren im Jenseits weile, könne doch wahrhaftig nicht über ein Gesetz in Unkenntniß geblieben sein, welches recht eigentlich als universeller modus procedendi zu gelten hätte; und wenn die einzelnen Geister im Tode, d. h. nach erfolgter Entkörperung, auf die Kette der von ihnen bereits durchgemachten Lebensläufe zurückblicken, so müsse ja auch Gilda, — selbst wenn man diesen Geist für ganz ungewöhnlich bornirt halten wollte — des Reincarnationsgesetzes inne geworden sein!

Aber Herr von Vay sagt — nichts, und unser Medium registrirt nur: „der Geist Gilda wußte also nichts von der Einverleibung".

Es heißt dann weiter:

„Dedön zeichnete nun mit großer Schnelligkeit und Leichtigkeit; er fühlte stets einen entschiedenen Drang dazu und nach jedem vollendeten Bilde eine große Erleichterung. Bei mir wurde das magnetische Schreiben immer mehr zum Be=

dürfniß, und da Thomas und Gilda anfangen wollten, mir über Nichtigkeiten zu schreiben, mußte ich sie stets bitten und ermahnen, nur ernste belehrende Dinge zu schreiben"*).

Der Geist Thomas**), etwas beschämt, sagt hierauf, daß er noch schwach sei, daß er aber bemüht sein werde, ihr den Geist ihres seligen Vaters zuzuführen, der viel mehr wisse als er. Er hielt Wort:

„Am 11. Februar 1865 schrieb mir Thomas: Gott hat dein Gebet erhört; dein seliger Vater ist hier und wird jetzt gleich mit dir schreiben". Der Verstorbene schrieb:

„Ernst, dein Vater, ist da. Ich sehe euch, meine Kinder „und will euch helfen. Dein magnetischer Ruf drang zu „mir; Gott gestattet es, daß ich schreibe. Mein liebes „Kind, sei Gott getreu und bete für mich. Der Tod „brachte mir Schmerzen, doch auch Freude und Erlösung. „Ein Jahr erscheint mir wie eine Minute. Zweifle nie „daran, daß der reine magnetische Verkehr den Geistern „wohlthut und von Gott gestattet ist. O lasset Gott „walten!"

Am folgenden Abende zeichnet der Vater Ernst durch die Hand des Barons Dedön ein Bild, die „Darstellung eines sehr reinen Geistes". — „Die Flügel sind die fluidisch=magnetischen Ausströmungen des Geistes, in dieser Wolke be=

---

*) Dieß ist wieder sehr charakteristisch: Vermuthlich gingen der Frau von Vay hin und wieder, gleich anderen Sterblichen, auch Lappalien durch den Kopf, und — aus der Feder.

**) Dieser Thomas war ein mit 19 Jahren gestorbener, in der gräflichen Wurmbrand'schen Familie gern gesehener, talentvoller junger Mann, der die damals etwa 14jährige Adelma von Wurmbrand schwärmerisch geliebt hatte. So sehr, daß auch sein jenseitiger Zustand diese Gluth keineswegs gelöscht zu haben scheint.

wegt er sich zur Erde herab.*) Bittet Gott, daß er euch gestatte, bald mit einem so reinen Geiste zu schreiben; ihr werdet dann mehr lernen und wissen als durch mich".

Die dann noch folgenden Belehrungen geben wir ihres interessanten Inhalts willen vollständig wieder:

„Mein Geist ist eine Kraft Gottes. Jesus Christus „lehrte (?) den göttlichen Magnetismus.**) Der Magnetis= „mus wird auf Erden verfolgt, weil er eine Wahrheit ist. „Der Teufel***) arbeitet gegen diese göttliche Wissenschaft; „doch wo das Gute stark ist, da ist der Teufel schwach. „Die Weissagung der Bibel ist göttlicher Magnetismus. „Du möchtest Vieles wissen, liebes Kind! über die Sterne, „den Mond; diese Dinge interessiren dich alle sehr; doch „ich habe diese Wissenschaft noch nicht inne, ich kann dir „nur Einiges sagen. Wenn du stärker bist, dein Magne= „tismus reiner sein wird, wird ein reiner Engel mit dir „schreiben. Aber du mußt Gott sehr darum bitten und „besser werden. Bete nur fleißig für die armen Seelen, „d. h. für die armen Geister, die um dich sind. Du er= „lösest sie dadurch †), sie sind dir dankbar und beten dann „auch für dich. Auch ich habe immer dein frommes liebe=

---

*) Das Facsimile dieses Bildes folgt jener Stelle im Buche und hat die Unterschrift: „Ein mit seinen Fluiden im All reisender Geist". Man sieht einen kurzlockigen, bartlosen Menschenkopf, von gerade nicht sehr ansprechender Physiognomie, auf einer kaum ange= deuteten Büste, die sich nach unten in eine Wolke verliert, während den Schulterstellen flügelartige Gebilde entwachsen.

**) Soll wohl heißen: „wandte ihn an" —?

***) Also giebt es einen „Teufel"! Von diesem Unthiere, resp. diesem Generalissimus der gefallenen Geister war noch gar nicht die Rede. So hätten Vilmar und Consorten doch recht gesehen!

†) Unbegreiflich, diese Wirkung! Und worin besteht das Er= löstsein?

„volles Gebet gespürt. — Nach meinem Tode kam ich in
„eine bessere Welt, wo ich lernte und mich erholte; es ist
„dieß der Planet Saturn. Die Sonne ist die Wohnung
„der Herrlichkeit*), die ich noch nicht erreichte. Die
„Planeten sind Fegefeuer (!!)**), der Mond ***) und der
„Mercur aber sind wahre Höllen. Betrachtet betend den
„Mond, denn viele arme Seelen leiden dort große Qualen:
„Betet bei'm Glanze des Mondes für die armen Seelen,
„die in der Finsterniß der anderen Mondseite leben. †)

---

*) Diese glühend flüssige Masse mit ihren in die Million
gehenden Hitzegraden und ihrer aus glühenden Gasen bestehenden
Photosphäre!

**) So hätte sich also der Geist des Grafen Wurmbrand im
„Fegefeuer erholt", da der Saturn ein Planet ist. Und wie
steht es mit dem „Fegefeuer" Erde?

***) So lügt denn Dein sanftes Antlitz, o Mond! Du rasest in
Höllenhitze. Oder wärst Du vielleicht eine „Hölle der Kälte"?

†) Die Astronomen täuschen sich also gänzlich, wenn sie an=
nehmen, daß die der Erde abgewandte Mondseite hin= und wieder,
wenn auch nicht von der Erde, wohl aber (z. B. zur Zeit der
Conjunction) von der Sonne und zwar recht tüchtig beschienen wird!

Und wenn „die Planeten" (das heißt doch wohl alle, insgesammt) für „Fegefeuer" erklärt werden, wo bleibt denn da die „Lieb=
lichkeit und Güte", die von der Venus ausströmen soll, die „Nahr=
haftigkeit" des Saturn, das „Kalte und Regnerische" des Ura=
nus u. s. w.? — Wie reimt Frau von Vay ihre diesbezüglichen
Schilderungen mit dem Respect vor den Aussagen ihres verklärten
Vaters? Irrt sich die diesseitige Tochter, oder der jenseitige
Vater? Den Vater aber (wie Frau von Vay behaupten muß), als
irrend angenommen — wie durfte derselbe über das, was er jeden=
falls höchst ungenau zu wissen sich bewußt sein mußte, so bestimmt
lautende Erklärungen abgeben?

Sollte „Fegefeuer" als allgemeines planetarisches Charakteristi=
kon nur etwa soviel besagen, wie „Jammerthal", wenn wir der Erde
Weh zusammenfassen, so war der irre führende Gebrauch des stärk=
sten Ausdrucks wohl wenig am Platze.

„Das Gefühl, ein Geist zu sein, ist gut; man ist aber
„nicht sogleich ein reiner Geist. Die Bauern werden nach=
„sichtiger gerichtet, als der Gebildete, denn Gott ist gerecht.
„Er schuf Engel nach seinem Ebenbilde, diese sind aber
„keine Menschen.   Ernst".

Die Bekanntschaft mit einem „höheren, reinen Geiste"
ließ nicht lange auf sich warten. Aloysius von Gonzaga, zu
dem die Dame „schon von Kindheit auf eine besondere Liebe
hatte", eröffnete den Eheleuten, daß es ihre Aufgabe sei, in
der Heilkraft zu wirken, und Geister zu bekehren. Dieses
Apostolat nahm denn auch alsbald seinen Anfang, denn viele
Fragende und Kranke suchten bei ihnen Auskunft und Hülfe.
Erstere erhielten durch Aloysius geistige Ermahnungen, Letztere
unter dem Beirath der Geister Hahnemann's und Mesmer's
Heilmittel für ihre Leiden. Den Eheleuten selbst verordnete
Aloysius eine neunmonatliche streng vegetabilische Diät, nach
deren Ablauf er der Frau Adelma ihren „eigentlichen" Schutz=
geist Buddha zuzuführen versprach.

Die Introduction dieser neuen hohen Bekanntschaft war
wieder ein Bild, des Buddha selbst nämlich, den ein Schüler
Buddha's, Burru, durch die Hand des Herrn Oedön zeichnete.
Aloysius schrieb dazu: „Ich bin berufen, Geister zu leiten;
Buddha leitet die Bewegungen der Offenbarung auf Erden.
Er ist der Stifter einer großen, aber sehr mißverstandenen
Religion und war später einer der Apostel Jesu".

(Nämlich: Petrus! — wie der Leser später ersehen wird;
ja noch später erschien Buddha ein drittes Mal, als: Fran=
ziscus Xaverius!)

Doch zu viel auf einmal ist ungesund. Der Leser weiß
jetzt, wie Frau v. Vay zu ihrem Magnetismus kam, und in's
Geisterreich eingeführt wurde. Die drei großen Geister,
welche die Führerschaft ihrer Mission übernehmen, soll er
im nächsten Abschnitt kennen lernen.

Zu Abschnitt III.

Wir kommen nun zu den Kundgebungen Buddha's selbst, sowie denen der Jungfrau Maria und des heiligen Laurentius, welche sich mit ersterem zu der Leitung des Mediums vereinigen.

Buddha, ein von feuriger Liebe zu Gott durchdrungener Geist, schreibt*):

„Gott ist mein Streben, Gott ist mein Sehnen, mein „Leben! Gott ist mein Gut, mein All! Die größte „Seligkeit auf Erden ist Nichts gegen die Wonne, Gott „zu fühlen, der Empfindung Eins zu werden mit Ihm, „dem Allergütigsten und Allerweisesten .... Das kleinste „Werk der Liebe, das kürzeste Gebet des Herzens sieht „Gott wohlgefällig an . . . . . Wie arm seid ihr, daß „ihr nichts von Alledem empfindet! . . . . . Wenn Gott „mich ließe, ich käme donnernd nieder zu euch Menschen, „als ein Apostel, der die Welt bekehrt. . . . . Die Zeichen „der Zeit, von denen Christus sprach, sind da! Die „Bahnen sind geebnet, ihr Arbeiter der Herrn, wandelt „darauf! . . . . . Christus ist der Sohn Gottes, ein „erhabener, immer rein gebliebener Geist. Er hat sich auf „ewig verherrlicht durch das Opfer, welches er dem Vater**) „und der Menschheit brachte, indem er auf die Erde kam, „dort litt und starb. Groß ist sein Werk im All, verehret „Ihn, rufet Ihn an und Er ist dann wahrhaftig um***)

---

*) Wir geben nur die Hauptsätze wieder.

**) Wie kann man Gott ein Opfer bringen?

***) Was dieses „um" bedeuten soll, ist in keiner Weise zu verstehen. Ist Christi Geist ein Einzelwesen, so kann er offenbar nicht an verschiedenen Orten zugleich sein. Dergleichen kann wohl behauptet werden, aber wahrlich nicht mit dem Anspruch, denkbar gefunden zu werden. Frau von Bay würde sich natürlich gleich mit dem Ausdruck „fluidisch-geistig" zu helfen wissen. Die Definition dieses quale bleibt sie aber schuldig.

„euch). . . . . . Im Geisterleben ist ein ewiges Fort=
„schreiten. Alles lebt und strebt nach dem Höheren und
„Besseren. In Wahrheit giebt es nur eine Macht, und
„das ist Gott! . . . Wer sich vor Gott nicht beugt, ist
„elender als das allerletzte Geschöpf der Welt, und der
„Hochmüthige*) hat furchtbare Reinigungsstrafen durch=
„zumachen. — Warum fürchtet ihr euch vor dem Tode,
„o Menschen? Er ist ja nur ein Krampf des Geistes,
„der sich des Körpers entledigt . . . . . .

Maria schreibt:
„Mit Gott! mit Gott! im Menschenleben wie im Geister=
„reiche . . . . . Ich habe deinen Ruf gehört mein liebes
„Kind und will bei dir bleiben, dich beschützen und führen.
„Ja ich rede zu dir, bin bei dir, Maria, die einst ge=
„würdigt war, vor den Augen der Welt die Mutter Jesu
„zu sein. Nennt mich nicht ‚Mutter Gottes‘, denn das
„ist Frevel und thut mir weh. Gott, ohne Anfang und
„ohne Ende, kann keine Mutter haben**) . . . . . Wie

---

*) Wer ist in Buddha's Sinne hochmüthig? Derjenige, der seinen Verstand gebraucht?

**) Keine „Mutter!" Aber einen „Vater!" einen „Keim", einen „Anfang" vindicirt Frau von Bay, wie man weiß, allem Seienden; und wir erinnern hier nochmals an unsere Betrachtung S. 133: daß demnach entweder Gott für nicht seiend erklärt oder behauptet werden muß, daß auch Gott seinen Anfang, seinen Keim, seinen Vater gehabt habe! Hier ist es mit jeder Ausflucht zu Ende. Oder wüßte sich das dialektische Genie des Mediums auch aus diesem Dilemma herauszuwinden? Verfasser dieses wird, wenn keine Antwort hierauf erfolgt, sich an das: qui tacet, consentire videtur — halten; denn mit der, den zu beweisenden Gott schon voraussetzenden Antwort: Gott mache von jener Fundamentalregel eine Ausnahme — darf er wohl hoffen verschont zu werden.

-Die Denkerin wolle sich nur das Eine klar machen, daß aus

„schmerzlich ist es mir, die Verkehrtheiten der Menschen
„wahrzunehmen .... Während viele Tausende in
„Hunger und Kälte vergehen, liegen todte Schätze in meinen
„Wallfahrtsorten für mich aufgespeichert da .... Ich
„will diese todten Schätze euch geben, ihr Armen, Leiden=
„den, Hungernden, damit sie in eurem Dankgebet lebendig
„werden". *)

Eine zweite Kundgebung der Maria lautet:

„Ja wohl, ich bin immer (!) um euch**) und will euch
„leiten und führen mit dem Geiste Buddha. Du, Adelma
„heile und schreibe, du Ocdön, heile und zeichne zur Ver=
„herrlichung Gottes! Euer Leben sei ihm geweiht und der

---

ihrer Behauptung: Alles müsse seinen Anfang gehabt haben — ge=
rade die Unmöglichkeit eines Schöpfers folgt. Ist sie aber ge=
zwungen, ihr sich selbst schlagendes Axiom fahren zu lassen, d. h.
muß sie sagen: Es ist nicht nöthig, daß etwas Seiendes
entstanden oder geschaffen sei — nun so giebt sie eben zu,
was wir behaupten, und zwar mit wirklicher Consequenz behaupten;
nicht, wo es paßt, den einen Grundsatz, und wo es nicht paßt, das
Gegentheil! Der Verfasser versichert das Medium, daß er so eben d. h.
so bald sie den Sinn dieser Zeichen aus Druckerschwärze in sich auf=
nimmt, „fluidisch=geistig" auf sie einzuwirken versucht, wenn er sich
auch nicht auf imposante Incarnationsnamen einer früheren Daseins=
epoche stützen kann, nicht weiß, ob er vielleicht einst Democrit oder
Aristoteles gewesen.

*) Ein sehr liebreicher Vorsatz! Schade, daß seit jener Kund=
gebung 10 Jahre verflossen sind, ohne daß ihn Maria ausgeführt
hätte. Oder sollten die Herren Schatzwächter unüberwindliche
Schwierigkeiten machen?

**) Da sich sonach der Geist der Jungfrau Maria seit dem
29. November 1865 — dem Tage obiger Kundgebung — bei den
Pay'schen Eheleuten befindet, so sollte dieß in der katholischen Christen=
heit, vor Allem in Frankreich, bekannt gemacht werden, damit die
Marienwallfahrer wissen, daß ihr Reiseziel vor der Hand in Steyer=
mark liegt.

„Verbreitung der geistigen Sache auf Erden. — Eure
„Mutter Katharina ist geistig auch mit euch verbunden;
„ihr geistiger Leiter und Schützer ist Laurentius, der Mär=
„tyrer, der einst so viel für Gott und seine Ueberzeugung
„litt. Auch er gesellt sich zu uns, um euch zu führen".

Laurentius ist auch sofort zur Stelle, und schreibt:
„Gern schließe ich mich Maria und Buddha an zu einer
„Arbeit, die groß werden soll. Ihr seid im ersten Anfang;
„die Pflanze ist noch zart und in der ersten Kindheit; doch
„unter unserem Schutz und Schirm, unter eurem Gebet
„und eurer Pflege soll sie zu einem mächtigen Baume
„heranwachsen, dessen Aeste sich mit anderen Bäumen ver=
„einen, um einen herrlichen gewölbten Wald zu bilden,
„welcher der Erde Labung, Kühle und Fruchtbarkeit bringt.
„Seit vielen Jahrhunderten leite und führe ich Katharina's
„Geist und da sie mit euch so eng verbunden ist, nicht
„nur als irdische, sondern auch als geistige Mutter,*) so
„ist es mir eine liebe Aufgabe, euch zu umgeben, für euch
„zu beten und zu arbeiten.   Laurentius".

So sehen wir denn unsere beiden Apostel glorreich in=
vestirt und wer wollte leugnen, daß unter solcher Führerschaft
Außerordentliches entstehen müsse.

Wir erfahren auch sogleich, daß das von der Verfasserin
bereits im Jahre 1869 herausgegebene, schon früher erwähnte
Buch: „Geist, Kraft und Stoff" mit seinem Zahlengesetz als
Frucht dieser Dreiwirkung anzusehen sei und auf rein magne=
tischem Wege in 36 Tagen durch die Hand des Mediums
Adelma geschrieben wurde.

Aber es fehlt noch das Notariatssiegel; und dieses drückt
„Johannes der Täufer" auf das Investitur=Dokument durch

---

*) Hier hätten wir eine bisher noch nicht erwähnte Form mensch=
licher Elternschaft, die über ein bloßes Hüllenthum hinausginge.

eine lange Manifestation, welche den Schluß des dritten Abschnittes bildet.

Derselbe erklärt zunächst die Weise des harmonischen Zusammenwirkens der drei geistigen Leiter Adelma's, den Character ihrer einzelnen Rollen in diesem Concerte; und wie diese drei hohen Wesen zur Conformität ihres geistig-moralischen Niveaus gelangt seien. Wir erhalten bei dieser Gelegenheit sehr specielle Aufschlüsse über die eigentliche Wesensnatur Maria's, über die Art ihrer Empfängniß Christi und die nur durch die geistig-fluidische Art dieser Einverleibung erklärliche Unverweslichkeit des Leibes Christi und sein Himmelfahrtsvermögen. Von Buddha heißt es, derselbe habe nur unklar seine Mission erfüllt, sei aber später als Petrus wiedererschienen und habe für Christi Lehre den Tod erlitten, in der er die Vervollkommnung seiner eigenen Lehre erkannt habe. Ja noch ein drittes Mal habe Buddha die Erde betreten, nämlich als Franciscus Xaverius, um das Christenthum, das er als Petrus erlernt, in Indien zu verbreiten. So habe er Maria's Stufe erreicht.

Aehnliches gelte von dem nur oberflächlich als Märtyrer gekannten Laurentius, dessen hohen Geist man aber aus seinem Leben, seinem Wirken und seinen Schriften ersehen könne. Auch er habe das Drei der Vollkommenheit erreicht.

Es kommen dann noch einige Bemerkungen des Johannes über die eigentliche Bedeutung des Christenthums, welches die Erlösung durch Liebe, überhaupt aber den Begriff des durch die Liebe fortschreitenden Geistes in die Welt gebracht habe. Die späteren Begriffe seien erst durch Menschenthat und Wort hinzugewachsen, und der Papst mit seiner Weltherrschaft nebst Allen, die sich an Glanz, Prunk, Titel, Würden und Formen der geistlichen Aemter hingen, seien als

Repräsentanten menschlichen Ehrgeizes dem Untergange verfallen.*)

Von Luther, Zwingli, Calvin sagt Johannes, sie hätten bloß Formen reformirt, daher das Zurücksinken der Einen in die Formen, das Abfallen der Anderen vom Glauben selber. Die Formen und Dogmen seien Wucherpflanzen an dem Baume des wahren Christenthums, die das Wachsthum der rein geistigen Lehre hinderten und abgelöst werden müßten Trotz dieses Urtheils über die Nichtigkeit der Dogmen schließt Johannes mit Aufstellung folgender drei Dogmen:

„1) Ein göttliches Gesetz ist Christi Einverleibung, Auferstehung und Himmelfahrt.
2) Ein göttliches Gesetz ist die Mittheilung des heiligen Geistes und die gegenseitige der Geister.
3) Ein göttliches Gesetz ist Christi fluidisch=geistige Gegenwart im Abendmahl."

Diese drei Hauptpunkte bestätige ein jedes „gut geleitete" (!) reine Medium.

Wir überlassen den Leser seinen eigenen Gedanken. Sollte es ihm auffallen, daß die Jüdin Maria nicht hebräisch, Buddha nicht indisch, oder, insofern er später Petrus war, ebenfalls hebräisch, daß der spanische Mönch Laurentius nicht spanisch spricht, daß vielmehr alle drei Geister deutsch, unser heutiges Deutsch, speciell das Deutsch der Verfasserin reden, sogar mit Anschmiegung an deren

---

*) Wir werden die Herren Jesuiten diese und ähnliche Stellen des sonst so „brauchbaren Buches" bedauern! Wie nahe wäre sonst die Verfasserin der Beatification gewesen. Nun! in einer späteren Zeit lassen sich vielleicht diese und ähnliche unliebsame Stellen für „untergeschoben" erklären.

philosophisch-spiritistische Terminologie — so wird er hoffentlich nicht so kleinlich sein, daran Anstoß zu nehmen. Wie sollten solche Geister nicht in jeder beliebigen Sprache reden können! Und wenn es andererseits wieder vorkommt, daß (wie z. B. in einer Soirée englischer Nekromanten) der citirte und erschienene Geist eines Sokrates eine unüberwindliche Abneigung gegen den Gebrauch des Griechischen zeigt, so wird ihn wohl auch dieß nicht beirren. Ein so „untergeordneter" Geist, der noch Angesichts des Schierlingsbechers über einen gerupften Hahn witzelte, konnte — durfte wohl in mehr als zwei Jahrtausenden, sein bischen Griechisch vergessen. War doch sogar sein historisches Stumpfnäschen in dieser Zeit zur Geradform ausgeartet.

Nur Eins könnte ihm vielleicht schwer faßlich sein. Die Vorstellung nämlich, daß drei so hochstehende Geister, denen man im unermeßlichen All eine immens vielgestaltige Liebesthätigkeit zu vindiciren geneigt sein könnte, täglich dem Hirsekorn Erde, speciell den Bay'schen Eheleuten zur Zeit ihrer spiritistischen Sessionen zu Diensten stehen, bei Annahme einer dreistündigen Dauer dieser Sitzungen, also den **achten Theil ihrer ganzen Zeit** diesem Specialzweck widmen, Maria sogar ohne Unterbrechung; da sie ja ausdrücklich sagt: „ich bin immer um euch".

Aber vielleicht ist Derjenige weit zurück, der dieß „verstehen" will; das soll er ja gar nicht; er soll es nur „glauben!" Das aber soll er, denn „**dem Wissensstolzen und Hochmüthigen drohen furchtbare Reinigungsstrafen**". —

Der Mensch ist wirklich recht schlimm daran: Einmal heißt es: „Gott gab dem Menschen die Intelligenz; — die Menschen werden ewig forschen; seinem Denken und Studiren vermögen keine menschlichen Formen Dämme zu setzen; Auf-

14*

wärts nach Licht! ruft und ringt Alles" . . .*) — Braucht er aber diesen Intellect, bedient er sich der Augen des Verstandes und spricht sein Urtheil über das Wahrgenommene, so ruft man: ja Freund, diese Fackel führt dich irre, die mußt du auslöschen, sonst wirst du nie die Wahrheit erkennen. — „Ja aber dann sehe ich nichts — —"

„Um so schlimmer für dich, dafür wirst du einst büßen müssen".

Wie gesagt, der Mensch ist schlimm daran!

Zu Abschnitt IV.

Wie schon bei Recapitulation des Registers erwähnt, sind von allen in diesem Abschnitt „beschriebenen" Zeichnungen nur zwei vorhanden, nämlich die Katze und der Mops vom Mercur.

Namentlich zu bedauern ist das Fehlen des von A. v. Humboldt gezeichneten „Mondbewohners", der seine Athmungswerkzeuge in einer „eigenen organischen Mechanik im Kopfe trägt, weshalb der letztere sehr groß und unproportionirt zu dem übrigen Körper ist."

Ueber die ebenfalls fehlende Abbildung der Frau von Pompadour vermögen uns wenigstens die Selbstbekenntnisse dieser (wie man sich erinnert in eine Marmorstatue gefahrenen) Dame zu trösten, da sie gar so interessant sind. Man höre:

„Ich war auf Erden ein schönes Weib, das sich nach seinem Tode in ein Marmorbild verwandelte, sich zu Stein werden fühlte . . . . . Ich stand im Garten zu Versailles, ein Geist trug mich dort herum**). Mit der Zeit fühlte ich

---

*) Angebliche Worte Buddha's in einer seiner Kundgebungen.

**) Ein sonderbares Stehen, bei dem man herumgetragen wird! Daß von dieser herumschwebenden Bildsäule aus dem Lande der nouveauté's so gar nichts verlautet hat, ist unbegreiflich.

mich grau, abgeschunden und alt werden. Personne ne m'adora — j'étais sans rouge et sans poudre . . . . . Die Revolution mit zu erleben, war mir schrecklich! . . . . Der Sturz des geliebten Königshauses war une centaine de poignards dans mon coeur; heißt auf deutsch:*) Tausend Dolchstiche in mein Herz. Ach und ich stand da, immobile, kalt, steif — konnte die Hand nicht drohend erheben, den Mund nicht scheltend öffnen, den Fuß nicht stampfend bewegen — ich konnte nicht einmal weinen! Es war ein furchtbares Leiden! Es erweichte den Stein meines Herzens, meines Geistes . . . . Nach langer, langer Zeit hörte ich einige Menschen im Garten zu Versailles über Spiritisme reden; der Eine hatte le livre des Esprits in der Hand und las; ich las mit und starrte das Buch durch und durch**). Mein guter Träger***) brachte mich zu euch, wo mich ein Geist mit diesem Medium abzeichnete, allen

---

*) Wo die Pompadour nur ihr deutsch gelernt haben mag!

**) Eine merkwürdige Lesegeschicklichkeit, noch dazu mit steinernen Augen!

***) Dieser „Träger" muß ein außerordentlich gutmüthiger Kauz gewesen sein. Man denke sich dieses ewige Umhertragen und zuletzt gar die Schlepperei von Versailles bis Gonobitz!
Sollte sich die marmorne Pompadour noch immer in Gonobitz befinden, so bittet der Verfasser die Frau von Bay, ihm für einen wackeren Mann, der das Unglück hatte, durch „Gegensatzgeister" um sein ganzes Vermögen zu kommen, und der jetzt mit Noth und Elend ringt, jenes Steinbild — und zwar (aus Humanität) um ein Billiges — käuflich oder leihweise zu überlassen, damit der Betreffende durch eine Rundreise mit demselben etwas Geld verdienen könnte. Auch das mäßigste Entrée möchte dem Unglücklichen wohl gestatten, sich einen Nothpfennig für seine alten Tage zu sichern. Läge etwa die Absicht vor, Copieen der Statue unter der Hand an besonders herrschsüchtige und eitle Frauen zu versenden, so könnte ja vorher eine Photographie genommen werden.

herrschsüchtigen, eitlen Frauen zur Lehre. An der Sonne, der Liebe Gottes, schmilzt mein Marmor immer mehr; betet, o betet für mich, damit ich mich als reiner Geist aus dem Stein befreie." „Madame Pompadour"*).

Nun, wenn das nicht eine Reclame für den spiritisme ist, so giebt es keine. Wer jetzt noch nicht credo sagt, an Dem ist Hopfen und Malz verloren!

Zu Abschnitt V.

Von den Gesichten im Wasserglase (siehe die Specialaufführung Seite 193) geben wir die Schilderung desjenigen ganz wieder, aus welchem die für den Leser vielleicht interessante Thatsache hervorgeht: daß Frau Adelma, Freiin von Vay im Jahre 1394 als Hexe zu Tode gefoltert wurde. Die Beschreibung des Gesichtes lautet:

„Nach einer häßlichen, ekelhaften Frau, die schnell ver=
„schwindet, eine weibliche Gestalt, jung, in schwarzem Woll=
„kleid; über ihrem Kopfe leuchtet ein goldener Stern; ihre
„Hände sind auf dem Rücken gebunden; sie trägt ein Rad.
„Zwei dunkle Männer gehen vor ihr, zwei hinter ihr;
„diese Männer sind in große Mäntel gehüllt und haben
„breitkrempige Hüte. Neben ihr ein Mann mit einem
„zackigen Werkzeug in der Hand, ein anderer mit einer Geißel.
„Die Männer mit den großen Mänteln haben Masken
„oder eiserne Visire. Das arme Mädchen ist gebunden

---

*) Wenn das „Madame" in der Unterschrift vor „Pompadour" nicht von Frau von Vay herrühren sollte, so hätten wir hier einen Pendant zu dem „Frau" in der Aureolschrift über dem Gespenste der Frau Childern. (Siehe Seite 62.)

„und sieht wie eine Büßerin aus; zwei lange schwarze
„Zöpfe hängen ihr über die Brust herab. Ich (Adelma)
„habe eine sonderbare Empfindung ihr gegenüber, wie
„wenn ich es selber wäre; es ist ganz eigenthümlich. Nun
„liegt sie auf einem schwarzen eisernen Bett, sie ist mit
„allen Gliedern darauf gebunden; ist das vielleicht eine
„Folter? Aus dem Stern über ihrem Kopfe kommt ein
„Lichtstrahl, der ihr in die Herzgrube scheint. Die Männer
„mit den großen Hüten deuten auf sie hin, sie wird immer
„glänzender; ich sehe wie ihre Seele aus dem Körper geht;
„sie ist ganz goldig. Ihre Haare sind licht und lang, ein
„noch schönerer Geist empfängt sie. Die Männer sind
„auf's Gesicht gefallen und zittern".

Erklärung der drei geistigen Leiter, (die demnach mit in das Glas Wasser geblickt haben müssen): — „Während des Schauens hast du ganz richtig gefühlt; (also selbst was das Medium fühlte wissen die Geister)
„— denn du sahst deine eigene verflossene Einverleibung
„auf Erden. Du erkanntest dich selbst und dein Leiden:
„Um das Jahr 1394 warst du eine Jungfrau zu Köln,
„selten begabt mit der Gabe der Weissagung; dieses nun
„erfuhr die Geistlichkeit; sie wollte dich zu ihren Zwecken
„ausbeuten, du jedoch hieltest fest an Gott und deinem
„Rechte; da schrieen sie dich aus als Hexe, und du machtest
„alle Torturen der Hexenprocesse durch. Während sie dich
„auf die Folter legten, wurdest du von guten Geistern
„durch und durch magnetisirt, so daß du von der Folter
„und den feurigen Zangen fast gar nichts spürtest. Du
„weissagtest ihnen ihren Untergang, ihren Tod und die
„Reformation. Als dein Geist den gemordeten Körper
„verließ, erbebte das Gefängniß; sie hörten ein Zischen
„und Rauschen und glänzend stand dein Geist vor ihnen,
„so daß sie zitternd und bebend auf's Angesicht fielen".

Also Respect vor der einstigen Märtyrerin Adelma! Es wäre grausam, nach so vielen Leiden auch noch mit den Folterwerkzeugen der Kritik an dieser hochpoetischen Erzählung zu rühren.

Nicht gleiche Rücksichten legt uns eine andere Schilderung auf: Kaiser Franz Joseph im Sturm.

Die Erzählung lautet: „Am 3. Dezember 1869. — „Zuerst erblickte ich einen aufgebahrten Leichnam, neben „ihm steht ein Geist, und bläst ihm auf den Hals. Dann „das Meer in großer Bewegung. Gewaltige Wellen „schaukeln ein Schiff. Ein mächtiger Engel schwebt über „dem Meere und breitet die Arme darüber aus".

In Betreff dieses Schiffes lautet die Erklärung der Leiter: — „In diesem Schiffe auf bewegter See befindet „sich der Kaiser Franz Joseph; sie sollen in Triest ein„laufen, es ist großer Sturm; der Erzengel Michael be„schützt die Reisenden".

Nun kommt folgende Notiz:
„(Am nächsten Tage ersahen wir aus der Zeitung Fol„gendes: — ‚Aus Triest vom 3. Dezember wird gemeldet: „Unter Sturm, Schnee und Regen hatte Se. Majestät „Kaiser Franz Joseph die Reise von Lissa aus fortgesetzt, „und heute Morgen ½ 7 Uhr, nachdem der wüthende Kampf „der Elemente etwas nachgelassen, näherte sich das kleine „Geschwader unserer Rhede'.)"

Bei dieser Erzählung nun sind dem Verfasser dieser Schrift einige recht peinliche Reflexionen durch den Kopf gegangen:

Er sagte sich: Haben Geistwesen die Macht, in das Spiel der Naturkräfte einzugreifen, und vermögen sie diese Macht, wie das vorstehende Beispiel darthun soll, zu Gunsten einzelner Menschenkinder geltend zu machen, Gefahr und Tod von ihnen abzuhalten, leiten sie überhaupt, wie Frau v. Vay ausdrücklich behauptet, Alles auf Erden bis in's Kleinste (sie sagt sogar „bis in's Kleinlichste"), stehen sie namentlich den Processen der Einverleibung und Entkörperung vor, hat sogar jeder einzelne Mensch seinen eigenen Schutzgeist — so müssen wir mit Bestürzung fragen, warum sie von diesen Fähigkeiten einen so überaus sparsamen Gebrauch machen, einem Kaiser zwar ausnahmsweise 'mal aus der Noth helfen, dem namenlosen Wehe zahlloser Dutzendmenschen aber erbarmungslos seinen Lauf lassen.

Oder hätte nicht ein Billiontel des Kraftaufwandes, der nöthig scheint, um ein vom Sturme umhergeworfenes Schiff flott zu erhalten, hingereicht, dem speisenden Caligula einen Hustenanfall zuzuziehen, durch den ihm ein Brocken gerade in dem Augenblicke in die Luftröhre geführt worden wäre, in welchem er die Folterung des Ersten Besten befehlen wollte, um sich, seiner gemüthlichen Liebhaberei gemäß, während der Tafel an den Todesqualen und dem Wehegeschrei der Gemarterten zu ergötzen! Oder einen König von Dahomey über einen Stein zu Tode stolpern zu lassen, wenn er gerade die Ordre ertheilen will, schnell einige Hunderte seiner Unterthanen abzuschlachten, um jenes Bassin mit Blut zu füllen, in welchem Se. Majestät zu schwimmen geruhen wollen!

Können gute Geister den Körper der gefolterten Nonne „durch und durch magnetisiren, so daß sie von den glühenden Zangen u. dergl. fast nichts spürt", können sie dem Kampfe der Elemente gebieten — warum vernachlässigen sie kleinere Aufgaben, deren Lösung ihnen ja eine wahre Spielerei sein müßte! So z. B. wärmenden Aether in ein Zimmer zu führen, welches einer darbenden Familie wegen Mangels an Heizmaterial zur Todesstätte wird, und dergleichen! Möchten Natureingriffe solcher Art nicht eine würdigere Bewährung des psychophysikalischen Vermögens der uns

„überall umgebenden" guten Geister sein, als das Binden von Knoten in Schnupftücher, das Receptdictat für eine blähsüchtige Kuh, das Inderschwebehalten eines Mr. Home, oder das Ueberreichen von Blumen durch (den physischen genau nachgebildete) Geisterhände? Können die Geister die chemischen Agentien in der Atmosphäre vermöge ihres Willens zu greiffähigen, ja mit „eiserner Gewalt packenden" Händen verdichten, warum verdichten sie nicht eine Partie des auch in der Wüstenluft schwebenden Wasserdampfes, um einer dem Durstestode zuwankenden Karawane frommer Pilger das rettende Naß zu bieten? — Ein armer Familienvater eilt durch die Gasse zu seiner Arbeit; fünf kleine Kinder und eine kranke Frau sind auf diese, sind auf des Vaters Leben angewiesen. Er wird im Dahineilen von einem Dachziegel erschlagen. Hätte ihm ein guter Geist einen Moment vor dem verhängnißvollen Schritte, der seinen Kopf in die Falllinie des Ziegels brachte, ein Staubkörnchen in's Auge geführt, so daß er plötzlich Halt gemacht hätte, um das peinigende Körnchen zu entfernen, so wäre der Dachziegel ihm nicht **auf den Kopf**, sondern vor die Füße gefallen!

Oder wäre in allen solchen Fällen, wo trotz leichter Abwehrbarkeit schreckliches Unglück den Unschuldigen ereilt, nur jenes den Geistern unantastbare Gesetz thätig, welches den Betroffenen für noch ungesühnte Schlechtigkeiten eines früheren Erdenwandels endlich jählings beim Kragen nimmt?

Dann wäre freilich Niemand zu bedauern; es gäbe kein **unverschuldetes Unglück**, oder — was aus dem Gesichtspunkt einer sittlichen Weltregierung noch schlimmer wäre —: es käme gar nicht darauf an, in Wen die Furien des Schmerzes und der Verzweiflung ihre Krallen schlagen; nur hier und da würde einem besonders Begünstigten der helfende Finger gereicht. —

Wie gesagt, dieser und ähnlicher Gedanken hat sich der

Verfasser hier nicht erwehren können; und wenn ihn das Medium in Folge dessen zu den versteckten „Gegensatz=Geistern" zählen sollte, so muß er es sich gefallen lassen.

Zu Abschnitt VI.

Wir können diesen Abschnitt, in welchem Frau Baronin Catharina von Vay, Schwiegermutter des Mediums, als dritte der Geweihten, uns 7 Proben der von ihr durch Schreibmediumschaft erhaltenen 75 Geister=Manifestationen vorführt, ohne Nachtheil für unseren Zweck übergehen, da uns die Dicta der eigentlichen Autorin des Buches in Hülle und Fülle Aehnliches und Pointenreicheres darbieten und zwar schon in dem nächsten Abschnitte, dem „Buche der Kuren", welches uns zugleich die Art und Weise ihres Wirkens als „Heilmedium" kennen lehrt.

Zu Abschnitt VII.

Da jeder Versuch, die Natur des hier Gebotenen um= schreibend wiederzugeben, ein aussichtsloses Beginnen, jeden= falls eine Abschwächung des Originaleffectes sein würde, so lassen wir von den vorgeführten 23 Kur= und Bekehrungs= geschichten wenigstens eine in wortgetreuer Wiedergabe hier folgen:

„Merkwürdige Erscheinung eines 6jährigen, blöd= sinnigen Kindes. (Ursache: Geist eines früheren Gourmands und Roué's.)"

„Bauersleute aus der Nachbarschaft brachten dem Medium „ein im Wachsthum und in der Entwicklung vollständig „zurückgebliebenes Kind, und baten sie, dasselbe womöglich

„zu heilen. Sie hatten schon alle Aerzte der Umgegend
„befragt, die aber sämmtlich das Kind für unheilbar er=
„klärten.

„Der Anblick desselben hatte etwas Furchtbares. Es
„war ein Fleischklumpen, ohne Besinnung, ohne Zeichen
„eines intelligenten Lebens. Seine Augen starrten in die
„Welt ohne Glanz und ohne Verständniß, vollkommen
„blöde. Der Mund war beständig offen, der Kopf un=
„gewöhnlich groß. Es konnte nicht stehen und lag ge=
„wöhnlich auf dem Rücken, die Füße in die Luft streckend.
„Es gab nur thierische Laute, ein Gestöhn, von sich; kein
„Lärm, keine Musik, keine Aeußerung von Außen hatten
„eine Einwirkung auf dieses Kind; es aß Alles, was man
„ihm gab, hatte eine normale Verdauung, und war auch
„sonst ganz gesund.

Die Leiter, hierüber befragt, schrieben:
„Dieß ist ein hoffnungsloser Fall. Hier ist der Geist zur
„Buße und Strafe einverleibt worden. Er devotirte aus
„dem Wege des Gesetzes, indem er nach der Geburt (dieses
„Kindes) aus dem menschlichen Leibe niemals in den nor=
„malen Kreis des menschlichen Lebens, der gesetzlichen or=
„ganischen Einwirkung eintrat. Er war mit dem Körper
„durch das fluidische Lebensband verbunden; doch ließ er
„denselben geistig nur vegetiren, und ihn nur physisch=
„seelisch leben. Hier fehlte zwar die äußere bildende Kraft
„nicht (siehe die Schrift: ‚Geist, Kraft Stoff‘, 24. Kapitel
„im II. Buch), wohl aber entzog sich der innere Beleber
„oder Geist den menschlichen Organen, wodurch diese, un=
„geübt und nicht bewegt, sich auch nicht äußern und aus=
„bilden konnten. Dieser Geist will seine volle Buße nicht
„erfüllen und entzieht sich mittelst des fluidischen Lebens=
„bandes der geistigen Einwirkung auf die Organe des
„Körpers, den er nur seelisch=fluidisch leben läßt. Es sind

„dieses seltene Fälle, und durch die menschliche Wissen=
„schaft, welche den Grund des Uebels noch nicht kennt,
„unheilbar. Dieses Kind könnte noch, wenn der Geist von
„nun an eine gradative Einwirkung auf die Organe aus=
„üben würde, und mit Nachhülfe homöopathischer Mittel, (!)
„des mediaminischen Magnetismus, zu einem halbwegs
„vernünftigen Wesen gemacht werden.*)

„Es wird aber schwer gehen, erstens, weil der Geist ein
„sehr eigenwilliger ist, und zweitens, weil die Mutter des
„Kindes zu weit von euch wohnt, was das tägliche Mag=
„netisiren unmöglich macht. Das Gehirn des Kindes, dem
„von Geburt an die geistige Thätigkeit, die Bewegung,
„also auch Entwicklung fehlt, ist in einer Decomposition
„(Zersetzung) begriffen, der man durch die genannten Mittel
„noch steuern könnte. Gebt dem Kinde Sulphur ein und
„rufet seinen Geist sogleich an."

„Während das Medium mit dem Geiste dieses Kindes
„schrieb, lag dasselbe so starr und blöde als je im Nebenzimmer.

„Aeußerung des Geistes des Kindes:**) ‚Ich bin es, der
„Geist, der zu diesem Fleischklumpen gehört; umsonst gebt
„Ihr diesem Organismus Arzenei, mein Geist paralysirt
„alle Einwirkung. Höchstens zwei Jahre kann dieser fürch=
„terliche kleine Körper noch leben, den ich mir nicht zu
„einem Hinderniß im Denken machen will. Ich will ein
„Geist bleiben. Der Körper hängt mir nur wie ein An=
„hängsel an; bald schüttele ich ihn ganz ab, ich bin dann
„wieder frei, mir einen schönen Körper zu suchen. Diese
„ganze Geburt war eine Schweinerei in solchem Leibe! —
„Ach, mein Gott, verzeih' mir, ich verfalle in meinen alten
„Fehler. Diese Mittheilung thut mir factisch gut.' —

---

*) Woran wohl herzlich wenig gelegen wäre.

**) Also der betreffende Geist ist sofort zur Stelle.

„Die Leiter: ‚Bedenke, daß Du immer ein Geist bleibst, „außer sowie in der Einverleibung. Wohl Dir, wenn Du „diesen Deinen jetzigen, elenden Körper ganz angenommen „hättest und in ihm normal wirken würdest; so aber glaubst „Du, es sei eine Gnade Deinerseits, diese Einverleibung „überhaupt angenommen zu haben, und sträubst Dich, als „einfacher, arbeitender Landmann in's menschliche Leben zu „treten. Auf diese Art erfüllst Du gar nicht den Zweck „Deiner Einverleibung, und es wird Dir dieselbe nicht als „die Dir auferlegte Buße angerechnet. Du duldest nur „den Körper, statt ihn liebend zu bilden. Wir rathen Dir, „gehe vollkommen ein in den Körper, und sei willig ein „armes Bauernkind. Liebe Deine Mutter, die diesen blö= „den Körper pflegt und über ihn weint, entziehe Dich nicht „dem mühevollen Leben!'

„Der Geist:*) ‚Das ist alles recht schön gesagt, aber „schwer gethan. Wenn ich in meinem jetzigen Zustande „bleibe, so beschmutze ich mich nicht so sehr mit dem Volke. „Die Einverleibung allein ist mir eine fürchterliche Strafe. „ärger als die Hölle.**) Ich — so verwöhnt, so par= „fümirt, so gewählt — mein Gott! — und jetzt? Ihr „habt ja keinen Begriff von meinem früheren freien Le= „ben! Erstens diese Küche: Austern, Leckerbissen aller Art, „feine Gemüse und Weine, Saucen, Seefische, Kuchen und „Mokka! Dann diese Cigarren, Regalia grandes! Londres, „pfui! schon zu schlecht. Und dieses Bett, wie fein mit „Spitzen! Ja an die anderen Genüsse denke ich leider gar „nicht, es schickt sich auch nicht vor dieser Dame (er meint

---

*) Der somit, da die Leiter nicht sprechen, sondern durch die Hand des Mediums Obiges schreiben, als mit Augen versehen und hinter dem Medium stehend gedacht werden muß, deren Geschriebenes zu lesen.

**) Also giebt es noch etwas Aergeres, als die „Hölle".

„das Medium); ich habe den Anstand vor der Welt, ganz
„besonders vor schönen jungen Frauen, immer zu beob=
„achten gewußt. Ich war sentimental und poetisch mit den
„Sensitiven, sarkastisch mit den bösen Zungen, blasirt mit
„den Roné's, Feinschmecker mit den Gourmands, genial
„mit den Prinzessinnen des demi-monde und Sportsmann
„mit den Jockeys.*)

„Ich sehe es wohl ein, daß dieses Alles Larifari war,
„denn die Unmoralität hat stark an mir gefressen; da ich
„aber sonst ein guter Knabe war, so nahm ich diese Ein=
„verleibung auf Wunsch meines Schutzgeistes an, weil ich
„eben nichts Besseres zu thun hatte. Ich ging aber mit
„wahrem Ekel daran; freilich war dieß nun die Strafe
„für die Genüsse früherer Sünden**); ich mußte nun neun
„Monate in dem schmutzigsten und unschönsten Leibe der
„Welt wohnen; ich weiß es, daß mein Grausen dem
„armen Weibe viele Leiden verursachte, aber — tant pis
„pour elle.'

„Die Leiter: ,Da Du, lieber Geist, Deine Fehler ein=
„siehst und Dich ihrer so genau erinnerst, so folge nun
„auch der Dir auferlegten Buße. Erbarme Dich dieses
„armen Leibes, erniedrige Dich menschlich und gieb Deine
„geistige Freiheit auf.'

„Der Geist: ,Ich will hierüber mit meinem Extra=(?)
„Schutzgeist reden und sage euch Lebewohl!'

Belehrung der Leiter:
„Dieser Geist sagt: daß ihn das menschliche Hirn im
„freien Denken hindere. Indem er nun seinem mensch=

---

*) Wie wird dem Leser?
**) Eine sonderbare Logik! Also für eine jetzt gedampfte Regalia hat man künftig durch schlechten Kneller zu büßen. Warum wohl? Sollte die fein ausgebildete Raucherzunge etwa aus „moralischen Rücksichten" Pfälzer vorziehen?

"lichen Hirn den Motor entzieht, wird dieses zu einer
"inerten Masse, die nur lebt, aber nicht denkt und in De=
"composition geräth. Hieraus folgt die Wahrheit, daß nur
"Geist, Kraft und Stoff in ihrer Harmonie den gesunden
"denkenden Menschen ausmachen. Dieser Geist will das
"fluidische Lebensband, das ihn an seinen Körper bindet,
"zerreißen und würde so einen Selbstmord begehen.. Das
"Gesetz jedoch hindert ihn daran, nämlich an dem plötz=
"lichen Zerreißen des Lebensbandes, Geist und Körper
"trennen sich nur, wenn die Organe nicht mehr lebens=
"fähig sind. Nur so kann der Geist seine Lebenstage ab=
"kürzen, aber nicht plötzlich, sondern gradatim, durch das
"fortwährende Entziehen der thätigen, geistigen Einwir=
"kung des Mitlebens, oder durch einen fortwährenden gei=
"stigen Ueberreiz der Organe.'

"Nach zwei Tagen äußerte sich der Geist des Kindes
"folgendermaaßen: — ‚Ich bin da, der Geist dieses blö=
"den Fleischklumpens. Ich habe alles Mögliche versucht,
"um in diesen furchtbaren Körper ganz einzugehen; es ist
"aber schwer und eine Tortur. Welche Mühe sich auch
"mein Geist giebt, dieser Körper bleibt ein Trottel und
"ein Wechselbalg; soll ich mit ihm vertrotteln?'

"Die Leiter: ‚Hier ist die Handlung der Demüthigung
"die Hauptsache. Du sollst Dich beugen, folgen, volle
"Buße thun. Die Stunden des Schlafes sind Deinem
"Geiste genug Erquickung.'

"Der Geist: ‚Dann werde ich immerfort schlafen.'

"Die Leiter: ‚Das auch nicht; verstehe uns nur recht,
"Du sollst eingehen in die Organe, freiwillig ein Krüppel
"sein; diese Demüthigung bringt Deinem Geiste Nutzen.'

"Der Geist: ‚Ich will es noch einmal versuchen. Ich
"werde meinen Geist nicht mehr über dem Körper, sondern
"in demselben halten. Dieses aber muß ich ernstlich be=

„denken; denn sonst machte ich oft lange Reisen, war
„zwar an diesen gräulichen Körper wie mit einer langen
„Kette gebunden; jedoch ich ließ ihn zappeln. Jetzt aber
„soll ich ganz hinein, das ganze Joch auf mich nehmen,
„und so meine Freiheit aufgeben!'

Die Leiter: ‚Ja, thue es nur. Eine Stunde der Er=
„holung und Freiheit wird Dein Geist dann mehr ge=
„nießen, als jetzt.*) Du selbst trägst die Schuld an dem
„Blödsinn und an der Verunstaltung Deines Körpers.
„Diesen Frevel wirst Du theuer büßen müssen. Trachte
„ihn wenigstens jetzt noch theilweise gut zu machen.'

Hierauf entfernte sich der Geist.

„Belehrung der Leiter: — ‚Ihr seh't, daß dieser Geist
„nun den Weg in die Organe schwer findet; er scheut sich
„selbst vor dem durch ihn entstellten Körper; er hat nicht
„die Kraft, dem Gesetze zu folgen und derotirt**) fort=
„während, was ihm künftig große Schmerzen bringt.'

„Es verstrichen drei Jahre und das Medium hörte nichts
„mehr von diesem Kinde, bis sich ihr ganz spontan den
„25. Januar 1870 der Geist desselben äußerte.

„Der Geist: ‚Erinnert ihr euch an die Bäuerin N. N.?
„Ich bin der Geist des leblosen Fleischklumpens, den sie
„ihr Kind nannte. Ich habe diese drei letzten Jahre

---

*) Worin diese Erholungs= und Freiheitslabsale des in den Krüppel eingefahrenen, und auf dessen Denkvermögen herabgedrück= ten Geistes sollten bestehen können, ist schwer abzusehen. Der als Erquickung von den Leitern genannte S c h l a f kann, wenn traumlos, für den Geist kein „Genuß" heißen. Träumte aber die Gourmand= Seele des Bauernjungen, so könnte es leicht passiren, daß ihr eine demi-monde=Prinzessin eine ächte Regalia präsentirte, oder die Vi= sion eines Hummersalates sie in die alten „Sünden" risse.

**) Haben die Geister von der Adelma, oder hat diese von den Geistern das Wort „Derotiren" gelernt?

„furchtbar gelitten. Als ich Dir hier in diesem Zimmer
„zuletzt schrieb, da ging es mir noch gut — aber dann!
„Meine fürchterliche arme Mutter war dumm genug, aus
„Faulheit nicht mehr zu Dir zu kommen. Daher scheint
„es, daß mein Fleischklumpen an Lebensfähigkeit immer
„mehr abnahm. Ich kümmerte mich nicht viel um den=
„selben. — Plötzlich aber spürte ich ein Schnüren, ein
„Anziehen, ein Hineinzwängen in Etwas; ich fühlte einen
„großen Kampf und Krampf, ich weiß nicht wie lange
„es dünkt mir jetzt noch eine Ewigkeit. Ich war in den
„Körper eingepreßt und eingeschnürt, umgeben von lebens=
„unfähigen Organen, von Nerven, die wie Knoten zu=
„sammengezogen waren. Es waren Schmerzen, Leiden
„Krämpfe, die mein Geist in den Organen fühlte, bis er
„endlich die geistige Besinnung verlor.*) Das muß ein
„langer Todeskampf gewesen sein. Endlich erwachte ich,
„zwar noch etwas betäubt und duselig. Mein Erstes war,
„meinen immer geduldigen geliebten Schutzgeist anzurufen.
„Ich bat ihn nun inständigst, sich meiner durch Rath und
„That zu erbarmen; er sprach: ‚Nun hast Du die Strafe
„für Deine frühere Unfolgsamkeit erlitten. Der arme ver=
„krüppelte Körper wurde durch das fortwährende Entziehen
„des Geistes organisch aufgelöst; je mehr er sich auflöste,

---

*) Kann der Geist die Besinnung zeitweise verlieren, warum
nicht auf immer? Hier haben wir wieder die alte Frage. Das
Wesen des Geistes wird doch als Bewußtsein definirt, kann ihm
dieses also abhanden kommen, so ist ja der Er gar nicht mehr da,
von dem man sagt, daß er das „Bewußtsein" hatte. Seine Er=
oder Ichheit und sein Bewußtsein sind ja dasselbe. Wo steckt das
Bewußtsein, — der Geist — während der Unbewußtheit? So lange
diese Frage nicht gelöst ist, ist all' unsere Psychologie Wortkram.
Der Hinweis auf die angebliche Analogie mit dem aus dem Schlafe
zum Bewußtsein zurückerwachenden Körperwesen Mensch ist natür=
lich unzulässig.

„desto mehr zog das fluidische Lebensband den Geist an
„sich. Zu dem Processe des Todes mußte eine Concen=
„tration der Kräfte erfolgen, weshalb der Geist in diese
„allgemeine Decomposition mit hineingezogen würde, um
„die Auflösung zu bewirken. Du warst drei Wochen in
„dem Zustande einer furchtbaren Agonie. Dieß sind die
„Schmerzen und Krämpfe, die Du fühltest und deren Du
„Dich noch erinnerst. Endlich war das fluidische Lebens=
„band zerrissen, Dein Körper in Verwesung, Dein Geist
„betäubt und erschöpft. So lagst Du da, als Geist; ich
„übernahm Deine Pflege. Du mußt nun das Schreck=
„liche Deiner früheren That einsehen. Für Dich giebt
„es keinen geistigen Fortschritt ohne große Demüthigung,
„thue es, bitte Gott um Verzeihung.' — So sprach mein
„Schutzgeist vor etwa drei Monaten; ich lerne nun, ob=
„zwar es mir viel Mühe kostet, denn ich habe einen un=
„überwindlichen Leichtsinn."

„Belehrung der Leiter: ‚Ihr hört, das Kind ist todt,
„der Geist befreit, und verharrt trotz allen seinen Leiden
„im alten Leichtsinn. Es ist nicht so leicht, eingebürgerte
„Fehler abzulegen. Wenn die gesetzliche Zeit der Einver=
„leibung für diesen Geist da ist, wird er wiederum unter
„denselben irdisch niederen Verhältnissen einverleibt.' "

An diesem Beispiel kann man also die wunderbaren
Verhältnisse studiren, denen der Geist nach der Entkörperung
entgegengeht; und da diese Verhältnisse je nach der Besonder=
heit des Individuums unendlich verschieden sein können, so
ermißt man die Mannigfaltigkeit von Variationen, deren das
Kapitel der Metempsychosen fähig ist. In der That ent=
faltet das Medium denn auch in dem „Buch der Kuren"
einen Reichthum der Phantasie, der eines so unerschöpflichen
Thema's würdig ist; und da Alles im Tone der Ueberzeu=

gung vorgetragen wird, kann die Wirkung auf eine gewisse Sorte von Köpfen nicht ausbleiben. Es sind diejenigen, welche meinen, wenn sie Worte hören, „es müsse sich dabei auch etwas denken lassen". An Worten aber fehlt es unserem Medium nicht; sie handhabt mit Geschick eine ihren fixen Ideen angepaßte Terminologie, die ihr erlaubt, sich in dem Nebellabyrinth von Wolkenkuckuksheim ganz hübsch zurechtzufinden. —

    Und wo sie selbst nicht weiter kann,
    Fängt just der Dienst der „Leiter" an.

Der von uns wiedergegebene Fall hatte insofern etwas Exceptionelles, als hier das gemißhandelte Object des renitenten Geistes dessen eigener von ihm verschmähter Körper war; bei den anderen Erzählungen haben wir es dagegen stets mit Attentaten und Eingriffen von Geistern auf dritte, lebende Personen zu thun, welche dadurch in die verschiedensten, meistens der Classe der Krämpfe und Epilepsieen angehörige Krankheiten gestürzt werden. Die egoistischen Motive dieser Einwirkungen sind sehr mannigfaltig: entweder hat der Geist das Bedürfniß, an den Lebensfluiden der betreffenden Person zu „saugen", oder er nimmt an ihr, in der er einen Widersacher aus früheren Daseinsepochen wiedererkennt, ersehnte Rache, oder er will psycho=physikalische Studien in der denkbar intimsten Form, gewissermaaßen Vivisectionen an der in Beschlag genommenen Seele machen, oder aber er hat anderweite Ansprüche auf sein Marterobject, welches vielleicht seine frühere — Geliebte war. Dabei kommt es vor, daß der auch nach der Entkörperung verliebt Gebliebene an dem schon wieder Mensch gewordenen Object seiner Wünsche zu seinem namenlosen Verdrusse einen Geschlechtswechsel wahrnimmt, wie z. B. in der hochkomischen Erzählung von dem Geiste Moritz, der in einem jungen Israeliten seine einstmalige Concubine Gisela wiedererkennt, und sich für diese empörende Verwand=

lung durch Hervorbringung epileptischer Krämpfe rächt, die
den armen jüdischen Jüngling, einen Schönschreiber, total
arbeitsunfähig machen. Nur mit großen Schwierigkeiten ge=
lingt es, den Geist Moritz endlich zur Raison und dahin
zu bringen, daß er sein Opfer fahren läßt.

Es wird nicht überflüssig sein, einige besonders charak=
teristische Partieen aus dieser Erzählung (Fall b in unserem
Verzeichniß) hier wiederzugeben:

„Moritz: Ich kann ihm nicht vergeben! Sie hat sich ja
„verkleidet; sie ist kein Mann. Sie ist ja meine Frau;
„warum verstellt sie sich so? Was sind das für Geschich=
„ten? Obzwar es mir seit der Beichte besser geht, will ich
„ihr doch diese Maske herunterreißen.“

„Die Leiter: ‚Lieber Moritz, gieb diese Rachegedanken
„auf. Siehe, Du bist ein Geist; wir sagen es Dir vor
„Gott, daß Gisela auch bald nach Dir starb! Du wußtest
„es nicht, da Du nach dem Tode durch Deine Sünden so
„blind bliebst. Siehe, Gisela ist zur Buße nochmals auf
„die Erde gekommen, um als armer, schlichter Mensch die
„früheren Sünden zu büßen; und so büße auch Du ab
„und bereue Deine Sünden, nur dann wirst Du mit Gi=
„sela vereint werden.‘

„Moritz: Es ist schwer, diese Fabeln zu glauben*);
„wie konnte sie noch einmal Mensch werden, noch dazu ein
„Mann? Ich lasse es mir nicht nehmen, es ist nur Ver=
„kleidung.

„Die Leiter: ‚Laß' diese Gedanken; wir werden Dir
„dieses später erklären; jetzt denke nur an Deine Besserung.
„Willst Du aus dieser peinigenden Ungewißheit heraus?‘

„Moritz: Ja!

„Die Leiter: ‚Nun so verlasse Gisela und folge uns.‘

---

*) Ja wahrhaftig! sehr schwer.

„Moritz: Wie soll ich aber dann meinen Zorn an ihr
„auslassen? Es ist sehr schwer, sich so zu beherrschen.

„Die Leiter: ‚Gerade diesen Hauptfehler mußt Du
„eben unterdrücken, denn sonst wirst Du niemals geistig
„genesen.'

„Moritz: Das ist sehr schwer. Vor meinem Schlagan=
„fall prügelte ich meine Diener und Gisela im Zorn und
„jetzt soll ich Alles schlucken?

Die Leiter: ‚Ja, lieber Freund, wir bitten Dich in=
„ständigst, es zu thun! Du sollst sehen, welch' ein Friede,
„welche Seligkeit Dir hieraus erwächst.'

„Moritz: Na, ich will es probiren. Jetzt kommt gerade
„der Zornesanfall.

„Die Hand des Mediums bewegte sich heftig auf dem
„Papiere, bis sie erschöpft stehen blieb . . .

„Am 9. Februar 1866 schrieb Moritz spontan: Ich
„bin da.*)

„Die Leiter: ‚Mein Gott, stehe Moritz bei, gieb ihm
„Kraft, seinen guten Vorsatz auszuführen.'

„Moritz: Solche Worte thun mir wohl**) . . . Ich
„will Gisela nichts mehr thun, wenn ihr mir das Räthsel
„ihrer Verkleidung löst. Ich sage euch jetzt, bis wohin ich
„Alles klar weiß, bis vor meinen Schlaganfall:

„Ich bin ein reicher gefürchteter Graf, dessen Stamm=
„baum bis zum Anfang der Welt reicht***). Ich war

---

*) Woher wußte das Medium, daß dieser „Ich" der Geist
Moritz war? Doch sie befragte wohl sofort die „Leiter".

**) Auch dieser außerordentlich bornirte Geist liest also was
das Medium niederschreibt, oder hört, wenn dieses das Geschriebene
etwa vorliest.

***) Wer da wohl seinen ersten Urahn geadelt haben mag!

„ein Lüstling und lebte sehr gut. Gisela ist meine Ge=
„liebte, nicht meine angetraute Frau. Jetzt weiß ich nicht,
„wie das Alles kam. Ich lebte mit ihr und war alt; sie
„war sehr leichtsinnig und mir oft untreu. Auf einmal
„verschwand sie aus meinen Augen. Da kam der ewige
„Schlaganfall, der vielleicht tausend Jahre dauerte, ich
„weiß es nicht. Trotz meiner Unbeweglichkeit fand ich
„endlich Gisela heraus; wie, das weiß ich nicht, denn sie
„hat sich schmählich verkleidet, um mich abermals zu betrü=
„gen. Ich übte nun meine volle Macht über sie aus;
„denn trotz Allem ist sie an mich gekettet, das ließ ich sie
„fühlen. Es ärgert mich sehr, sie als Mann zu sehen.
„Sie erkennt mich nicht und hört mich nicht. Gottlob!
„starb ich jetzt den 3. Februar nach der Beichte; das we=
„wenigstens weiß ich genau. Jetzt aber sagt mir, warum
„ist Gisela ein Mann geworden? Warum hört und sieht
„sie mich nicht? O, macht sie redend und erklärt mir
„Alles!

„Die Leiter: ‚Vor vielen Jahren führtest Du auf Er=
„den ein Leben der Sünden und bösen Genüsse. Gisela
„war Deine stille Genossin. Da kam plötzlich der Tod
„wirklich durch einen Schlaganfall, der Dich in Mitten
„des Genusses traf. Du bliebst nun lange in einem gei=
„stig paralysirten Zustande, nicht tausend, aber viele Jahre.
„Gisela starb auch; sie ward zu Dir geführt, um Deine
„Leiden zu sehen*). Zur Buße nun folgte sie einer ihr
„angeordneten Einverleibung auf Erden, und aus Angst
„vor Dir und den Versuchungen, die dem Weibe bevor=
„stehen, nahm sie einen männlichen Körper an. Dieses
„war allerdings eine große Schwäche von ihr; sie hätte

---

*) Wie kann man in einem Zustande „geistiger Paralysation"
leiden?

„ihrem Schutzgeiste folgen und als Weib die Sünden des
„Weibes büßen sollen."

Da dieser Geist zu denen gehört, die angeblich gar nicht
wissen, daß sie leiblich gestorben sind, so wollen wir, um die
originelle Art und Weise kennen zu lernen, auf welche ihm
sein Tod zum Bewußtsein gebracht wurde, den hierüber Aus=
kunft gebenden Anfang der ganzen Erzählung noch excerpiren:

„Eines Abends, am 3. Februar 1866 fühlte das Me=
„dium ein Unbehagen, wie wenn sich ein Geist manife=
„stiren wollte. Nachdem sie im Beisein ihres Gemahls
„und ihrer Schwiegermutter den Bleistift zur Hand ge=
„nommen, fühlte sie eine bleierne Schwere im Arm, der
„sich langsam zu bewegen anfing, Folgendes schreibend:
„Ich muß reden. Moritz.
„Das Medium sprach hierauf laut*): Rede offen und
„ohne Scheu.
„Moritz: Meine Lage ist schrecklich, rettet mich!
„Medium: Wir helfen Dir gern, sage nur, was Dir
„fehlt.
„Moritz: Gisela tödtet mich!
„Medium: Lieber Freund, Du bist schon todt, fürchte
„also nicht, getödtet zu werden.
Moritz: Ich weiß nicht, was Du meinst — todt? bin ich
„todt? Gott gebe, daß es so wäre!
„Medium: Ich kann Dich versichern, daß es so ist, be=
„ruhige Dich.

---

*) Der Physiologe suche zu begreifen, wie auf das unsichtbare
Aetherwesen, resp. dessen Aetherohren, die durch das Sprechen des
Mediums erzeugten dicken Luftschallwellen so sollen wirken können,
wie auf unsere grobmateriellen Ohren dieselben Wellen vermöge ihrer
zu diesen zarten Beschaffenheit!

„Moritz (Sehr heftig schreibend, so daß das Papier zer=
„rissen wurde): Gisela! Mörder!

„Medium: Versuche zu beten; bete mir nach.

„Moritz: Ich kann nicht! Ich bitte Euer Hochwürden*),
„ich muß zuerst beichten:

— „Ich armer sündiger Mensch, bekenne und beichte vor
„Gott dem Vater, der Mutter Maria und allen Heiligen,
„und nun vor Euer Hochwürden an Gottes statt, daß ich
„oft und viel gesündigt habe, durch meine große Schuld

„O wie schwer ist es, Alles zu sagen! Ich war ein
„schlechter Vater, ein gewissenloser Gatte, ein böser Bru=
„der, ein falscher Freund, erfüllt von Ahnenstolz, hoch=
„müthig, eingebildet, lebte im Taumel der Welt, in Ge=
„nußsucht, Fraß und Völlerei. Ich war zornig, mit
„meinen Dienern bös, Gisela ist todt wegen mir. Hab'
„ich sie umgebracht? Ich weiß es nicht. Ich bin vom
„Schlag gerührt schon viele Jahre und kann kaum reden;
„hören Sie mich, hochwürdiger Herr! Ich fürchte mich,
„daß Sie mir keine Absolution geben, und daß ich dann
„zu den Teufeln komme.

„Das Medium war nun in der größten Verlegenheit,
„da sie doch unmöglich dem Geiste die priesterliche Abso=
„lution geben konnte, von der gleichwohl seine Ruhe ab=
„zuhängen schien. Der Geist hatte seine ganze Beichte
„äußerst schnell und leidenschaftlich geschrieben, so daß das
„Medium nach derselben in Schweiß gebadet und athem=
„los war. Als sie sich wieder erholt hatte, sprach sie
„folgende Worte laut zu Moritz: Fürchte Dich nicht, lieber
„Freund! Gott ist gütig. Wenn Du Deine Sünde wahr=
„haft bereuest, so wird er Dir verzeihen.

---

*) Die Erklärung der Anrede „Euer Hochwürden" ergiebt sich
im weitern Verlaufe.

"Moritz: Gott! mir verzeihen? O ich bin ein zu elender "Kerl. Glauben Sie wirklich, Herr Pfarrer, daß er mir "verzeiht?

"Das Medium: Gewiß, denn bei Gott ist kein Ding "unmöglich; Du mußt aber Deine Sünden wahrhaft be= "reuen.

"Moritz: Wie soll ich das? Ich weiß nicht, ob ich lebe. "Ich kann mich nicht rühren*).

"Medium: Vertraue deshalb auf Gott. Leide mit Ge= "duld und Ergebung; das ist Deine Buße.

"Moritz: Ich danke Ihnen, ich weiß nun meine Buße. "Es wird aber wohl noch lange dauern, bis ich weiß, wo "ich bin?

"Medium: Bitte Gott um Erleuchtung und rufe die "Hülfe Deines Schutzgeistes an.

"Moritz: Ein elender Schuft hat keinen Schutzgeist.

"Medium: Ein jeder Geist hat einen Schutzgeist**) oder "Leiter. Du also auch. Bete nur eifrig zu Gott.

"Moritz: Ich küsse Euer Hochwürden die Hand. Was "soll ich beten?

---

*) Und führt doch den Arm des Mediums in so heftigen Be= wegungen, daß sie "in Schweiß gebadet" ist! Ist solcher Unsinn nicht zum Tollwerden?

**) Folglich hat auch der Schutzgeist wieder seinen Schutzgeist und dieser wieder einen u. s. f. Es muß ein hübsches Vergnügen für so manchen Schutzgeist sein, seinen Schützling auf Schritt und Tritt zu begleiten. Aber wahrscheinlich ist dieß wieder eine "Buße" des Schutzgeistes für irgend welche Vergehen. Und dabei ist noch gar nicht der schwarz uniformirten Begleitgeister gedacht, die der "Teufel" als "bösen Engel" Jedem beigesellt. Ja, ja, der Mensch ist ein wichtiges Wesen, um das sich Gott und Teufel streiten! Möglich, daß auch die Käsemilben in ihrer Art gleich weit gehende Phatasieen haben.

"Medium: Sage nur: Gott sei mir armen Sünder
"gnädig.

"Moritz: Gott vergelt's!

"Erklärung der Leiter: ,Dieses ist ein sehr bedauerns-
"werther, armer Geist, welcher bei Euch Hülfe sucht. Es
"hat dieses Bezug auf einen Kranken, der sich bald bei
"Euch melden wird. Eure mediuminische Arbeit zieht viele
"hülfsbedürftige Geister an; seid stets bereit und willig,
"ihnen zu helfen, und habet Geduld mit ihnen. Ein
"Zeichen der Schwere und Dichtigkeit des Nervenfluids
"dieses Geistes ist, daß das Medium seinen Arm so
"schwer wie Blei fühlte; es ist dieß die Wirkung der
"Assimilation der Fluide. Dieser Geist ist sich seiner Ent-
"körperung nicht bewußt, empfindet sie nur als Lähmung,
"da er sich ohne Körper nicht zu bewegen weiß*). Er
"glaubt, daß seine Seligkeit von einer Beichte abhänge.
"Bis jetzt hörte ihn jedoch kein Mensch an, da er kein
"Medium traf; heute führte ihn sein Schutzgeist nun zu
"Dir, indem er Dir die fluidische Hülle und Kleidung,
"sowie das Ansehen eines Geistlichen vor Moritzens
"schwachem Blicke gab**). Nun fühlt sich der Arme erleich-
"tert. Für die Communion sorgt sein Schutzgeist. Dieser
"arme Geist ist in einem Zustande der Betäubung.'

---

*) Man sollte meinen, der geringste Versuch müßte den des gelähmten Körpers ledigen Geist von dieser Bewegungsfähigkeit überzeugen.

**) Also eine pia fraus Seitens des Schutzgeistes. Warum auch nicht? Der gute „Zweck" heiligte wohl das sonst verwerfliche „Mittel"! Die Möglichkeit des Hexenkunststücks, der jungen Dame das Ansehen ja die Kleidung eines Geistlichen (Schmerbauch vielleicht einbegriffen) vor den „schwachen", d. h. leicht zu täuschenden Augen des Geistes zu geben — wird natürlich kein einigermaaßen geschulter Spiritualist in Zweifel ziehen.

Vielleicht empfindet der Leser etwas Aehnliches, fühlt auch eine bleierne Schwere, wenn auch nicht im Arme, sondern im Kopfe, in Folge der langen Einwirkung der Bedlamsdünste, durch die wir seine Schritte lenkten. Er lechzt wohl schon lange nach Luft und Licht aus so viel gräulichem Wuste. Bald lieber Leser! eine kurze Strecke noch — und wir treten in's Freie, beiderseits froh, wenn die Thorflügel des Zauberhauses hinter unserem Rücken zusammen schlagen.

Wir schließen unsere Auslese aus dem „Buch der Kuren" mit einem kleinen Höllen=Breughel. (Fall c unseres Verzeichnisses):

Der Geist Jairus quält erst die eine, dann (da er sich in der Person geirrt) die andere Tochter des in seiner Noth bei dem Medium Hülfe suchenden med. Dr. U.*) Dieser Geist ist nach Mittheilung der „Leiter" so tief gesunken, daß er die Fähigkeit einer Wiedereinverleibung auf Erden ganz verloren hat und erst mit Vorstudien auf niederen Welten seine Laufbahn neu beginnen und seine Fehltritte dort ab=büßen muß.

Er sträubt sich aber, will nicht fort von der Erde, und da er, wie gesagt, einen neuen Embryo zum Menschen nicht organisiren kann, so strebt er aus lebenden Menschen (hier aus der Doctorstochter) den Geist zu verdrängen, um sich so zu einem Leibe zu verhelfen. Nach längerer, von dem Medium geleiteten, Heilbehandlung der Gequälten, bei der sogar ein Amulet**) aus Haaren der Frau von Vay nöthig ist, bricht der gestörte Geist Jairus endlich in folgende Expectorationen aus:

---

*) Großer Virchow! Gehe mit Deinem „Collegen" nicht in's Gericht!

**) Amulete, namentlich als Halstücher, in die Gebete eingestickt werden, kommen öfter vor. Der betreffende Quälgeist des so geschützten Kranken liest natürlich sofort das Eingenähte, „merkt die Absicht, und wird verstimmt."

„Jairus: Ich fühle mich zurückgesetzt. Einmal ruft
„man mich, einmal wieder nicht. Wollt ihr mich für einen
„Narren halten? Wenn ihr etwas angefangen habt, so
„endigt es auch. Ich will wissen, warum ihr euch durch
„das Heilen der Menschheit aufdrängt, warum ihr euch
„um Bauern und Trotteln kümmert. Kümmert euch um
„mich, denn ich bin ein Gequälter, ein Zorniger, ein
„Böser, — oder vielleicht ein Heiliger? Ein göttlicher
„Geist oder ein Dämon? Was bin ich doch? Die Sache
„wird mir zu arg. Alle eure Gebete verdrängen mich bei
„C.*) Giebt es kein Mittel für mich, zu sterben? Ich
„springe zehntausendmal in's Meer und komme, wie eine
„Kautschukkugel immer wieder heraus. Ich drücke meinen
„Kopf an Mauern und Wände, und bin lebendig. O nennt
„mir ein Mittel gegen die Unsterblichkeit! In der Schlacht
„trifft mich keine Kugel**), kein Blei durchdringt diese
„Elephantenhaut. Kein Gift vertilgt mich, nichts schadet
„mir, nichts bringt mich um. Ja, ja, ich bin so ein Ding,
„das nie stirbt, so ein Geist! O diese quälende Unster=
„blichkeit! O diese erdrückende Ewigkeit, ja sie ist! Ich
„fühle es nur zu deutlich. Deshalb suche ich einen Kör=
„per, ein noch dichteres Kleid; denn dann ist man betäubt,
„dann kann man sterben, dann weiß man weniger von sich
„selbst und leidet weniger. Ueberall werde ich zurückge=
„stoßen, deshalb brauche ich Gewalt. Ja ich bin so ein
„Geist, der auf den Gräbern wohnt (!), der herumgeht
„und heult (!), und suchet, wen er verschlinget***). Ich

---

*) Die von Jairus Gequälte.

**) Der Geist drängt sich also auch in Schlachten.

***) Also auch dem ist man ausgesetzt! Vielleicht fiele man aber durch den Geist hindurch, oder merkte das Verschlingen gar nicht, worüber dann der Geist vermuthlich um so ärger „heulen" würde.

„bin schmutzig*) und verwildert, mit langen wilden Nägeln
„und Haaren, die im Grabe (!) wachsen**), wie soll man
„denn hier an die Toilette denken?***) Ja, ich bin ein
„lausiger Lump, ein Gauner, ein Fresser, ein Säufer†),
„und lebe in der vielgepriesenen Geisterwelt als Wüstlings=
„geist (!). Statt zu schwinden, nimmt meine Hülle zu††),
„ja ich werde dick, feist und schwer, bald kann ich mich
„gar nicht mehr bewegen, und sitze da — sinnlich und
„gierig. Ha, ha! ist es es euch unheimlich?†††) Ekelt ihr
„euch vor mir? Ich bin nicht allein, denn wir sind Le=
„gionen in unserem Fluchgeheul; Legion ist mein Name;
„so ist es!†a) Ja bittet Christus, mich in eine Heerde
„Schweine†b) fahren zu lassen, es ist so schlecht nicht!
„Wie gut ist's, ein Thier zu sein, das ist Alles hold gegen
„meinen jetzigen Zustand; besser als vierfüßiges Schwein
„sich im Kothe zu wälzen, hörbar zu grunzen und zu
„schnüffeln, als so ein Schweinegeist zu sein, ungehört zu
„schreien und die materiellen Dinge nicht genießen zu
„können. Ich will mich lieber im Dünger wälzen, als so

---

*) Trotz des häufigen Eintauchens in's Meer!

**) Dann hat sie ja aber irgend eine Leiche, nicht er!

***) An Zeit dazu möchte es dem Geiste wohl nicht fehlen; aber es verlangt wirklich Niemand, er kann sich bezüglich seines ohnehin unsichtbaren Exterieurs beruhigen.

†) Man sieht, es stehen der Künstlerin auch jene saftigen Farben zu Gebote, mit denen ein Shakespeare seine Schufte malte.

††) Welche Hülle?

†††) Unheimlich? Ja! vor dem verbrannten Hirn, das Dich reden macht.

†a) Eine traurige „Gottesschöpfung."

†b) Gleich in eine Heerde! Und was hätten die armen Thiere verbrochen, um solche Unbill zu leiden, ja wohl gar wie in der Bibel — zum ganz unverschuldeten Schaden ihrer Besitzer — in's Meer getrieben zu werden!

„zu ersticken*). Ich kann nichts mehr sagen, ich bin ganz
„schwach! Diese lange Rede hat mein Inneres**) schmerz=
„lich erschüttert. Gott, Gott, wie weit bin ich von Dir
„— es wird mir nie mehr möglich, mich Ihm nur Etwas
„zu nähern.

„Die Leiter: ‚Deine Rede hat uns tief erschüttert,
„höre auf unser Wort! Du kannst Dich bessern, kannst
„heraus kommen aus diesem Elend, aus dieser Versunken=
„heit; wolle nur, trachte zu beten und nachzudenken über
„Dich selbst; glaube uns und folge!'

„Belehrung der Leiter an das Medium***): ‚Ihr
„habt in diesem Geiste das Beispiel der tiefsten geistigen
„Versunkenheit. Ihm ist wegen seiner vielen Sünden und
„Laster die Unsterblichkeit, die Ewigkeit, ein Gräuel. Er
„weiß es, wieviel er gut zu machen hätte, deshalb möchte
„er die Unsterblichkeit vernichten. Statt gleich umzukehren,
„versinkt er noch tiefer; sein Nervengeist ist gleich dem der
„tief gesunkenen†) Embryogeister schwerfällig, dunkel, die
„Bewegung hindernd; und doch ist er kein Mensch. Er
„fühlt und denkt sinnlich, ohne die Befriedigung dessen in

---

*) Dieses Ersticken müßte ja dem nach Tod so lechzenden Geiste höchst willkommen sein!

**) Wie hat denn ein Geist, das „Innenwesen", auf einmal wiederum auch noch ein „Inneres?"

***) Resp. an das Publikum.

†) Wohin man nur blickt in dem Bay'schen „Gottesreiche", Alles ist gesunken, abgefallen, corrumpirt, es ist scheußlich. Ein wohlmeinender Schöpfer, der die unermeßliche Mehrheit seiner Gebilde so verschmutzen sähe, müßte geradezu verzweifeln. Daß die mit dem Vollkommenen beginnenden Kosmologen an dieser Abnormität keinen Anstoß nehmen, ist völlig un= begreiflich! Sind sie denn wirklich so entsetzlich blind, nicht ein= zusehen, daß sie ihr „höchstes Wesen" mit jedem ihrer Sätze an den Pranger stellen?!

„menschlichen Organen zu haben; er möchte lieber ein Thier „sein. Eine thier=menschliche Einverleibung wird seine „Strafe; in neun Tagen führt ihn sein Lebensturnus an „dem Planeten Mercur vorüber, wo es solche Menschen „giebt; hier wird er durch das Gesetz einverleibt, um seine „Strafen und Bußen, seine Reinigung im Laufe des Ge= „setzes zu beginnen'".

Natürlich ist mit der Abführung des Jairus die Ge= quälte von ihren Leiden befreit, und der Dr. U. kann seine Dankesbriefe an das Medium für Wiederherstellung seiner Tochter mit den Worten schließen:

„Voller Freude theile ich Ihnen mit, daß C. schon „bausbäckig geworden ist; ihr heiterer Humor kehrt zurück, „sie hat sogar schon Witze gemacht — mit einem Wort, „liebe Gräfin! ich kann Gott, den guten Geistern und „Ihnen, nicht genug Dank sagen für die Heilung meiner „Tochter.

„Genehmigen Sie zc.

Dr. U."

Betrachten wir jetzt das letzte Kapitel:

Zu Abschnitt VIII.

Wer mit dem Vorangegangenen das phantastische Füll= horn der Verfasserin für erschöpft hielte, würde sehr irren; es ist noch manche Lücke auszufüllen, mancher Geisterposten zu besetzen. Wir sollen den Becher der Unglaublichkeiten bis zum Grunde leeren. Und wer sich vor seinem berauschen= den Inhalt nicht hütet, den Maaßstab besonnener Prüfung fahren läßt, treibt compaßlos auf's hohe Meer und die cap- tatio mentis ist fertig. Wir wollen diesem Schicksal zu ent=

fliehen suchen, indem wir die kritische Elle bis zum letzten Augenblicke handhaben.

Die erste Erzählung bringt uns die neue Kunde, daß der Geist des Menschen sogar schon bei Leb- und Leibeszeiten den Körper verlassen und fern von demselben in spiritualistischen Verkehr treten könne. Und da wir bei dieser Gelegenheit auch erfahren, wie es im Zimmer des Mediums während der Sessionsstunde in „fluidischer" Beziehung aussieht, so geben wir als Bruchstück aus dieser Erzählung deren — diese beiden Punkte berührenden — Eingang wieder.

Medianimische Aeußerungen des Geistes eines Lebenden.

Während des Feldzuges von 1866 war ein Vetter des Mediums, Graf W., mit unter den Kämpfenden. Am 25. Mai schrieb das Medium ganz spontan, durch das bekannte medianimische Gefühl gedrängt,*) Folgendes:

„Ich bin es, euer Freund W., ich bin gesund, mein „Geist ist bei euch, mein Körper im Lager unter den „Soldaten; betet für mich! Ich komme mir vor, wie ein „Kahn, der von den Wellen des Meeres unruhig hin und „her getrieben wird. Wann kommt der Friedenshafen? „Vielleicht bald durch irgend eine Schlacht? Es thut „meinem Geiste wohl, mit euch zu reden; das sind herr„liche Urlaube, die ich mir selbst gestatte; so bin ich Euren „geistigen Studien stets (?) nahe. Ich beschreibe es euch „genau, was mein Geist jetzt sieht und empfindet. Erstens „sehe ich W., meinen Körper, dort in Mähren weit von „mir liegen und schlafen; ich selbst, sein Geist, bin hier,

---

*) D. h. die Verfasserin dachte plötzlich lebhaft an ihren Vetter und malte sich seine gegenwärtige Lage (schriftlich) aus.

„von eurer Liebe angezogen. Mit meinem Körper bin ich
„wie durch einen langen Glockenzug verbunden; wenn der=
„selbe etwas braucht, so läutet er nur*). Ich sehe auch
„eure Geister in euren Körpern;**) über Adelma's Haupt
„erblicke ich eine goldne Wolke; das sind wohl die Fluide
„eurer geistigen Leiter? Denn das kleine Zimmer ist ja
„ganz erfüllt mit diesem Lichtglanze. Dann erblicke ich
„Lichtgestalten, erhaben und edel aussehend;***) o, es thut
„mir wohl, sie anzuschauen! Unsere Schutzgeister sind
„persönlich, nicht nur fluidisch da. Einige Geister stehen
„im Zimmer in dunkelgrauer Hülle; sie sind noch schwach

---

*) Frage: Wie weiß der Körper, während der mit seinem Be=
wußtseinsvermögen identische Besitzer desselben in der Ferne weilt,
daß ihm etwas fehle? Man sollte denken, der solchergestalt von sei=
nem Wächter verlassene Körper könnte zerquetscht werden, ohne das
Geringste zu merken; denn der Merker ist ja wo anders. Wie
sollte er erwachen und an der Glockenschnur ziehen können, wenn
er ohne Er ist? Sollte hier nicht wieder der Verfasserin unbe=
wußt eine jener verrätherischen Kleinigkeiten aus der Feder geschlüpft
sein, die wie ein unversehens zertretenes Zündhütchen wirken?

**) Wie unendlich schade, daß der Geist über diesen hoch=
interessanten Punkt so schnell hinweggeht! Wie leicht wäre es ihm
gewesen, Aussehen, Farbe und Gestalt des von ihm gesehenen mensch=
lichen Innenwesens zu beschreiben. Wie sehr hätte er einen Helm=
holtz, Virchow, Fechner mit solchen Daten zu Dank verpflichtet!

***) Natürlich haben diese Lichtgestalten die Details der mensch=
lichen Körperform. Anders geht es nun einmal nicht. Etwas dar=
über hinaus Gehendes oder nur wesentlich Anderes wissen sich die
Medien eben nicht vorzustellen; hier ist ihr Phantasiespiel, ihr Witz
zu Ende und so behaupten sie kühn, dem Ideal eines menschlichen
Malers oder Bildhauers müsse — physiognomische und nebensäch=
liche Modificationen abgerechnet — die äußere Erscheinung aller
Intellectwesen durch das ganze Universum entsprechen. Wie
kindisch ist es aber, die ganz und gar durch die specielle chemisch=

„und sind hier, um zu lernen.*) Ein Verzweifelter steht
„in der Thür; er will herein und dich stören; mit Mühe
„halten ihn Andere davon ab! Das ist ein ordentliches
„Zischen und Knurren dort unter den Schwarzen. Ich
„sehe aus den Fluiden eurer Leiter auf einen jeden der
„hülfsbedürftigen Geister einen Lichtstrahl fallen und sich
„ergießen, wie aus der Brause einer Dusche. O es ist zu
„merkwürdig. Schade, daß ihr es nicht sehen könnt! Ich
„gehe ganz erquickt weg von hier; betet für euren W."

Am 4. Juni erhielt das Medium den ersten Brief ihres
Vetters aus dem Lager, worin er ihr u. A. Folgendes schrieb:
— „Ich denke viel an euch und an die guten Geister. Ich
bin hier im Lager unter den Soldaten, betet für mich, 2c."
Dieses — sagt die Verfasserin — sind die Stellen seines

---

physikalische Beschaffenheit des Sternchens Erde bedingte menschliche
Körperform für das morphologische non plus ultra zu halten! Wenn
die Kosmologen unter den Spiritualisten nur die wissenschaftlich
eruirten Unterschiede der Massendichtigkeit und die specifischen Schwere-
unterschiede auf den einzelnen Sternen in Betracht ziehen wollten,
so würden sie sich sagen müssen, daß eine der menschlichen Körperform auch nur annähernd gleich kommende Leibesgestaltung schwerlich zweimal vorhanden, die flora und fauna jedes einzelnen Sternes
vielmehr als eine von Grund aus eigenartige zu denken ist.

Freilich hat sich noch kein Medium zur Beschreibung von den
Bewohnern der Sterne eines anderen Sonnensystems verstiegen; sie
tummeln ihren Pegasus nur auf den Planeten der Erdensonne; aber
auch diese Planeten sind chemisch-physikalisch different genug, um
ihren Universalitätswahn hinsichtlich der Menschenform ad absurdum
zu führen.

*) Woher weis daß der Geist des Grafen W.? Kann er der
„grauen" Gestalten Qualitäten und Bedürfnisse von außen errathen?
In diesen beiden Sätzen scheint sich der Sprechende übrigens weniger an die belehrungsunbedürftige Adelma, als an deren Lese-
publikum zu wenden.

Briefes, welche eine frappante Aehnlichkeit mit einigen Stellen seiner Manifestation hatten.

Muß man sich hier nicht fragen, warum in dem Briefe nicht einfach gesagt wurde: „So wie ich am 25. v. Mts. geistpersönlich bei Euch war — Ihr erinnert Euch — so bin ich fortwährend in Gedanken bei Euch, d. h. ich denke an Euch, sowie an Alle, die an mir Theil nehmen." — Warum soll mühsam herausbuchstabirt werden, ob die (oben erwähnte) Stelle des Briefes sich mit den Manifestationen jenes Abends in Einklang bringen lasse, wenn das Wesen, das bei ihnen gewesen war, als ein Bewußtseinswesen dieß wissen mußte, es also frank und frei bestätigen konnte? Oder könnte ein Geist **nicht wissen**, was er, seine tiefste Selbstheit, **gethan**? Einfacher ist es wohl anzunehmen, daß der Geist, der seiner Cousine „erschien", die in ihr lebhaft auftauchende Vorstellung seiner Person und Situation, d. h. ihr eigenes Phantasiegebilde war.

Aus der nun folgenden Geschichte:

„**Manifestationen zweier im Jahre 1866 gefallenen Officiere**" — verlohnt es sich, ein größeres Bruchstück herzusetzen, welches zeigen wird, daß dieselbe nicht gelungener von Demjenigen hätte ersonnen werden können, der sich vorgenommen hätte, die Bay'sche Geisterlehre gründlich zu parodiren:

Der Geist des einen der beiden Officiere, des gefallenen Hauptmanns A. (eines Kameraden des Grafen W.), der bei Lebzeiten ein Freund des „Essens und Plauderns" gewesen war — wie das Medium in den Eingangsworten mit komischem Ernste vermerkt, — äußerte sich eines Abends, (im Herbste 1866, wo der heil aus dem Feldzuge zurückgekehrte Graf W. wieder in ganzer Person an den spiritualistischen Cirkeln seiner Cousine Theil nahm), spontan folgendermaßen, d. h. das Medium schrieb Folgendes:

A.: ‚Ich lebe noch, dein Freund lebt, lieber W. Ich „bin Hauptmann A. Ich habe den lebhaften Wunsch, mit „dir zu plauschen; wie wird das gut sein; schon so lange „habe ich mit keinem Freunde mehr gesprochen!'

„W.: ‚Lieber Freund!*) Es freut mich sehr, mit dir „zu reden; sage mir nur vor Allem, wie du hierher kamst „und mit was du dich jetzt beschäftigst.'

„A.: ‚Ich habe die Eisenbahn benützt**). Ich habe „die alte Frau über meinen Zustand beruhigen wollen; sie „hat mich jedoch weder erkannt, noch gesehen. Dann bin „ich auf dem Marktwagen von Tokay hergefahren und zu „Fuß bis zum Hause gekommen. Ich habe auch etwas „Thee (!) genommen; die Gräfin wird schon verzeihen.'

„W.: ‚Welche alte Frau besuchtest du? Wie kannst „du Thee genommen haben, wenn wir dich nicht sahen?'

„A.: ‚Ich besuchte meine alte Hausfrau in Miskolez. „Den Thee nahm ich ganz im Versteck***), beim Bedienten. „Ueberhaupt (?) muß ich unsichtbar sein†), es ist oft zu „sonderbar. Du guter W. mit deinem Spiritismus, jetzt „erkläre mir einmal, wie es möglich ist, daß ein Mensch „unsichtbar wird!'

„W.: ‚Diese Frage werden wir dir bald beantworten; „doch sage uns, erinnerst du dich noch des 27. Juni?'

---

*) Es wird nicht gesagt, ob der hier redend eingeführte Graf W. das nun folgende Gespräch mit A. mündlich oder, durch die Hand des Mediums, schriftlich geführt habe.

**) Hat er auch sein Fahrbillet bezahlt?

***) Warum denn „im Geheimen", Herr Geist? Einem anständigen Manne, noch dazu einem Freunde, der auf Besuch kommt, reicht man ja wohl gern eine Tasse Thee und noch Anderes!

†) War dem A. klar geworden, daß er „unsichtbar" sei, so hätte er ja umsomehr den Thee ganz offen nehmen können; es hätte ja dann ohnehin Niemand gesehen.

„A.: ‚Oft habe ich an diesen Tag gedacht — er ist „mir ein Räthsel. Zuerst bin ich verwundet worden. Es „war eine lange Ohnmacht — dann erwachte ich und bin „euch wie ein Rasender nachgestürzt!*) Jetzt kommt „wieder ein großes Räthsel: ich bin in die Teufelspreußen „hineingefahren und habe sie recht gedroschen; dabei habe „ich aber keine Kugel, kein gekrümmtes Haar bekommen. „Aber dann kam eine lange Pause. Ich bin doch mit euch „marschirt und weiß Alles; es war aber doch anders als „sonst. Du! sag', bin ich am Ende gar gestorben? Ist „das der Tod?'**)

„W.: ‚Erinnerst du dich noch der spiritistischen Bücher, „die ich dir zu lesen gab, und an die Unterredungen, die „wir über dieses Thema hatten? Nun siehst du, lieber „Freund! bei dir ist dieser Zustand eingetreten. Ja, du „bist todt — du hast deinen Körper verlassen.'

„A.: ‚Du guter W.! Gott segne dich! Ich bin nun „glücklich, seitdem ich es auch von dir weiß, daß ich ein „Geist bin.***) Ich dachte, ein Mondsüchtiger zu sein; da „ich seit jener Schlacht fortwährend einen Geist†), viel= „leicht meinen Schutzgeist, neben mir sah. Er ist sehr „ernst, sehr gut††), doch redet er nichts.'

„W.: ‚Wahrscheinlich kannst du seine Stimme noch

---

*) Hier beginnt das Irrenhaus=Protokoll.

**) Curios, wenn der Gestorbene den Lebenden fragt, ob er todt sei!

***) Der Mann nimmt wirklich schnell Raison an.

†) Man sollte meinen, daß ihm dieser „Geist", als etwas von ihm früher nie Gesehenes, so sehr hätte auffallen müssen, daß er schon dadurch seiner eigenen Metamorphose hätte inne werden sollen.

††) Woher weiß oder schließt A., daß der „ernste, nichts redende" Schutzgeist „gut" sei?

„nicht vernehmen. Sobald du das Bewußtsein deines
„Todes hast, wirst du dich auch besser in deine neue Lage
„finden, durch Nachdenken und Gebet immer mehr und
„mehr an geistigen Gaben gewinnen. Hast du nicht un=
„seren guten Freund K.*) gesehen, der am 3. Juli bei
„Königgrätz fiel?'

„A.: ‚Ja wohl, aber wie in einer Vision. Er sagte
„mir Folgendes: Lieber A.! Schon im Leben waren wir
„gute Kameraden, seien wir es auch jetzt. Wir sind Beide
„erlöst von der Erde; ja — wir sind gestorben, wir sind
„Geister! — Darauf rieb ich mir die Augen**) und glaubte
„zu träumen, aber oft dachte ich noch daran zurück. Du,
„(Graf W.) bist nun der Zweite, der mir dasselbe sagt.
„Ja, noch Einer aus der Compagnie war bei mir. Ich
„bin oft zerstreut; denn es ist jetzt hier eine Confusion in
„Allem***). Ich sehe mehrere Leute, welche todt — aber
„wirklich todt†) sind, und die doch noch aus Gewohnheit
„in Reih und Glied††) stehen. Andere wieder fehlen ganz;
„so Einer kam zu mir, hellglänzend und sagte: Herr
„Hauptmann†††), kommen Sie zu mir, hier ist es besser,

---

*) K. ist der andere der beiden Officiere, von denen diese Er=
zählung handelt.

**) Da sieht man's! So ein Geist hat nicht nur Augen, sondern
auch Hände, sie zu reiben.

***) Das ist ersichtlich.

†) Woran erkennt er diese „wirklich Todten" und vermag sie
von nur scheinbar Todten zu unterscheiden, wenn er nicht einmal
genau weiß, ob er selber wahrhaft todt ist?

††) Wie ist es möglich, Colonnen zu sehen und Einzelne in
ihnen, wenn diese Colonnen — im Herbste 1866 — doch längst
aufgelöst waren?

†††) So ist es brav! Subordination und Rangstufenrespect ziemt
sich auch im „Jenseits".

„ich bin ein glücklicher Geist geworden! — ‚Wieder dachte
„ich einen Anfall von Mondsucht*) zu haben, und
„schwieg. Ich erzählte dir damals gleich die Geschichte,
„du aber hörtest mich nicht an. Jetzt wird es mir klarer,
„daß ich wirklich todt sein muß.'

„W.: ‚Erzähle uns etwas über deinen Zustand; geht
„es dir gut?'

„A.: ‚Nicht sehr; denn ich befinde mich ohne Körper**)
„und fühle ihn doch an mir; es ist ein sonnambüles***)
„Gefühl. Dann habe ich keinen Appetit und lebe factisch
„von Luft, (!) aber nicht von Liebe; damit ist es ganz
„aus! †) Ich bin auch in Angst ††), denn alle Augenblicke
„habe ich Erscheinungen; die Geister wollen mit mir
„reden †††). Der ewige Schutzgeist †a) ist mir auch un=
„heimlich; ich bin ja nur ein Verwundeter, kein ganz
„Todter †b); ich möchte ganz sterben, ich denke mir das
„so gut! denn jetzt ist Alles so confus; weder der Major,

---

*) Daß die Mondsüchtigen an derartigen Phantasieen leiden, hat man noch gar nicht gewußt.

**) Wenn A. seine Körperlosigkeit erkannte, und sich trotzdem nicht für todt, d. h. für entkörpert hielt, so muß er als ein Muster von Bornirtheit bezeichnet werden.

***) Ja so! das Wort „sonnambül" macht freilich Alles klar; wer begriffe nun nicht die Sache vollständig!

†) Mit der Liebe soll es ja — sagt man — im Jenseits ge= rade recht beginnen und Ernst werden.

††) „Angst?" — Pfui, schäme Dich alter Soldat!

†††) Das wäre ja nichts so Schlimmes.

†a) Dieser „ewige Schutzgeist" erinnert stark an einen zu Vigi= lanzzwecken postirten Schutzmann.

†b) Hier beginnt wieder die Verrücktheit; A. hatte ja schon zu= gegeben, daß er sein Todtsein erkenne.

„noch meine Kameraden hören mich*); da kann ich mir „umsonst den Schnabel wetzen!' —

„W.: ‚Wie kommt es denn, daß du mit uns gewesen „zu sein behauptest, und dich doch Niemand sah?'

„A.: ‚Curios! Ich habe ja doch die unglückliche Schlacht „bei Königgrätz mitgemacht. Ich bin ja doch nicht liegen „geblieben dort bei der Mauer, ich bin euch nachgerannt!'

„W.: ‚Lieber Freund! du wurdest schwer verwundet, „man brachte dich zu dieser Mauer, die dich gegen fernere „Kugeln schützen sollte; wahrscheinlich wurdest du ohn= „mächtig, und bewußtlos in's Lazareth gebracht, wo du „dann starbst.'

„A.: ‚So! Merkwürdig! Laß mich nur erinnern. — „Aber gnädige Gräfin, warum protocolliren Sie denn Alles „was ich sage?'**)

„W.: ‚Weißt du denn nicht, daß die Gräfin mit dir „medianimisch schreibt?'

„A.: ‚Das ist unglaublich! Ich habe weder Feder noch „Tinte in der Hand und sitze hier mit der Cigarre im „Munde, (!!!) vis-à-vis der Gräfin***), und sehe sie „schreiben; folglich schreibe ich doch nicht selbst! Erkläre „mir das, lieber W.!'

„W.: ‚Nach den Gesetzen des Spiritismus erkläre ich „mir das so: daß, weil du den Weg zur Assimilation nicht

---

*) Trotz der guten Ohren, welche Geister haben sollen; doch vielleicht war der „Major" nicht gefallen und unter den „Kame= raden" wären auch Heilkavongekommene zu verstehen.

**) Jetzt riecht der Arme endlich Lunte.

***) Wenn er der Gräfin (nämlich der Baronin v. Vay) ge= genüber sitzt, wie sieht er denn, was dieselbe schreibt? Und wo= her weiß er, daß sie seine Worte „protocollirt"?

„selber finden kannſt, dein Schutzgeiſt*) medianimiſch,
„deine Gedanken durch das Medium Adelma aufſchreibt.
„Da du geiſtig noch nicht entwickelt biſt, ſiehſt du dieſes
„Alles noch nicht; du könnteſt es aber, und wirſt es auch
„ſehen, wenn du dir Mühe giebſt und lernſt. Sage mir
„aber, ſeit wann rauchſt du denn? Im Leben rauchteſt
„du doch nie!'

„A.: ‚Ja, das Rauchen iſt mir jetzt ein Bedürfniß,
„weil ich weder Fleiſch, oder ſonſt etwas eſſen kann, und
„von etwas muß der Menſch doch leben; Thee und ſolche
„leichte Sachen**), — aber beſonders Cigarren ſind mir
„jetzt angenehm. Mein Magen iſt gewiß fad geworden.'
(Das Medium bemerkt hier abermals: A. war im Leben ein
paſſionirter Eſſer.)

„W.: ‚Haſt Du ſchon Deine Mutter geſehen?'

„A.: ‚Nein! Weshalb hätte ich denn hin ſollen***)?
„Ich habe ja nicht gewußt, daß ich todt bin! Doch jetzt
„will ich trachten, dieſen ewig ſtummen Schutzgeiſt zum
„Reden zu bringen'†).

„W.: ‚Erinnerſt Du Dich gar nicht an das ‚Buch
„der Geiſter"?'

---

*) Natürlich! So ein Schutzgeiſt hilft aus aller Verlegenheit:
    Wo unſer Können zu Ende iſt,
    Da waltet der Schutzgeiſt, daß Ihr's nur wißt!

**) Dieſe „leichten Sachen" — den Cigarrendampf inbegriffen —
möchten einem „Aetherweſen" (den Aether einige Millionenmal dünner
genommen als atmoſphäriſche Luft), denn doch ziemlich unverdaulich,
etwa ſo vorkommen, wie unſerem menſchlichen Magen — Kieſel-
ſteine.

***) Seiner „Hausfrau" in Miskolcz (ſiehe S. 245) fühlte ſich
der Geiſt gedrungen, Nachricht über ſein Befinden zu bringen; der
eigenen Mutter gegenüber ſchien ihm dieß nicht nöthig.

†) Man ſollte erwarten, der Nachſatz: „Doch jetzt will ich
trachten" — werde ſchließen: „meine Mutter zu beruhigen."

A.: ‚Diese Bücher habe ich schon längst alle vergessen "in diesem Wirrwar, es war ja schrecklich!"

W.: ‚Doch, da Du ruhig bist, trachte zu beten und "Dich zu sammeln.'

"A.: ‚Gut, ich will beten, aber ich gehe hinaus in "den Garten.'

"W.: Die Thüren sind schon alle zugesperrt, Du "kannst nicht mehr hinaus*); bete hier.'

"A.: ‚Ich sperre die große Hausthür schon auf. "Uebrigens bin ich in der letzten Zeit so mager geworden, "daß ich überall durchrutsche; so, jetzt laß' mich beten gehen.'

"Die Hand des Mediums blieb hierauf stehen; nach "einer Weile schrieb der Geist des Hauptmanns K.:

"Mein Gott, gieb meinem Schutzbefohlenen Licht und "die Gnade der Erkenntniß. Ihr habt A. viel durch diese "Unterredung geholfen. Sein Zustand ist eine natürliche "Folge seines materiellen Lebens. Er aß viel und plau= "derte viel; das waren seine Lieblingsbeschäftigungen; solche "Gewohnheiten wird man aber nicht sogleich wieder los.'

. . . .

Wir brechen hier ab, denn auch der höhere Blödsinn will mit Maaß genossen sein; und wenn den Leser die Ge= schichte selbst nicht erbaut haben sollte, so wird er sich hoffentlich ihre Moral zu Herzen nehmen und sich künftig hüten, am Essen und am Plaudern zu viel Gefallen zu finden.

Um die sich heir anschließende, an Kraßheit des Inhalts mit der vorigen wetteifernde Geschichte: **Beichte eines sehr**

---

*) Hier scheint Graf W. zu vergessen, daß er „Spiritist" ist, und als solcher anzunehmen hat, daß für einen „Geist" zugesperrte Thüren keine Durchgangshindernisse sind. Oder hätte durch solche Rede der Geist A. nur versucht, nur provocirt werden sollen, was er antworten werde?

sündigen Geistes (der seine Einverleibungen während der letzten 300 Jahre beschreibt), nicht ganz zu ignoriren, sagen wir nur kurz, daß derselbe erzählt, wie er zuerst als Türke nach Ungarn gekommen und erschlagen worden sei, wie er dann als Knecht im „Herrenhause" wiedergeboren worden sei, und die erste, wenn auch schwach erfaßte Unterweisung in der Christuslehre genossen habe, dann jedoch durch eine widergesetzliche Einverleibung Schloßherr geworden und als solcher im Zweikampfe gefallen sei; daß er darauf als Kind einer Magd, und zwar als furchtbare Mißgeburt, abermals die Erde betreten und, Jedem zum Abscheu, 82 Jahre gelebt habe. Noch immer ungebessert, sei er in das Weib eines Amtsdieners gefahren und dann, da er — in Folge seines Ungestüms — todt zur Welt gekommen, durch einen neuen Anlauf das Kind der „Wirthschafterin eines Pfarrers" geworden, als welches er zum „netten Pröbstlein, rosig und fett" avancirt und, „den Bauch voll Schweinefleisch und Wein," vom Schlage dahingerafft worden sei. Jetzt aber — heißt es — sei er durch seine vielen Sünden wie gelähmt und „einige Jahre" todt gewesen. Erst langsam habe er beten gelernt, und dann, in aller Demuth, ja mit Dank, eine elende Einverleibung als Bettler*) annehmen müssen. In diesem jammervollen Erdenelend habe er immer besser beten gelernt und sei dann (vor 13 Jahren) gestorben. Nunmehr sei sein Geist weniger unbeweglich, habe einen klaren Begriff von seinen vielen Sünden und den Wunsch nach Besserung.

---

*) Dieß hört sich gerade so an, als ob es Menschen gäbe, die als Bettler zur Welt kommen; während doch fast jeder Bettler vormals bessere Tage gesehen hat, und erst zuletzt, wenn er an Allem bankerott geworden, zum Handausstrecker wird.

Nach solcher Ansicht kann man sich auch als Koch, als Bedienter, als Schornsteinfeger, als General einverleiben; ja, vielleicht auch als „Medium!"

Die immer erklärungswilligen „Leiter" sagen nach Schluß dieser Beichte: „In der Geschichte dieses Geistes seht ihr das Bild der Unbußfertigkeit und Unfolgsamkeit*) Ihr seht, wie sehr diese zwei Fehler den Geist unglücklich machen und wie viele Schmerzen sie ihm bereiten. Dieser Geist muß nun so viele Stufen der Buße durchmachen, als er Stufen des Falles machte. Er sagt selbst, daß er Höllenpein fühlte; die Sünde ist eben in ihren Folgen die größte Hölle."

Wir übergehen die hierauf folgende — als novellistisches Erzeugniß betrachtet — recht wohl gelungene, ja poetisch schöne „Geschichte eines Zigeunermädchens", als welches eine vormalige, üppig und in Herzlosigkeit dahinlebende Dame ihre Sünden zu büßen hat — und wenden uns zu dem „Gespräch zwischen zwei sich im Jenseits begegnenden Geistern (der Erde und des Saturn) über das Erdenelend" — welches Ungereimtheiten in Fülle darbietet, die wir, wie bisher, in den untergesetzten Noten hervorheben werden.

In der „gewöhnlichen Sitzung", am 5. Mai 1866, schrieben die „Leiter" dem Medium Folgendes:

„Zu eurer Belehrung gestatten wir euch einen kleinen „Einblick in die Geisterwelt. Ihr sollt sehen, wie sich die „Geister im Raume bewegen, wie sie sich anziehen und ab= „stoßen: Eine müde Wanderin der Erde ist soeben ge= „storben. Sie begegnet einem so eben verklärten Geiste „aus dem Saturn, mit dem sie ein Zwiegespräch**) hält, „welches wir folgen lassen:

---

*) Hier hätten die Leiter denn doch über den Begriff der „Folgsamkeit" etwas mehr sagen sollen, statt dieselbe so ohne Weiteres als eine Tugend, als eine Pflicht hinzustellen. Wie denn, wenn Der, dem man Folgsamkeit predigt, antwortete: Nun denn, gebt ein Bei= spiel dieser Tugend, folgt mir!?

**) Dieses Zwiegespräch müssen sich die „Leiter" also Wort für Wort gemerkt haben.

„Erdengeist: Gott, wo bin ich? Was ist das? Ach,
„wie gut, wie leicht ist mir! Ja, ich bin todt! O die Selig=
„keit! Wo ist denn mein Körper? O ich sehe(?): Bett
„Nr. 4, im allgemeinen Hospital zu Wien, starb ein
„Mädchen von circa 25 Jahren an Tuberculose und all=
„gemeiner Auflösung*), und kam in's allgemeine Grab!
„Ja, das war ich! Kann ich das gewesen sein? Kann ich
„so arg gelitten haben? Aber was ist das! der Körper
„liegt dort auf einem Tisch**), er wird secirt, zerschnitten!
„O wie gräßlich! Kalte Gesichter sehen zu. — ***)

„— In der Lunge — und im Herzen — schwache
„Constitution! Ja, sie war eine Fabrikarbeiterin! zu
„schwache Lebenskraft! †) — Nun wißt ihr es! O wie
„ekelt es mich an, zuzusehen††), was sie da noch mit der
„Hülle des Geistes thun; wie lachend sie das Alles machen,
„so kalt, so ganz ohne Gedanken an den unsterblichen
„Geist, der zusieht, was mit seinem abgelegten Körper ge=
„schieht†††)! O, ich wende mich davon ab und blicke nach

---

*) Wie hat der Geist des Mädchens diese nach deren Tode abgefaßten Personalien zu Gesicht bekommen?

**) Derselbe Körper, der bereits in's allgemeine Grab ge= kommen war, wird jetzt zerschnitten.

***) Also dieß Alles sieht der „im Weltall fliegende" Geist! (Oder träumte es vielleicht dem Medium Abelma?)

†) Diese Worte der Aerzte hörte also der vom Erdball weit entfernte Geist der Gestorbenen! (Oder träumten sie vielleicht der Jenseits=Novellistin?)

††) Also wirklich! sie sieht zu! Durch den Atmosphärenmantel der Erde, die vielleicht Millionen Meilen weit hinter dem schweben= den Geiste liegt und obwohl vielleicht Wien sich eben auf der von ihm abgewendeten Seite der Erdkugel befindet. — Aber es ist wohl „Wissensstolz und Hochmuth", an solchen Kleinigkeiten Anstoß zu nehmen?

†††) Man möchte denken, daß ihm das außerordentlich gleich= gültig sein müßte. Die später die ärztliche Section fortsetzenden Würmer werden sich vielleicht noch pietätloser verhalten.

„Oben! Ja, Fanny, befreit bist du! — Fanny? das war
„ja mein Erdenname, doch wie heiß' ich jetzt*)? Die
„Erlösete! — O, du guter Geist, der du so lieblich
„lächelst, erzähle mir doch, von wo du kommst? Warum
„bist du so strahlend und so glücklich?"

„Geist aus Saturn**): Ich heiße Eleha, ich bin heute
„aus dem Saturn, wo ich auch Mensch***) war, im Ent-
„zücken in's geistige Leben übergegangen; das ist das, was
„ihr Tod†) nennt; ich habe nicht gelitten, sondern ich
„habe den Körper in der Ekstase abgestreift! Es war
„herrlich!"

„Fanny: „Wie ist das möglich? Schau, laß dir er-
„zählen††). Ich war ein Kind, als ich schon in die Fabrik
„um ein paar Kreuzer arbeiten ging, in eine Streichhölzer-
„fabrik; ich legte die Hölzchen in die Schachteln†††); da

---

*) Muß man wirklich immer einen Namen haben — an ein Gerufenwerden denken?

**) Also der Geist aus dem Saturn versteht sofort die Sprache, und speciell das Deutsch des Erdengeistes; und hätte eine Hottentottin seinen Weg gekreuzt, so hätte er vermuthlich auch hottentottisch verstanden und geantwortet! (Und die Völker der Erde verstehen sich hinsichtlich ihrer vielsprachigen Bezeichnungen für dieselben Dinge nicht einmal unter einander.)

***) Das Wort „Mensch" war von der Fanny noch gar nicht gebraucht worden; ihr Monolog aber hatte vor der Begegnung statt-gefunden.

†) Auch das Wort „todt" war nur in dem Monologe vorge-kommen; der Saturngeist weiß aber was „Menschen", speciell Deutsche unter „Tod" verstehen.

††) Auch die ungebildete Fabrikarbeiterin der Erde versteht sofort die specielle Saturn-Sprache Eleha's!

†††) Was „Schachteln" und „Streichhölzchen" sind, resp. was Menschen (in Deutschland) so nennen, ist der Eleha natürlich ohne Weiteres klar.

„brachte mich der Schwefelgeruch oft zum Husten; mir
„war oft übel vor Grauen, aber ich verdiente so mit sechs
„Jahren schon einige Kreuzer täglich, und das war auch
„für's Brot genug, denn ich hatte noch fünf Geschwister
„zu Hause, welche auch hungerten*). So ging das fort.
„Ich habe gar nichts gelernt; das Gebet hat mir der
„Schutzgeist allein eingegeben, sonst Niemand. Eine Menge
„schlechten Zeugs haben die Kinder dort gesprochen, aller=
„lei Sachen, welche Kinder des Wohlstandes und Adels nie
„hören dürfen, selbst die jungen Frauen**) nicht, und die
„wußte ich schon mit acht Jahren! Ja, diese unmoralischen
„Sachen fielen mir nicht auf, da ich sie so häufig sah(?);
„ich dachte, Alle seien so***). Niemand sagte mir auch,
„daß es schlecht sei. Ich wurde so 16 Jahre. In der
„Streichhölzerfabrik hat meine schwache Kinderbrust den
„Leck bekommen. Meine Eltern waren todt, meine Ge=
„schwister im Dienst, und so ging ich in die Stadt Wien
„hinein und wurde Dienstmädchen bei einer gnädigen Frau
„Doctorin. Da war erst das rechte Elend! Ich sehnte
„mich in's Grüne hinaus, in die Ungezwungenheit, die ich
„ja eigentlich nie recht kennen gelernt hatte. Ich mußte wie
„ein Lastthier arbeiten; um 4 Uhr aufstehen, aufräumen,
„zum Frühstück herrichten, Wasser schleppen, Kinder an=
„ziehen, Zimmer reiben, Geschirr putzen, kochen, Lampen
„und Fenster putzen†); das Petroleum hat oft so stark

---

*) Hier soll wohl stehen: „kaum für's Brot genug" — denn sonst ist der Nachsatz gänzlich sinnlos.

**) Aeltere Frauen also schon eher; warum wohl?

***) Wenn Fanny das dachte, wie weiß sie denn, daß die „Kin=ber des Abels" eine Ausnahme machen? Daß der Saturngeist ver=steht, was mit „Abel" gemeint sei, bezweifelt natürlich Fanny keinen Augenblick.

†) Man erwäge alle diese Ausdrücke für Dinge, die vielleicht auf dem Saturn ganz unbekannt sind.

"gerochen*), daß es mich zum Husten brachte. Dann
"wurde ich noch obendrein ausgemacht, man war unge=
"duldig mit mir; da hieß es ewig: „Fanny, Fanny!" O,
"du arme Fanny! Wohl dreißig Mal des Tages stiegst
"du in den dritten Stock hinauf und hinunter. Der Herr
"war Zahnarzt und sehr grausam, oft so bös auf die
"Gnädige. Meine Kost war recht schmal. Meine schön=
"sten Stunden waren, wenn die kleine Marie mit mir
"allein war; da erzählte sie mir zuerst vom ‚lieben Gott'
"sehr viel. O, das waren schöne Stunden, Gott segne sie!
"bald aber kam es schlecht, denn der Herr wurde unver=
"schämt gegen mich; die Gnädige merkte es, ich wurde auf
"das Pflaster splitternackt geworfen, ohne einen Kreuzer;**)
"o, und wie unschuldig war ich doch! der kleinen Marie
"Gebete hatte ich alle auswendig gelernt, die sagte ich mir
"vor. Ich war sechs Jahre in dem Hause gewesen, also
"zweiundzwanzig Jahre alt. Meine Gesundheit hatte
"durch die angestrengte Arbeit sehr gelitten; betteln wollte
"ich nicht, so verdingte ich mich abermals. O wie oft kam
"die schmutzigste Versuchung an mich heran; doch mein
"Schutzgeist war da, und die Gebete Marie's: ‚Lieber
"Gott, mach' mich fromm, daß ich in den Himmel komm'!
"Herr, laß stets die Engel rein über meinem Bette sein!***)
"Das betete ich immer, und ich blieb rein und gut bis
"zum Tode.

"Ich diente nun bei einer Fleischhackerin; sie war
"sehr hartherzig und jagte mich fort, als ich nach einer

---

*) Es riecht wohl ziemlich gleichmäßig; nur die Reizbarkeit der Athmenden mochte wechseln.

**) Was „Kreuzer" sind, wird der Saturngeist hoffentlich wissen.

***) Ein etwas unbescheidenes Verlangen, daß Engel bei'm Bette eines Menschen Wache halten sollen.

„starken Verkühlung*) mich nicht mehr erholen konnte.
„So kam ich in's allgemeine Hospital mit den letzten paar
„Kreuzern, die ich noch hatte; ich betete bis zuletzt Ma=
„rie's Gebete! Wer weiß, was sie und wo sie jetzt ist**)?!
„Siehst du, gute Eleha, das ist meine Geschichte; erzähle
„mir nun die deine. Für mich ist der Tod wahre
„Erlösung!

„Eleha: ‚Ich bin ganz erstaunt über dieses Elend! Sage
„mir, was ist eine Fabrik? Was ist eine große Stadt***)?
„Was sind das für Versuchungen?'

„Fanny: Das weißt Du nicht? O auf Erden sind
„viele Fabriken, da werden Kleider, Zündhölzchen, allerlei
„Fabrikate gemacht! Es sind recht viele schlechte Men=
„schen dort, welche lügen und stehlen. Es giebt auch Mör=
„der bei uns auf Erden — o, nicht mehr bei uns; denn
„ich bin ja Gott Lob! befreit. In einer Stadt, ja, da
„giebt es Leiden, Drangsal, Menschen, die sich vor Hun=
„ger in die Nägel beißen.†) Mütter erdrosseln ihre Kin=
„der, damit sie den Schrei nach Brot nicht mehr hören.
„Man wird verkauft, wird schlecht aus Noth††), zur
„Fristung des Lebens. Die Menschen sind sehr unmora=

---

*) Das Wort „Verkühlung" ist specifisch österreichisch; ein nord=
deutscher Erdengeist resp. ein norddeutsches Medium hätte „Erkäl=
tung" gesagt.

**) Wahrscheinlich ein Kind, wenn sie 3 Jahre früher ein
solches war.

***) Also alles Uebrige hat der Saturngeist verstanden, all' die
vielen von der Fanny gebrauchten Ausdrücke für irdische Dinge und
Gebrauchsgegenstände; nur die Worte „Fabrik" und „Stadt"
müssen näher erklärt werden!

†) Nach dieser Definition soll Eleha wissen, was eine „Stadt" ist!

††) Damit erfährt Eleha doch nicht, worin die von der Fanny
erwähnten Versuchungen bestanden, sie wünschte ja Auskunft über
deren Natur.

„lich, leben in allerhand Genußsucht. Auf Erden giebt
„es Kriege, wo die Menschen schaarenweise gegen einander
„ziehen; man nimmt den Mann der Frau, den Sohn der
„Mutter. Es giebt so viel Elend auf Erden, daß ich es
„Dir gar nicht beschreiben kann. Ein Bettler steht am
„Wege — ein eleganter Wagen fährt vorbei, man wirft
„ihm ein Geldstück zu — das soll ihn retten? — Man
„tanzt, man singt, man erstickt Alles im Materialismus!*)
„Geld ist der Schrei der Erde, Geld, Gewinnsucht — da
„kommt der Tod — aus ist's. Ja, es ist oft recht schlecht
„auf Erden; so' eine arme Magd, oder ein Fabriksarbeiter
„hat keine rosige Anschauung von der Erde. Desto besser
„geht es mir jetzt! Gott, wie gut bist Du!

„Eleha: „Ich bin ganz entsetzt von dem, was Du mir
„sagst; siehst Du, bei uns sind ja auch Menschen im Sa=
„turn**) sie sind aber nicht so schlecht! Es ist uns das
„Wort „Mord" (wie schrecklich, es auch nur auszusprechen)
„ganz unbekannt.***) Die kleinste Ungeduld bereuen wir
„bitter. Wir beten ohne Unterlaß! Da ist kein Kind
„ohne Unterricht, Erziehung; folglich kein Elend. Siehst
„Du, ich glaube, auf Erden wäre es auch besser, wenn
„die Sünde nicht wäre;†, denn wir sind ja auch Men=

---

*) Man denke, das Fabrikmädchen, welches „nichts gelernt" hat, spricht vom Materialismus!

**) Das ist wohl noch die Frage. Wenigstens dürften die Sa= turnbewohner von den Erdenmenschen so völlig verschieden sein, daß ein Mensch, der sie sehen könnte, ihnen schwerlich diesen Namen geben würde.

***) Wenn der Eleha als Saturnidin das Wort Mord „ganz unbekannt" ist, wie weiß sie denn, was es bedeutet? Fanny hatte nur gesagt, es gebe auch „Mörder" auf Erden, ohne jedoch hinzu= zufügen, was unter einem Mörder zu verstehen sei.

†) Das ist allerdings sehr wahrscheinlich.

„schen, aber wir wollen gut sein, wollen mehr Geist als
„Mensch sein, deshalb kennen wir die Unmoralität nicht.
„Ja die Sünde ist der Grund des Erdenelends, der Ma=
„teralismus, die Sucht nach Geld. Menschen der Erde,
„liebet euch wie Brüder, so wird es euch besser gehen.*)
„An das ewige Leben scheint ihr nicht viel zu denken.
„Wir Saturnbewohner verkehren eifrig mit den Geistern
„die uns unterrichten, euer sogenanntes Jenseits**) ist uns
„eine Heimath, der wir jubelnd entgegen eilen; dieses
„bringt die Tugend, die Liebe Gottes mit sich! Arme
„Erde! — Wie lange wird der Egoismus und der Ma=
„terialismus***) noch solche Opfer von dir fordern? Gott
„ist aber da, und seine Geister, die ihm in Demuth und
„Liebe dienen! Die Sünde bringt Elend, die Tugend
„Entzücken.

„O ihr, die ihr ironisch über diese Worte lachet, gebet
„Acht, ihr Spötter, bald kommt der unausweichbare Tod,
„dem Keiner entgeht, dann könnt ihr betteln und bitten
„im selbstgeschaffenen Elend! Erde mit deinen Bewohnern,
„bekehre dich zu Gott! O Menschen, denket an die Ewig=

---

*) Hier wendet sich Eleha (v. Vay) plötzlich an die Erdenbe=
wohner im Allgemeinen, und vergißt, daß sie nur ein einzelnes In=
dividuum vor sich hat.

**) Das Wort „Jenseits" hatte die Fanny gar nicht gebraucht;
aber der Saturngeist ist auch von dieser eigenthümlich irdisch=mensch=
lichen Bezeichnung unterrichtet.

***) Wenn doch nur statt des ewigen Lamento's über den „Ma=
terialismus" einer der „Geister" oder die Verfasserin selbst die wich=
tige Vorfrage erledigen und kurz und bündig sagen wollte, was man
unter „Materie" zu verstehen habe. Diese Definition wäre mehr
werth als das ganze Buch.

„keit und lasset die Welt mit ihrem Getreibe, wandelt die „himmlischen Wege! Amen.'"*)

In der nächsten Geschichte betitelt: **Zwei verlorene Existenzen** — wird der Geist eines „leichtsinnigen Künstlers" und der eines Selbstmörders vorgeführt und namentlich der „Künstler" giebt der Verfasserin Gelegenheit, ihr Individualisirungstalent von einer ganz neuen Seite zu zeigen:

„Am 9. Januar 1870 äußerte sich dem Medium ganz unerwartet folgender Geist:

„Man hat mich hergeschickt. — Ich bin weiland H. G., oder weiland **Fritz Hampelmann, Leopold Kunze,** „**Heinrich Hatihmschon, Franz Magihnnicht,** „**Ignaz Frißtihnwohl, Eulalia Rosenduft**; weiß „der Kuckuk, wer und was noch Alles! 134 falsche Wochen, „35 Zwillinge, 301 Frühgeburten ꝛc. ꝛc. ꝛc."

„Ich möchte zeichnen — aber ohne Hände, nur mit diesem Fetzen Nervenfluid?" . . . .

Das Weitere erläßt uns wohl der Leser! — — Wir würden uns wegen dieses Citates entschuldigen müssen, wenn es nicht in irgend einer Weise lehrreich wäre: Wir bemerken nämlich, daß sich das Medium Adelma auf eine recht fatale Weise verschnappt hat, indem sie unseren vielnamigen Geist gestehen läßt, daß er — „**ohne Hände**" sei. Noch dazu ein Malergeist! Ein andermal überreichen diese nicht vorhandenen Hände wieder Blumen oder spielen das Accordeon. Man sieht, die spiritualistische Logik folgt ebenfalls ihren eigenen „noch unentdeckten" Gesetzen.

Der **Selbstmörder** schildert, wie er durch Täuschungen aller Art in Verzweiflung gerathen sei und sich — in der Erwartung

---

*) Wer sieht nicht, daß in diesen letzten Sätzen die Jenseits-Novellistin redet; sie läßt den Saturngeist sagen, wie ihr um's Herz ist.

sein Leben, Denken und Sein vernichten zu können — umgebracht habe. Aber mit Schrecken sei er inne geworden, daß der Tod des Menschenkörpers kein wirklicher Tod sei, das eigentliche Selbst des Menschen nicht mit zerstöre*), denn:
„ich, ich war ja da! Ich dachte, ich fühlte, ich lebte. Der „abgefallene Körper lag vor mir und ich sah ihn. Es „war wie das Absterben eines Stückchen Fleisches, doch „das Leben war in mir.

„Der Anblick dieser leblosen Masse vor mir, die kalt „und todt da lag, war furchtbar. Es ergriff mich ein „wahres Entsetzen davor. Doch noch mehr entsetzte mich „mein Fortleben und Fortempfinden und das Bewußtsein, „mich nicht vernichten zu können.**) Ich war stumpf vor „Verwunderung und vor Verzweiflung, es nun zu wissen, „daß man fortlebe, daß man eine Verantwortung habe zu „leben,***) ja leben zu müssen als Mensch, so lange man

---

*) Natürlich muß der „Geist" so sprechen, denn dieß ist ja die Behauptung, welche die Verfasserin durch immer neue Erzählungen uns glaubhaft machen will.

**) Warum wohl? Ein Selbstmörder schreitet ja nicht deshalb zu seiner That, weil er das Leben als solches haßt, sondern weil ihm die besonderen Verhältnisse, unter denen er es führen mußte, unerträglich geworden waren. Die Abänderung dieser Verhältnisse muß ihm aber jedenfalls durch den Selbstmord gelingen; und nur wenn nachzuweisen wäre, daß er dieselben mit noch schlimmeren vertauscht hätte, würde eine Verzweiflung über die Wahrnehmung seiner Unvernichtbarkeit begreiflich sein.

***) Dieß folgt aus dem Vorhergehenden keinesweges. Es fragt sich — wie gesagt — nur das Eine, ob er bei dem Wechsel gewonnen oder verloren hat. Denkt man sich den Selbstmord von Jemandem vollbracht, der an einer unheilbaren, furchtbar schmerzhaften Krankheit litt, so wäre es doch sonderbar, wenn er — in seinem Selbst fortlebend gedacht — nicht mit einer That hochzufrieden sein sollte, die jenen Qualen jedenfalls ein Ziel setzt.

„soll, so lange es Einem bestimmt ist. Ich war, gegen
„diese meine Bestimmung frevelnd, voll Zweifel und Ver=
„zweiflung davon geeilt, ich hatte mich selbst vernichten,
„in Nichts mich auflösen wollen — und stand nun da als
„eine fortlebende Persönlichkeit! — O menschlicher Wahn!
„Du glaubst dich vernichten zu können? Du glaubst, zu
„Nichts zu werden? Du glaubst, daß deine Empfindun=
„gen, dein Individuum sich auflöst? O Wahn — Wahn!
„Nie, nie kannst du dich vernichten; du, dein Ich, deine
„Person — du lebst — es lebt — sie lebt — tausend=
„mal ja! Ich habe es empfunden, peinvoll, qualvoll —
„ja ich habe es gefühlt in meinen Schmerzen und endlich
„auch in meiner Reue*) . . . . .

„Wenn mir auch die Zähne nicht klapperten und ich
„nicht heulte, so waren doch meine Seelenleiden tausend=
„mal ärger, als alle Beißzangen und Bratspieße der
„Hölle;**) und doch wollte ich nicht zur Erkenntniß ge=
„langen, daß meine eigene geistige Verirrung, mein Hoch=
„muth***) an all' dem Schuld sei.

„Ich war von vielen anderen Wesen umgeben; denn der
„Raum ist nicht leer, er ist von lebenden Wesen ange=

---

*) Diese „Reue" ist völlig unbegreiflich: denn lebte der be=
treffende Geist fort, so hatte er ja gar keinen „Selbstmord"
begangen, nur ein „Kleid" abgelegt, das ihm unbequem geworden
war, oder er glich Demjenigen, der aus einem Lande in ein anderes
gereist ist.

**) Wer weiß, ob er nicht anders spräche, wenn solche Folter=
ungen wirklich an ihn heranträten. Daß wirklich empfundene
Seelenleiden bloß vorgestellte Körpermartern an Stärke über=
treffen können, ist freilich zuzugeben.

***) Worin bestand denn dieser „Hochmuth?" Ist es Hochmuth,
wenn ich scheußlichen Verhältnissen zu entrinnen strebe?

„füllt, die das organische Auge des Menschen nicht sieht*).
„Einige waren ebenso unglücklich wie ich; Andere waren
„wieder selig und glücklich. Dann sah ich auch sogenannte
„höhere Wesen, die sich tröstend und belehrend bewegten.
„Diese Unterschiede, diese verschiedenen Individualitäten,
„ja diese verschiedenen Formen und Hüllen, um nicht zu
„sagen, Körper frappirten, mich. Hier war Bewegung,
„Aeußerung, Ausdruck, Dichtigkeit, Schwere in vielerlei
„Verschiedenheiten und Graden zu sehen; sogar Farbe, Licht
„und Temperatur**) wechselten in den Umkreisen dieser
„Individuatäten oder Geister ab.

„Ich beobachtete sie alle und dachte nach . . . . . . die
„Erkenntniß des Daseins Gottes, als unseres und des
„All's Schöpfers, begann meinen Geist zu fesseln, anzu=
„regen! Ich lernte und forschte unermüdlich; man hat
„herrliche Mittel hierzu im Geisterreiche.***) Je mehr ich
„lernte, desto mehr erkannte ich den Wahnsinn des Hoch=
„muths, desto kleiner und demüthiger wurde ich . . . . .
„Große Wonne und Glückseligkeit zog mit der wachsenden
„Erkenntniß des Daseins Gottes in mich ein. Es thut
„mir wohl, dies zu schreiben und Dir zu sagen, welch'

---

*) Die Augen, mittelst deren der „Geist" diese Wesen
wahrnahm, müßten jedenfalls auch als besondere Organe gedacht
werden.

**) Diese Verschiedenheiten der Temperatur, wenn dem Geiste
fühlbar, setzen also voraus, daß ein Geist gleich uns ver=
schiedene Wärmegrade empfinden, mithin an Frost und Hitze leiden
könne.

***) Eine so allgemein gehaltene Versicherung ist wirklich höchst
werthlos; warum beschreibt der doch sonst so redselige Geist uns
diese jenseitigen „Mittel der Belehrung" nicht etwas näher?

„unendliche, unfaßbare Liebe und Güte dieser Schöpfer „ist†). Ja, jetzt erkenne ich diese leitende, höchste, ewige,

---

†) Auf alle diese schönen (das Gefühl bestechenden) Worte ist immer nur zu wiederholen, daß, wenn „Schaffen" gar kein Begriff ist, die Vorstellung eines „Schöpfers" in sich selbst zerfällt. Kann die Welt demnach nur als ein multicausalistisches Getriebe gedacht werden, als ein unaufhörlicher Permutationsproceß realer, sich selbst getreuer Urfactoren, so muß Dasjenige, was dann nicht mehr als schöpferische, sondern als gestaltende Macht zu bezeichnen ist (siehe die Ausführungen über diesen Punkt zu Anfang dieser Studie), offenbar der Collaborationsmodus jener Urfactoren selber sein; und man ist weder genöthigt noch berechtigt, die Gebahrungsweise der Einzelacteure (etwa um ihrer Präcision willen) auf ein fremdes Commando zurückzuführen. Dieß hieße behaupten, daß jedes Thun im Dienste eines Herren geschehen müsse, daß die Atome, als Baumeister der Welt, nicht für eigene Rechnung arbeiten, nicht Baumeister und Bauherren zugleich sein könnten. Indem aber Derjenige, der alle Baumeister der Welt im Dienste eines einzigen Bauherren — Gottes — arbeitend dächte, diesen jedenfalls von seinem zum Princip erhobenen Frohnbegriffe ausnehmen müßte, so hätte er ja mit der einmal zugegebenen Möglichkeit einer nicht als Dienstarbeit zu denkenden Existenzweise, die Möglichkeit eines Daseins um seiner selbst willen überhaupt zugestanden, und müßte einräume daß sein vermeintlicher Exceptionalfall vielleicht umgekehrt die Regel sein könne, und daß Dasjenige, was er „Gott" nennt, vielleicht richtiger „Atomthat" hieße. Er definirt Gott als den Inbegriff aller löblichen (d. h. seinen Beifall erweckenden) oder — wenn er ein Bißchen weiter zu denken vermag — als den Inbegriff aller, wie immer Namen habenden, Prädikate — sieht aber nicht ein, daß alle Prädikate der Welt zusammen noch kein Subject geben. Nimmt er aber als Subject, gleichviel in welcher Zahl, die Urfactoren, die Atome, so dreht sich die Sache um, und wird verständlich: Dann bedeutet Gott, als Inbegriff aller Prädikate, nur Thätigkeit in allen Weisen, welche, als Selbstbethätigung der Urwesen, von diesen sich nur in abstracto ablösen, nur in Gedanken gesondert betrachten läßt.

Man wird den Sinn des Wortes „Gott" nicht eher erfassen, bevor man nicht einsieht, daß man dabei nicht an ein „Einzel-

„unerschaffliche Intelligenz; ich erkenne sie in jedem Natur=
„gesetze, in jeder Bewegung, in jedem Stäubchen*)!

Die nun folgenden fünf „Briefe einer Jenseitigen
an ihre Schwester auf Erden" — sind gewissermaaßen
Familienbriefe, als deren Schreiberin (natürlich) durch die
Hand des Mediums) Betty von Geymüller, die Tante des
Barons v. Vay, genannt wird. Obgleich viele Seiten füllend,
bieten dieselben nichts, was nach dem Vorangegangenen noch
imponiren könnte, und wer in ihnen Nachrichten über die
Natur des jenseitigen Daseinszustandes, irgend welche positive
Daten über die charakteristischen Unterschiede des Jenseits und
Diesseits zu finden hoffte, würde sich gewaltig täuschen. Er
muß wie immer, wenn es sich um diese Hauptsache handelt,
mit allgemeinen Redensarten fürlieb nehmen, die ihn um kein
Haar klüger machen. So heißt es z. B.

---

wesen", sondern an das Wesen der Einzelnheit, nicht an einen
„Thuenden", sondern an ein Thun, an Thun überhaupt,
zu denken habe, an den allgemeinen modus operandi, der auch
mit Hinblick auf die absolute Verläßlichkeit der zusammenwirkenden
Urselbste das „Gesetz" heißen kann. Erst bei diesem Begriffe, der
den Schein einer dirigirenden Obmacht im höchsten Grade hat, und
doch nur die Wiederkehr derselben Effecte unter analogen Bedingungen bedeutet, erkennt man völlig die nur abstracte Wirklichkeit
des Geistigen, und den Wahnsinn, demselben gesonderte Entität, ja
gar die Attribute der Persönlichkeit beizulegen.

*) Bis in's Einzelnste herab ordnungsmäßig kann Alles sehr
wohl sein; aber gerade nur darum und dann, wenn die letzten Einzelselbste wahrhafte Urenergieen sind, welche einer Leitung eben
nicht bedürfen, sondern durch ihr in ewiger Selbsttreue vor sich
gehendes Zusammenwirken die — Ordnung genannte — Regelmäßigkeit der Ergebnisse mit spielender Sicherheit hervorbringen.
Man kann sich über diese Ordnung freuen, sie bewundern, sie
„göttlich" nennen, ja jeden Namen für sie zu klein finden —
und doch einsehen: daß man in dem Substantivum „Gott" nur
ein grammatikalisches Subject umarmt.

"Wie bewege ich mich jetzt? Oh, könnte ich Euch das "nur beschreiben! Ich komme von den Sphären der Ent= "zückung! Ist es ein Stern, eine Welt? Ich kann es "Euch nicht sagen" . . . .

Das ist doch jämmerlich! Die menschliche Sprache, noch dazu eine so reiche wie die deutsche, hätte wohl Worte und Wendungen genug, um abweichende Zustände und Wahr= nehmungen sehr eingehend zu schildern, vorausgesetzt, daß man etwas Bestimmtes zu schildern hat. Diese Möglichkeit ist um so zweifelloser, als ja erwiesenermaaßen die chemischen Elemente durch das ganze Universum dieselben sind, nicht minder — auch nach der Kosmologie des Mediums — die, Kräfte genannten, Weisen der physikalischen Action: Schwere und Rotation, sowie die ätherischen Manifestationen: Magne= tismus, Elektricität, Wärme und Licht. Worin könnte also die Schwierigkeit liegen, Abweichungen zu beschreiben, welche lediglich in der verschiedenartigen Configuration eines der Hauptsache nach überall gleichen und von denselben Kräften bewegten Materials bestehen können? Ein Geist, der nach der spiritualistischen Lehre als ein sehendes, hörendes, fühlen= des Wesen gedacht werden soll, der also weiß, was mit ihm und um ihn herum vorgeht — sollte wohl seine Wahrneh= mungen in Worte kleiden können, wenn ihm die Handhabung des sprachlichen Darstellungsmittels geblieben ist, und das zu Beschreibende — wie gesagt — nichts von den irdischen Dingen absolut, sondern nur relativ Verschiedenes sein, nur Besonderheiten von Form, Dichtigkeit, Farbe, Licht und Be= wegung betreffen kann. Das Alles läßt sich sagen, auf das Genaueste sagen; warum thun es also die Geister nicht? Ein Loth vorstellbarer Specialitäten wöge mehr als Centner von Gemeinplätzen.

Aber — hier liegt der Hase im Pfeffer! Was man nicht gesehen hat, kann man auch nicht schildern; und weil bei diesem Punkte die Wissenschaft des Mediums aufhört, endet hier auch die Auskunft der Geister. Vor der unbegrenzten Mannigfaltigkeit specieller Möglichkeiten im Riesengebiete des Kosmos erlahmt eben jede Phantasie, und da ist es denn gerathener, sich in den Dunst von Worten zu hüllen, die Alles und Nichts bedeuten können.

Diese Taktik zieht sich durch das ganze Buch; überall muß die Ausflucht herhalten: „Wie könnten wir das in menschlichen Worten beschreiben! — Wie sollten sich Menschen dergleichen vorstellen können!" — Als wenn sich nicht Alles vorstellen ließe, wenn es gehörig ausgedrückt wird. Aber freilich, solche Redensarten, wie: „ein Leben im Aether der Liebe und des Glaubens" — entziehen sich dem Verständniß, sind eitel Wortgeklingel, gut für Kinder und für Narren. Wer so spricht, könnte auch den Pegasus für ein wirkliches Pferd ausgeben.

Wir sind hiermit bei einem entscheidenden Punkte dieser Untersuchungen angelangt, bei der Einsicht nämlich, daß die Geister niemals mehr wissen, als das Medium, durch welches sie sprechen. Keine einzige der angeblichen Manifestationen Jenseitiger reicht über das Productionsmaaß menschlicher Phantasie hinaus, bringt andere Gebilde zum Vorschein, als solche, die sich aus dem Materiale speciell irdischer Vorkommnisse mit einiger Permutationsgabe aufbauen lassen. Nirgends gelingt es der Verfasserin, diese Grenze zu überfliegen, und Jenseitsmalereien zu entwerfen, welche das Combinationsvermögen eines talentirten, durch Lectüre zu Wortwissen gelangten Frauenkopfes übersteigen[*]).

---

[*]) Es finden sich zwar gerade in diesen Briefen einige Anläufe, jene Grenze zu überfliegen, aber sie sind auch danach. So heißt es im zweiten Briefe:

„Ich, d. h. mein Geist bin in ein lichtes, leichtes fluidisches „Gewand gehüllt; ich fühle keinen Körper an mir, sondern ich

Da wußte ein männlicher Heros auf dem Gebiete poetischen Gestaltens — Dante — in seinen Gesängen über den Himmel, der Menschheit etwas großartigere Phantasiegemälde vorzuführen, als die 600 Jahre später dichtende Frau von

"fühle mich ungefähr so, als Du Dich in einem Traume schwe-
"bend fühlst. Es hebt mich etwas empor, macht mich fliegen,
"trägt mich! Ich bewege mich jetzt durch den Geist, nicht durch
"den Körper. Man fühlt den Kern seines Ichs, den Geist, so
"mächtig! Man weiß sich ewig lebend. Ach! und nun erst die
"geistige Erlösung! das freie Denken! Das Denken ohne Gehirn (!)
"— wie göttlich, wie genußreich!" u. s. w.
   Im fünften Briefe findet sich folgende Stelle:
"Ich sage Dir, liebe Kati, es ist eine Wonne, hier in dieser
"Welt zu sein. Schon die Reise hinunter zu euch, die mir die
"Sache einer Minute ist, ist höchst interessant. Man reist an
"Welten vorüber: da sind Menschen= und Geisterplaneten, Thier=
"und Pflanzenplaneten, Stein=, Feuer= und Wasserplaneten —
"überall neue Phänomene, überall neue Ereignisse und Wunder.
Anmerkung: Wir ärmlich, nichts Besseres zu wissen, als Charaktere,
   welche die kleine Erde alle in sich befaßt, auf einzelne Sterne
   zu vertheilen!)
"Da ist eine Welt im Geborenwerden, dort ist sie ein Wickel=
"kind, hier ein Jüngling, dort ein Greis — hier eine erlöste
"Welt, in ihrem Jenseits eine geistige Welt. Von diesen Sachen
"könnte ich euch Stunden lang erzählen . . .
(Anmerkung: Siehe die ersten Seiten von Humboldt's "Kosmos").
"Ich schwebe von einer Welt zur andern, schaue mir diese
"Merkwürdigkeiten an — lernend, bewundernd, staunend . . .
"Merkwürdig sind die sich entwickelnden Welten. Aus was ent=
"stehen sie? Ich beschreibe es euch blos so, wie ich (d. h. Adelma
"v. Vay) es mir denke".
   Man höre:
"Es fliegen allerlei Stücke von Materialien zusammen, die
"häufen sich alle auf einen Punkt durch das schnelle ewige Drehen
"der Welten. Es ist beiläufig so, wie Adelma's Eisbereitungs=
"maschine. Die Welt wird immer fester und fester, bis sie
"fertig ist".

Bay. Er hätte wohl die Fauna der Planeten mit etwas originelleren Gestalten ausgestattet, als mit Katzen, Möpsen und Hyänen. Und so sehr auch in vieler Hinsicht sein unsterbliches Dichterwerk von Anthropomorphismen durchsetzt

---

(Anmerkung: Eine Welt ist niemals fertig, da bekanntlich die Zuflüge kosmischer Partikel für die einzelnen Sterne niemals enden, welche z. B. für unsere Sonne nach Mayers Berechnungen (siehe dessen „Dynamik des Himmels") so ungeheuer massenhaft sind, daß sie [nach seiner Ansicht über den Causalnexus von Wärme und mechanischem Effect] sogar hinreichen würden, die Unerschöpflichkeit des solaren Wärme- und Lichtstrahlungsvermögens zu erklären. Man muß die Beobachtungsgabe der beim Schreiben ihrer Briefe erst seit vier Wochen im Jenseits weilenden Betty von Seymüller bewundern, daß sie über Vorgänge welche Aeonen von Zeiträumen erfordern, schon Endurtheile gewinnt.)
„Es ist aber noch ein Chaos, das gährt, speit und kocht herum.
„In anderen ist es Wasser, welches herumraset wie in einem
„vollen Glase Wasser, welches man dreht — so geht es viele
„Jahre lang fort, bis endlich Fische (!) entstehen; diese fangen
„ihre Arbeit an — sie verzehren die Infusorien [wo kommen denn
„die her? Es waren ja nur Fische entstanden!] „die durch ihren
„Tod ganze Ablagerungen machen, aus welchen Felsen und Erd-
„arten entstehen. So setzt sich die Erde nach und nach zusammen.
„Berge und alle Mineralien entstehen auf diesem Wege, durch
„Wasserthiere und Pflanzen ... Die Sonne macht auch ihre
„Wirkungen (sic!) Es kommen Amphibien (!) an den Tag; so
„entwickeln sich langsam die Thiere rohester Art, welche den Men-
„schen erst den Wohnort vorbereiten und mit seinem Erscheinen
„weichen müssen. Wie entstehen aber die Menschen? Durch
„odische Complicationen. [Frage: Was sind odische Complica-
„tionen?] „Ihr sagt, Adam sei aus Lehm gemacht worden. Nun,
„Gott sucht die Fluide und Säfte, die zum Geborenwerden nöthig
„sind, in dieser Welt aus; die Menschen entstehen aber
„aus diesen Kräften, so wie die Thiere und Pflanzen
„entstanden".
Wir wollen mit diesem Geständniß der Verfasserin, die hier

ist, so terrestrisch engherzig war er doch nicht, daß er sich für Darstellung der verschiedenen Geistergrade seiner Sphären auf die eine Menschengestalt beschränkt geglaubt hätte. Er wußte einem kosmischen Reichthum von Gestaltelementen zu gebieten, wo er es unternahm, dem Uebermenschlichen Gestalt zu leihen.

Es ergiebt sich aus dem Allen, daß man die Bücher der Spiritualisten weniger auf ihren Gegenstand, als auf die Behandlung desselben, weniger auf ihr Object, als auf ihr Subject zu prüfen, in ihren Darstellungen das Material zu psychologischen Schlußfolgerungen zu sehen habe, und daß nur von diesem Studium die nothwendige Aufklärung zu erwarten ist. Nicht um Manifestationen des Uebersinnlichen, sondern um die besondere geistige Beschaffenheit Derer handelt es sich, welche ihr Aufgeschriebenes für fremdes Dictat ausgeben. Hier ist der Punkt für die Ansetzung des philosophischen Hebels. Es gilt, wie in der Vorrede gesagt, die psychologische Genesis bloß zu legen, die zu solchen Phantasiegespinnsten führte, die Wurzeln aufzudecken, die dem abenteuerlichen Baume Nahrung geben, die Quellen der fixen Ideen zu ermitteln; denn die einmal vorhandenen lassen sich — hinsichtlich ihrer Triebkraft nach oben — von gesunden Ideen nicht mehr unterscheiden.

Wir sind diesen Weg in der vorstehenden Kritik gegangen, von dem Punkte an, wo die Mediumschaft der Frau v. Vay ihren Anfang nahm, und von dem Boden an, aus dem sich ihre Philosopheme entwickelten. Als diesen erkannten

---

wieder ihre antidarwinistische Theorie auf darwinistische Argumente stützt, diese köstliche Kosmogenie schließen. Es wäre grausam gewesen, dieselbe dem Leser vorzuenthalten, denn Erheiterungen entwölken das Leben. Wem es aber schwer werden sollte, die „Fische" zu verdauen, welche sich von noch gar nicht entstandenen „Infusorien" nähren, der wird wohl einsehen, daß er nur die mangelhafte spiritualistische Bildung seines Magens dafür verantwortlich zu machen hat.

wir die ihr früh eingeimpften katholischen Glaubensvorstellungen, zu denen dann später spiritualistische Ideen kamen, die an der erregbaren Phantasie des Mediums eine hingebende Pflegerin fanden und sich mit ihren Fundamentaldogmen verquickten. Wir haben dann das Verquickungsproduct selbst, das Vay'sche Lehrgebäude, aus allgemein logischen Gesichtspunkten analysirt, und seine innere Haltlosigkeit Schritt für Schritt aufgedeckt, mit stetem Hinblick auf die durch das Geschlecht der Verfasserin und durch ihren individuellen Bildungsgang bedingte Denkweise und Denkweite; bis wir schließlich, gewissermaaßen als Probe unserer Rechnung, die Geistermanifestationen die Revue passiren ließen, welche die practischen Belege für die Vay'sche Theorie sein sollen. Wir sind dabei durch dick und dünn mitgegangen und haben — d. h. der Verfasser hofft, daß die Majorität seiner Leser ihm beipflichtet, er also im wahren Plural sprechen darf — die Ueberzeugung gewonnen, daß die unter den verschiedensten Geisterfirmen aufgetischten Specialgeschichten sammt und sonders aus derselben einen Gedankenfabrik stammen, die ihren Sitz in dem Gehirn der Frau v. Vay hat.

Um der Pflicht einer speciellen Begründung dieses Urtheils bis zum Schlusse gerecht zu werden, wollen wir nunmehr die letzten Kapitel des Buches in's Auge fassen. Dieselben bieten unter der Aegide angesehener Namen Belehrungen über allerlei Themata, welche die Verfasserin noch in den Kreis ihrer Betrachtungen zu ziehen wünscht.

Zunächst läßt sie Swedenborg über die Existenz Gottes und des Geistes sprechen:

„Gott braucht keine Beweise, Er ist*)! Stückwerk

---

*) Wer einen Beweis so anfängt, kann seine ganze Rede ersparen.

„bleibt alle die Wissenschaft, die Ihn leugnet*). Die
„menschliche Wissenschaft kann wohl Dinge beweisen, Stoffe
„analysiren, doch sie consolidiren, d. h. eine lebende
„Schöpfung machen, das kann sie nicht**). Nicht den
„kleinsten Saamen, den doch die Natur***) so leicht erzeugt,
„kann sie künstlich lebend, entwicklungsfähig produciren.
„Kann sie den Todten erwecken, die welke Blume neu be=
„leben, den ausgedorrten Baum wieder fruchtbringend
„machen†)? — Kann sie Kranke in allen Fällen heilen?
„Oder gehören nicht vielleicht die Heilungen zu ganz be=
„sonderen Fällen? Die menschliche Wissenschaft ist stolz
„und aufgeblasen, sie hört nicht auf Andere und glaubt
„nur, was in ihre Lehrsätze hineinpaßt, verwirft a priori
„allen Glauben††), eine jede Andeutung des geistigen
„Princips — „Geister" genannt! Sie mag der Sonne
„Strahlen und Spektrum†††) analysiren, mag der Sterne
„Lauf berechnen, der Erde Alter festsetzen, neue Farben
„entdecken, sie bleibt Stückwerk, so lange sie das Alles ohne
„den Schöpfer†a), ohne die Geister sucht. Im rechten

---

*) Auch die Wissenschaft, die ihn nicht leugnet, möchte wohl noch sehr lückenhaft sein.

**) Das beansprucht sie auch nicht, zu können; es genügt, wenn die lebendigen Collaboratoren dieß vermögen.

***) Warum heißt es hier auf einmal „die Natur?" Was ist neben Gott unter Natur zu verstehen?

†) Ist auch nicht nöthig, daß es geschehe, und geschieht überhaupt nicht.

††) Und mit Recht! Denn ihr Zweck ist eben das Erkennen, die Erforschung des Causalnexus der Dinge. Wo aber dieser vorhanden ist, glaubt auch die Wissenschaft.

†††) Wie erhielt Swedenborg von der neuen Bunsen=Kirchhoff'schen Entdeckung Kunde?

†a) Was heißt „Schöpfer", wenn „Schaffen" ein logischer Widerspruch ist?

„Geiste*) der Forschung kommt sie zuletzt immer wieder „auf eine Urexistenz**), „Gott" zurück. Gott ist auch ohne „die Beweise der Wissenschaft, und wenn sie es Millionen „Male leugnete: — Er ist und bleibt!"

In Betreff des Spiritualismus heißt es:

„Der Spiritismus, oder die Offenbarungen der „Geister, sind nichts Anderes als Wiederholungen von „schon seit Jahrhunderten ausgesprochenen Wahrheiten . . . . „heut offenbaren sich die entkörperten Geister nur directer, „lauter als früher, denn es soll Licht werden! — Die „Menschen wissen es, daß es auf diesem Felde Erschei=„nungen giebt, die zu begreifen sie nicht im Stande sind. „Statt nun dieselben zu ergründen, erklären sie dieselben „ununtersucht für Humbug."

Wir brechen bei diesem „Humbug" ab, da es uns nicht möglich ist einzusehen, wie dieser erst unlängst aufgekommene amerikanische Specialterminus für den Begriff des Schwindel= haften zu einem Bestandtheil des Swedenborgschen Vokabu= lariums werden konnte, vielmehr glauben, daß dieser Termi= nus dem Medium in aller Unschuld entwischt ist. Wir überspringen auch das, in der That nach Humbug schmeckende Wunder, daß (in der nächsten Manifestation)

„Maria Magdalena (!) Betrachtungen über den Einfluß des Spiritismus"

anstellt; da dieselben wirklich allzuwenig Spiritus enthalten:

„Zwei Wege führen zum ewigen Leben, ein guter

---

*) Wer entscheidet darüber, ob eine Forschung im „rechten" Geiste geschehe?

**) Warum auf Eine? Ist Urexistenz, Aseität des Seins, ein nothwendiges Postulat des Denkens, so schlägt sich ja Derjenige selbst auf den Mund, der sie nicht schlechterdings, d. h. für alles Seiende zugiebt.

„und ein schlechter*). Alles im Leben hat zwei Seiten**), „eine gute und eine böse, so auch ist es mit dem Spiri= „tismus" — so lautet der Eingang — und in diesem trivialen Tone geht es fort. — Wir wenden uns lieber zu den nun folgenden:

„Betrachtungen Buddha's über die irdischen Ex= treme und ihre harmonische Ausgleichung"— in denen sich einige gute Gedanken finden, die nicht nöthig gehabt hätten, sich von der Unterschrift „Buddha" einen Autoritätsnimbus zu erborgen; wie denn, wo es sich um die Beurtheilung rein menschlicher Verhältnisse handelt, die Deductionen unseres Mediums ganz annehmbar sind, und man auf Augenblicke des gesunden Denkens wieder froh werden kann.

Der kleine Aufsatz bespricht die Neigung der Menschen zur Uebertreibung, welche einerseits zur Askese, anderseits zu einer nur die leibliche Befriedigung im Auge habenden Ge= nußsucht führe. Diese letztere habe eine Ueberreizung der körperlichen Organe, überhaupt aber eine Depravation der Raçen zur Folge gehabt, die sich erst übergipfeln müsse, um eine Krisis einzuleiten. Vorboten derselben seien die aller= hand hysterischen und hypochondrischen Zustände beider Ge= schlechter, wie Wahnsinn, Krämpfe, Selbstmord, Lebensmüdig= keit, in welche sowohl die Askese wie die verzehrende, nie zu befriedigende Gier nach Genuß häufig umschlage. Beide Extreme seien Abirrungen von der naturgesetzlichen Bahn, und es müsse danach gestrebt werden, durch Pflege der geistigen Natur eine Regeneration der Körper herbeizuführen. Für die jetzige Generation werde dieß jedoch noch nicht gelingen, da deren Vorfahren ihr schon in Folge des Ueberreizes, in dem sie gelebt, viele Körpermakel mit angeboren hätten.

---

*) Also auch der schlechte! Von diesem meint man gewöhnlich, er führe zum ewigen Tode.

**) Vielleicht auch noch einige mehr.

Eine allgemeine Umgestaltung werde kommen, alle Zustände der Erde drängten dazu hin, und es sei nicht von ohngefähr, daß in den großen langen Augenblick der Uebergipfelung des materialistisch Sinnlichen die Lehre der Geister mit ihren Erscheinungen falle . . . .

Man kann den hier ausgesprochenen Ansichten über das menschliche Grundübel einer in den Extremen das Glück suchenden Lebensauffassung von Herzen beipflichten; auch von dem heilsamen Einflusse, den eine Regeneration der Körper auf die seelischen Neigungen und die ganze sittliche Natur der Menschen üben würde, auf's Tiefste überzeugt sein — ohne darum zuzugeben, daß zu dieser Correctur, zur Herbeiführung normalerer Zustände, die Mithülfe von Geistern und Geistererscheinungen erforderlich sei, oder daß dieselbe hinreichen würde, eine Krisis zu beendigen, deren Bewältigung nicht von einem deus ex machina, sondern nur von Innen heraus: von den Fortschritten in Bildung und Wissenschaft, von einer immer klareren und edleren Erfassung der Glücksziele, namentlich aber von der wachsenden Ausbreitung des Solidaritätsprincipes zu erhoffen steht.

Von speciellerem Interesse für unsere Kritik ist eine andere Stelle in diesen Betrachtungen Buddha's, wo von Denen die Rede ist, deren Geist (im Gegensatze zu den materiellen Genußmenschen) durch Uebung von Talenten, im Kunstschaffen, Nahrung finde. Hier heißt es nämlich: „doch waren die Bilder stets nackt und stellten immer nur schöne Menschen dar; sogar die Engel (resp. Gott) wurden zu solchen gemacht."

Wie reimt sich wohl — muß man fragen — diese unzweideutige Verurtheilung anthropopathischer Vorstellungen mit der von der spiritualistischen Lehre nachdrücklich behaupteten Menschengestalt der Geisterwesen, und zwar der Geisterwesen aller Grade? Wie kann Adelma von Vay einen Glauben festhalten, den ihr „Lehrer" und „Leiter" Buddha perhorrescirt? Müßte sie nicht vielmehr, mit Berufung auf diese Autorität, Alles thun, um diesen Wahn der Spiritualisten zu bekämpfen, den schon Xenophanes von Klophon, Buddha's gleichgesinnter Zeitgenosse, so trefflich in den Worten geißelte:

„Ueber die Götter gebietet ein Gott, weit höher als Menschen,
Dessen Gestalt dem Menschen nicht gleicht, deß' Wesen ein and'res;
Aber die Sterblichen wähnen, die Götter entständen wie Menschen,
Hätten menschlich' Gefühl und Stimme und Körpergestaltung.
Ochsen und Löwen würden wohl auch, wenn Hände sie hätten,
Und sich mit Meißel und Pinsel die Gottheit zu bilden vermöchten,
Aehnliches thun: dem Pferde wär' Gott ein Pferd — und dem Ochsen
Wär' er ein Ochs; ein Jeglicher dächt' ihn sich ähnlich."

Was hat das Medium hierauf zu erwidern?

Der nun folgende Aufsatz:

„Buddha's Betrachtungen über den psychologischen Ursprung und den moralischen Einfluß der Gedanken" —

giebt eine weitere Ausführung der schon auf Seite 177 berührten Ansicht der Verfasserin, daß böse wie gute Gedanken das Werk fremder Einflüsse, oder vielmehr das Product aus diesen und unserem eigenen Geiste seien. — Versteht man unter diesen fremden Einflüssen die Eindrücke der Außenwelt, (zu der für jeden Einzelnen auch die Gesammtheit seiner Mitmenschen gehört), so wird ein Jeder zugeben, daß die

Mehrzahl unserer Gedanken=, Gefühls= und Willensimpulse von außen stammt, daß der eine Factor der resultirenden Regung unser Ich, der andere irgend ein hinzutretender Stimulus sei. Aber wir sollen diesen anderen Factor als Einwirkungen von Geistwesen, als Einflüsterungen persönlicher Intelligenzen nehmen, und gegen diese Absurdität kann nicht laut genug protestirt werden.

Wenn mich ein Blick auf Flur und Wald in's Freie lockt, wenn das wogende Meer, die Farbenpracht eines Abendhimmels, oder die unausmeßbare Tiefe des sternerfüllten nächtlich offenen Weltendomes unsagbare Gedanken, Gefühls= accorde hehrsten Klanges in mir wecken, oder wenn ein Monolog in tiefster Sabbathsstille Entschlüsse reift, die umgestaltend auf mein ganzes weiteres Leben wirken — so sind zwar solche Impulse selbstverständlich etwas Geistiges, aber doch nicht „Geister", im Sinne von Personenwesen.

Man kann von allen Dingen, die uns umgeben, sagen, sie sprächen zu uns, indem sie in uns Gefühle und Gedanken hervorrufen, die wir sonst nicht haben würden; aber diese erweiterte Anwendung der Bezeichnung „sprechen" ist doch nur ein Bild, eine poetische Licenz, die nur ein Narr buchstäblich nehmen kann.

Die Ansicht von einer überall als persönlich zu denkenden Beeinflussung würde, wenn richtig, (wie wir schon in den Anmerkungen, auf Seite 178 hervorhoben), nicht nur das menschliche Gehirn, sondern den ganzen Menschen zu einem Claviere machen, auf dem nach Belieben fremde Hände spielen; das Ich zu einem Trottel, mit dem unbekannte Willenssubjecte ihren Hokuspokus trieben; womit natürlich jede Zurechnung ein Ende hätte, und Begriffe, wie Pflicht, freier Wille, moralische Verantwortlichkeit sinnlos, und zu kernlosen Hülsen würden. Bin ich ein Object in fremden

Händen, ein Federball, den Andere werfen, so bin ich auch nicht für die Richtung meines Fluges verantwortlich, denn es wäre lächerlich, zum Federball zu sagen: „du hättest mehr Schwerkraft beweisen, dich nicht schleudern lassen sollen" — da ja der Geisterlümmel, der ihn sich zum Spiele ausersehen, seinem noch so hoch angespannten Widerstandsvermögen an Kräften tausendfach überlegen sein konnte. Buddha sagt zwar nicht: immer — aber: „Oft, sehr oft, besonders „bei den Menschen, welche im Allgemeinen ihre Geisterumge= „bung nicht sehen, sind die Gedanken Einflüsse von Geistern. „So erhaltet Ihr oft gute Rathschläge, herrliche Ge= „danken, Dichtungen, Musik, tiefe Empfindungen, aber auch „böse Laune, Rachgier, Lebensüberdruß, Melancholie aus „der Geisterwelt. Wenn du ruhig sitzest und dich deinen „Gedanken überlässest, wirst du bald deutlich die Empfin= „dung haben, als hörtest du mehrere Stimmen ohne Worte „durch Gedanken in dir sprechen. Dieses sind Geister= „stimmen, die sich deinem Geiste — dir unbewußt — mit= „theilen. Deshalb (?) hat ein jeder Mensch den Drang, „ja das Bedürfniß, bisweilen allein für sich nachzudenken, „d. h. mit Geistern (unbewußt) zu verkehren . . . . . Es „ist für den Menschen sehr schwer zu bestimmen, welche „Gedanken das Product seines eigenen Geistes und welche „das Product fremder Geister sind; denn es sind dies „Doppelwirkungen, die in Eins verschmelzen."

Nun geht es ganz in's Mystisch=Nebelhafte:

„Die Kraft des Gedankens ist groß. Wieviel ver= „mag nicht der Gedanke! Er hat ja oft schon bei Men= „schen auf Hunderte von Meilen gewirkt. Gedanke und „Wille verbinden sich zu Eins und sind dann oft kraft= „voller, als alle Worte . . . . . Das Gebet ist Gedanke und „Empfindung zugleich und es findet seinen Weg durch die

„Unendlichkeit zu Gott hin*), zum Sitze des kraftvollsten „Gedanken und Willens".....

„Es ist unmöglich, ja der krasseste Unsinn, den Ge= „danken allein aus dem materiellen**) Gehirn abzuleiten...., „denn das Gehirn hat doch Bestandtheile, die sich nicht „von einem Augenblicke zum andern umwandeln***) können, „und doch wechseln die Gedanken in den größten Gegen= „sätzen oft von einem Gegenstande zum anderen†). Wenn „Alles nur aus der Materie, oder mehr oder minder von „diesem oder jenem Stoffe käme, so müßte es Schablonen „von Gedanken geben, Denker je nach den Unzen des Ge= „hirns und seines Phosphorgehaltes" u. s. w.

Hierauf ist zu sagen, daß alle unsere Begriffe letzten Endes nichts weiter sind, als solche „Schablonen", als Elementarschablonen, und daß auch deren Handhabung und

---

*) Ist Gott „allgegenwärtig", wie kann dann zwischen ihm und dem Betenden ein „Zwischenraum", gar ein unend= licher, liegen? Ist es nicht ein abscheulicher Widerspruch, von einer Allgegenwart zu reden, die gleichwohl nicht überall sein soll?

**) Was heißt „materiell?"

***) Ein „Umwandeln" ist gar nicht nötig. Es genügt, wenn die Theilchen des Gehirns ein sehr empfindliches Reactions= vermögen besitzen, welches allmälig — etwa im Sinne des geist= vollen Dr. Langewieser — ein System von Begriffs= und Ge= dankenbahnen entwickelt, dessen Gliederung dem Reichthum der durch Worte weckbaren Vorstellungen und Begriffe (der substantiell=singu= lären, wie der verknüpfend=formalen) entspricht, und das sich jeder Er= weiterung dieses Reichthums durch eine mit dem Unterscheidungs= bedürfnisse gleichen Schritt haltende Differencirungsfähigkeit anzu= passen vermag.

†) Auch die größten Vorstellungsgegensätze sind durch Maschen des Gedankennetzes mit einander verbunden, und dem auf seine Selbstbewegung vigilirenden Denken gelingt es nicht so gar selten, die verknüpfenden Zwischenglieder, rückwärts tastend, zu erfassen.

Verknüpfung von Seiten der ungeheuren Majorität der Schablonen= oder Dutzendmenschen eine schablonenhafte ist, auch die meisten der, „Gedanken" genannten, Composita aus jenen Elementen recht eigentlich den Namen von Schablonen, wenn nicht von Trivialitäten verdienen. Es dürfte herzlich wenig übrig bleiben, wenn das Gros gedankenlos nachge= sprochener Phrasen, banaler Gemeinplätze, unverstandener, wenn auch mit Emphase gebrauchter Schlagworte aus aller menschlichen Rede (einschließlich der in Büchern firirten), ver= verschwände*).

Wie leicht ein Gedanke zur Schablone wird, beweisen am besten die Schlußworte des obigen Citates selbst, in welchen die Verfasserin (dießmal durch den Mund Buddha's) ihrem Abscheu über die ihr zu Ohren gekommene Moleschott'= sche Hypothese einer Abhängigkeit des Denkvermögens von der Phosphorhaltigkeit des Gehirns Ausdruck giebt, (wie früher im eigenen Namen, in der Stelle Seite 178: „Weißt du es, du Held der Gehirnwindungen und ihres Phosphorgehaltes?" — und, noch einmal, durch den „Geist Louise", der sich über die „Auswüchse der Saamenthierchen" und über die „phosphor= haltigen, an Windungen reichen Gehirne" lustig machen muß.)

---

*) Gerade die in der menschlichen Denkbewegung so entschieden wahrnehmbare Richtung auf das Typische und Schablonenhafte war es mit, die zu einer mechanistischen Erfassung der intellectuellen Processe ermuthigen mußte; und wenn die Forschungsergebnisse über den Antheil, der den Bestandtheilen des Gehirns (in physio= logischer Hinsicht, wie vermöge ihrer chemischen Beschaffenheit) an jener Stereotypirung der Denkwege und an der Denkaction über= haupt, beizulegen sein mag — bis jetzt noch geringfügige sind, so beweist dieß nichts gegen die Zulässigkeit der mechanistischen Prä= misse als solche, sondern nur, daß wir es hier mit dem subtilsten aller physiologischen Forschungsgebiete zu thun haben, auf dem die entscheidenden Siege vielleicht nur in Secularzwischenräumen erfoch= ten werden.

Hätte das Medium erfahren, daß Moleschott's ephemerer Einfall längst kalt gestellt wurde, so würde sie weder sich, noch Buddha, noch die Jenseitlerin Louise zu echauffiren nöthig gehabt haben, und mit einer „Gedankenschablone" weniger ausgekommen sein.

Noch mehr wie in der eben besprochenen, ist in der nun folgenden:

„**Betrachtung Maria's über das ewige Leben**" — die Autorschaft des Mediums klar erkennbar. Hier ist jeder Gedanke, jede Wendung, bis zu den letzten Styleigenthümlichkeiten herab so handgreiflich Bayisch, daß die Unterschrift „Maria" fast komisch wirkt.

In dieser Kundgebung wird vorzugsweise den bösen „Materialisten" der Text gelesen, d. h. allen Denen, die nicht glauben wollen, daß es mit diesem Erdenleben nicht aus sei, also leugnen, daß man ewig fortzuleben habe. Es liege „eine Art Egoismus in solchem Auslöschenwollen alles Lebens, der Wunsch nämlich, aller Verantwortung, aller Buße, aller Mühen und Sorgen überhoben zu sein"*). Dann heißt es:

„Wie sollten aber auch die Bewohner der Erde anders „denken! Sind sie doch alle ‚gefallene Geister' — und „vielleicht hat eben dieser oder jener Materialist einst (!) „so tief gefehlt, daß ihm sein Fortleben eine Last ist, und „er deshalb die Erinnerung an dieses ewige Leben in „seinem Geiste ersticken will!"

Welch' unsinnige Widersprüche! Niemand hat eine Erinnerung von einem früheren Dasein, noch weniger von den in einem solchen etwa begangenen Fehltritten; eine gar nicht

---

*) Ein, was diesen letzten Punkt betrifft, wahrlich sehr bescheidener Egoismus; den jedenfalls Derjenige zu verdammen unterlassen sollte, der den viel größeren, ja' colossalen Egoismus eingesteht, „ewig selig" sein zu wollen!

vorhandene Erinnerung braucht deshalb weder erstickt zu werden, noch kann sie auf unsere Denk= und Handlungsweise einen Einfluß üben. Habe ich aber in meinem jetzigen Dasein kein Bewußtsein von der Identität meines jetzigen Ichs mit meinem früheren Ich, so ist es eine müßige Spielerei, von solcher Identität zu reden, denn die angebliche Reincarnation unterschiede sich in Nichts von erst= und einmaliger Existenz. Etwas Anderes ist es mit der ununterbrochenen Weiterspinnung von Bewußtsein überhaupt; eine solche, d. h. eine Forterhaltung der Ichheit (nicht der Iche) giebt auch die materialistisch genannte Weltauffassung zu. Der ganze Unterschied ist nur der, daß sie nicht sagt: „Dieser Mensch war schon früher da" — sondern: „Solche Menschen wie dieser waren schon öfter da;" — Menschen nämlich, die dem jetzt lebenden A, B oder C physisch und geistig auf's Haar glichen; was nur heißt, daß unter sehr ähnlichen Umständen von den unter gleichen Bedingungen zusammenwirkenden Urfactoren sehr Aehnliches producirt wird.

Gleichnisse vermögen oft blitzartig eine Wahrheit zu erhellen, und Berge trockner Argumente zu ersetzen. Ein solches Gleichniß sei hier Denen vorgelegt, die den Fortbestand der Ichheit im Sinne des Materialismus in seinem Unterschiede von der spiritualistischerseits gewähnten Ewigkeit der Einzel=Iche klar erfassen wollen: Man denke sich einen Geschäftsmann, der bekannt machte, daß er altes Eisen, altes Kupfer, überhaupt Metalle einkaufe; man möge ihm bringen, was man davon entbehren könne und verwerthen wolle. Würde wohl dieser Metalleinkäufer, bei Prüfung des ihm Vorgelegten, nicht zufrieden sein, wenn er gefunden hätte, jene fünf Pfund seien Eisen, jene Kupfer, jene Zinn u. s. w. und willig den entsprechenden Preis zahlen? Würde er etwa noch die Forderung stellen; es müsse ein ganz bestimmtes, nur einmal vorhandenes Stück des einen oder anderen Metalles sein, welches man ihm zu bringen habe, wenn er es kaufen solle? Würde man ihm nicht erwidern: Eisen ist Eisen, und Kupfer ist Kupfer, gleichviel wo und zu was es eben diente; außerdem ist jedes Stück, was wir dir bringen, in der That ein ganz bestimmtes, in der Welt nur einmal vorhandenes Stück und bleibt dieß so lange, bis es — eingeschmolzen wird; — sei also zufrieden und halte uns nicht zum Narren!

Sagt man nun statt Metall: Ichthum oder Bewußtsein — so sieht man ein, daß jedes Ich die Forderung dieser Qualität erfüllt, und daß es vollkommen gleichgültig ist, ob es diesen oder jenen Namen trägt; es wird wieder eingeschmolzen, wie die Stücke des zusammengekauften alten Eisens, und geht doch nicht zu Grunde, denn neue Ichheit (neues Eisen) blitzt im Tiegel. Und was soeben ein brüchiger rostiger Nagel war, ist vielleicht bald darauf eine vorzügliche Lanzette.

So begreift man, daß gerade die Vergänglichkeit der Individuen die Unvergänglichkeit der Gattung verbürgt, und erfaßt ahnungsvoll in der Zusammengehörigkeit von Wesensbestand und Exemplarwechsel jenes Geheimniß der Individuation, nach dessen Durchdringung ein Schopenhauer mit solcher Inbrunst rang. Dann erst empfindet man die ganze Tiefe des indischen Barmherzigkeitswortes: „tat twam asi!" — (das bist du!) — und steht beschämt vor der Weisheit einer Gefühlsphilosophie, welche das Endziel alles humanitären Ringens: die Weltherrschaft des Solidaritätsbegriffes — in kindlich naiver Form schon vor Jahrtausenden als oberstes Gesetz aussprach.

Doch lassen wir „Maria" fortfahren:

„Wenn du die Erde als einziges Dasein betrachtest, „so ist es wohl natürlich, daß du dir nicht wünschest, ewig „so fortzuleben auf diesem Planeten der Buße und Strafe. „— Wenn du aber vernünftig und erleuchtet genug bist, „an die Verwandlungen des Geistes zu glauben, wenn du

„an dem ewigen Leben, dem geistigen Fortschritt und
„Besserwerden festhältst, dann wirst du deine Erden-Incar-
„nation, und sei sie noch so hart und trüb, preisen und
„loben und jubelnd diese Himmelsleitersprosse zu einem besse-
„ren Leben betreten! — ..... Ewige Gesetze leiten
„dich, denn nichts ist Zufall. Siehe, o Mensch! du bist
„ein Geist, der nicht auf Erden wäre, wenn er nicht hier
„ein Etwas zu erfüllen oder abzubüßen hätte*); suche
„daher dieses Etwas — sei geduldig, und nutze die
„Zeit ...... Ewige Gesetze leiten dich, denn nichts ist
„Zufall ..... Dieses Wort, im Geisterreiche gänzlich un-
„bekannt, ist die allerunpositivste, unwissenschaftlichste Sprache,
„die nur von Materialisten geführt wird**), die mit diesem
„Worte die Lücken ihres Wissens verkleben, und nun aller
„weiteren Erklärung überhoben zu sein glauben ...."

Nachdem so von der Maria den ihr zum Verwundern
gut bekannten Materialisten in der Terminologie unserer
Tage gehörig der Kopf gewaschen worden, heißt es zum
Schlusse halb herablassend, halb begütigend:

„Seht, wir verdammen den Materialisten, der 'sich
„stolz einen großen Denker nennt und all' das leugnet,
„nicht — denn er kann noch nicht anders, er muß erst
„lernen; denn nur in Graden steigert sich die Kraft, aber
„nicht in Sprüngen. Und eine bedeutende, dem Leugner

---

*) Eine sonderbare Ansicht, die sich durchaus nicht von selbst
versteht.

**) Daß speciell die „Materialisten" mit dem Worte „Zufall"
um sich würfen, kann schwerlich behauptet werden. Kein über das
A B C hinausgekommener Denker wird dieses Wort gern in den
Mund nehmen, noch weniger es als Deductionsmoment benutzen.
Die überall vorhandene Folgerichtigkeit des Geschehens bestreitet kein
vernünftiger Mensch; daraus folgt aber nicht, daß jeder Quark pä-
dagogische Bedeutung habe.

„eben abgehende Kraft gehört dazu, dieses großartige ewige
„Leben zu fassen"*).

Auch die nun folgende, unter der Ueberschrift: „Ein
Friedensgeist" — gegebene:

„Betrachtung Johanna's**) über den Krieg auf
Erden" —

in der zur Abwechselung ein profanerer Geist einen pro=
faneren Gegenstand bespricht, gleicht nach Ton und Gepräge
so völlig den vorhergegangenen Auslassungen, daß die Ver=

---

*) Wäre die unvordenkliche Existenz und Ewigkeit der Einzel=
Iche ein wahrhaftes Factum, so ist schwer einzusehen, daß eine „be=
deutende Kraft" dazu gehören soll, um an diese absolute Existenz
zu glauben; und noch mehr muß man sich wundern, daß gerade
die klarsten und urtheilsfähigsten Köpfe diesen Glauben perhorres=
ciren. Man sollte meinen, es könne vielleicht viel Specielles von
den Erlebnissen in früheren Incarnationen der Seele aus der Er=
innerung schwinden, nimmer aber die Gewißheit selbst von ihrem seit
Ewigkeit währenden Bestande. War sie immer schon ein Ich, das=
selbe Ich wie heute, wie konnte ihr das Bewußtsein von der Inte=
grität ihres Selbst je abhanden kommen? Ist dieß aber dennoch
thatsächlich der Fall, so liegt gerade hierin — zum hundertsten Male
sei es gesagt — der sonnenklare Beweis von der Unhaltbarkeit und
inneren Widersinnigkeit der Präexistenz=Hypothese: Denn da das ver=
knüpfende Band des Bewußtseins zwischen meinem jetzigen und an=
geblich vormaligen Ich factisch nicht vorhanden ist, so fehlt eben
Dasjenige, was allein die behauptete Identität verbürgen würde,
und die gewähnte Identität des jetzigen und vormaligen Ichs ist
in Nichts von absoluter Zweiheit verschieden.

Was aber die Meinung von einer nach jedem neuen Sterben
wiederkehrenden Totalbesinnung der Seele, ihrem Rückblick auf die
ganze Kette ihrer Einverleibungen betrifft, so ist eine „bedeutende
Kraft" — der Phantasie nämlich — nöthig, um diese Annahme
plausibel zu finden, worüber wir an das auf Seite 186 Gesagte er=
innern.

**) Vorname der verblichenen Großmutter des Mediums.

fasserin wahrlich nicht nöthig gehabt hätte, sich abermals hinter einem anderen Namen zu verstecken. Wer nicht ganz auf den Kopf gefallen ist, muß sich nach Durchlesung dieser sämmtlichen Aufsätze sagen: Das Alles hat derselbe Mensch gedacht und gemacht, die eine Frau von Bay, der es darum zu thun war, in dem letzten Abschnitte ihres Buches sich noch über verschiedene Themata auszusprechen. Ueberall — ob nun sie selber, oder Maria, Buddha, Laurentius oder ein obscurer Geist redet — dieselbe fixe Idee als Deductions= grundstock, dieselbe Consequenzenziehung, dieselbe specifisch Bay'sche Terminologie mit ihrem Kauderwelsch von „flui= disch", „Perisprit", „Derotation", „Schutzgeister", „Gegen= satzgeister", „Harmonisirung", „versöhnendes Gesetz" u. s. w. u. s. w. Dieß geht so weit, daß die Geister, (hehre wie unter= geordnete) sogar einzelne kleine grammatikalische Verstöße des (doch von ihnen dirigirt zu denkenden) Mediums getreulich mitmachen: Weil z. B. Frau von Bay sagt: „er kam auf Erden" — statt „auf die Erde" — so thun es auch die Geister.

Wir wollen aus den großmütterlichen Auslassungen einiges Besprechenswerthe hervorziehen:

„Hohe und reine Geister mengen sich niemals als Partei= „führer in die Schlachten; sie sind nur individuelle Schutz= „geister*); dort, wo mehr Menschen am Leben bleiben „sollen, dem bestimmenden Gesetze nach), dort fallen auch

---

*) Erschiene es der Macht und Würde so hoher Wesen nicht angemessener, der Gesammtpartei derjenigen Streiter beizustehen, die etwa für eine hochsittliche Idee ihr Leben einsetzen, oder, durch An= griff zur Defensive gezwungen, um Weib und Herd kämpfen, (zu= mal im letzteren Falle auch die unvermeidliche Form des Kampfes, die Brutalität, nicht den aus Nothwehr Kämpfenden zur Last fällt) — als sich auf Detailarbeit, auf den Schutz= und Erzieherdienst bei Einzelnen zu beschränken?

„weniger, da die betreffenden Schutzgeister die Kugeln schon „fluidisch abwehren. (! — — —)

Das ist doch gewiß eine feine Distinction: Als „Parteiführer" mengen sich jene hohen Geister nicht in die Schlachten, nur als Parteiergreifer, indem sie von ihren Schützlingen das tödtliche Geschoß ablenken!

Von besonderem psychologischen Interesse ist hier ein eingeklammertes, (also offenbar von der Großmutter nicht mit dictirt zu denkendes) Fragezeichen, welches Frau von Bay in ihrem Texte bei obiger Stelle hinter das Wort „abwehren" setzt. Wir wollen dasselbe zu beantworten versuchen: Die Verfasserin mochte einerseits fühlen, daß sie mit jenem Satze die schiefe Ebene der Sophistik betreten habe, und wollte andererseits doch einen so hübschen „talismänischen" Gedanken nicht unausgesprochen lassen. Der beste Ausweg war daher, das instinctiv geahnte Gelächter auf außerweltliche Ohren abzuleiten.

Wer übrigens nach jenem ersten Satze etwa zu hören erwartete, daß die Geister überhaupt den blutigen Balgereien der Menschen fern bleiben, würde sich gewaltig irren; so reservirt (bis auf gelegentliches Kugelabwehren) verhalten sich nur die „hohen" Geister,

„dagegen kämpfen die die ‚Erde umgebenden' sowie die „Geister der ‚unteren Welten' (vulgo: der Unterwelt) „fluidisch mit . . . Die Gegensatzgeister entladen ihre ge= „spanntesten ‚Elektricitäten' gegen einander*) . . . So wie „(i. e. während) die Menschen der im Kampfe begriffenen

---

*) Was — wie es nach obiger Stelle weiter heißt — die „schrecklichsten Elementarereignisse nach sich zieht."

(An einem anderen Orte, in einem besonderen diesem Gegenstande gewidmeten Capitel, belehrt uns die Verfasserin, daß z. B. die im Kriege von 1866 aufgetretene Cholera ein Product solcher Geisterkämpfe gewesen sei.)

„Heere sich mit List und Geschicklichkeit umzubringen
„suchen, trachten auch die ‚hierbei thätigen Gegensatzgeister'
„sich nervengeistig zu verletzen und kampfunfähig zu
„machen*). In dem Grade, als die eine Partei der
„Menschen siegt, siegt auch die Partei der Geister**). Es
„geht Mensch gegen Mensch, Geist gegen Geist!***) Mei=
„stens siegt der hartnäckigste Gegensatz†), d. h. derjenige,
„der die stärksten elektrischen Schläge auszutheilen hat††).

Wir kommen nunmehr zu dem Schlußcapitel des ganzen
Buches, einer

„Betrachtung der drei geistigen ‚Lehrer' und
‚Leiter' des Mediums über die Christen= und
die Geisterlehre" —

d. h. über die Differenzpunkte zwischen dem neuen und dem
neuesten Evangelium, wobei die Hauptsätze der (Bay'schen)
spiritualistischen Doctrin zu summarischer Recapitulation ge=
langen.

Um diesem Resumé eine erhöhte Wirkung zu sichern,
und den Leser unter der Wucht eines imposanten Schlußein=

---

*) Was die Geister zu einer solchen Parallelaction veranlassen
sollte, ist nicht einzusehen, wird uns auch nicht gesagt. Möglich,
daß Herr „von Bezirksberger" im Wiener „Floh" die Auskunft be=
reit hätte: „Wie der Mensch, so muß auch jeder Geist sein
‚Princip' haben", — oder: „Prügelei steckt an."

** Warum sollte der Parallelismus so weit gehen müssen?
Was hinderte anzunehmen, daß der Sieg auf Geisterseite der anderen
Partei zufiele?

***) Wenn dieser Satz sich als eine Tautologie bekennt, wenn
ein „d. h." zwischen „Mensch" und „Geist" eingeschaltet wird, so
löst sich freilich das Räthsel des conformen Ergebnisses.

†) Dieß ist wohl nicht „meistens", sondern immer der Fall.

††) Daß gerade „elektrische" Schläge den Sieg bedingten, darf
wohl bezweifelt werden.

drucks zu entlassen, hat sich die Verfasserin, in weiser Verwerthung ihrer didactischen Hülfsmittel, den Drucker einer Collectiverklärung, den turgor einer von Maria, Buddha und Laurentius gemeinsam gezeichneten Kundgebung bis zuletzt aufgespart. Drei so hehre Namen am Ende des ganzen Buches müssen nicht nur die Solidität seines Inhalts garantiren, sondern denselben zugleich in den Heiligenschein einer übernatürlichen Empfängniß hüllen.

Die Besprechung selbst dreht sich um vier Hauptsätze der kirchlichen Christenlehre, von denen drei als correcturbedürftig bezeichnet und durch die spiritualistische Auffassung ersetzt werden. Dabei wird betont, daß diese Irrthümer nicht dem Christenthum selber anhafteten, sondern in mißverständlicher menschlicher Auffassung ihre Quelle hätten.

„Die Menschen haben Christi Lehre verdreht, weil sie „nicht auf der Höhe waren, ihn zu verstehen. Jetzt aber „ist die Zeit der Offenbarung gekommen...

„Die Priester der Kirche haben durch ihre kleinliche und „förmliche Auffassung aus dem Worte Gottes eine große „Ungerechtigkeit gemacht" u. s. w.

Den Hauptsatz der kirchlichen Christenlehre: „Liebe Gott über Alles und Deinen Nächsten wie Dich selbst" — unterschreibe auch die Geisterlehre; derselbe sei auch ihr das oberste Gebot*)

Anders sei es mit folgenden drei Dogmen:

---

*) Dieser Satz aus dem Persönlichen in's Sachliche übersetzt, würde lauten: Wenn Du über Alles den Begriff der Verhältnißmäßigkeit stellst, so wird Dich derselbe unter Anderem lehren in Deinen Mitmenschen Dir ebenbürtige, gleichberechtigte Wesen zu sehen und Dich veranlassen, gemäß dieser Einsicht mit ihnen umzugehen.

1) Die Kirche lehre: „Die Menschen werden mit der Erbsünde geboren" *) — und fasse dieß fleischlich auf; die Geisterlehre dagegen sage: „Die Menschen werden sündhaft geboren, weil sie schon gefallene, büßende Geister sind" — fasse also die Erbsünde geistig auf. **)

---

*) Da „Sünde", d. h. unharmonische Gesinnung oder That, nothwendig das selbsteigene Werk Dessen sein muß, von dem sie ausgesagt wird, indem sie nur unter dieser Voraussetzung einen Vorwurf begründen kann, so ist es ein wahrhaft horribler Unsinn, von „angeborener", oder „Erbsünde" zu reden. Nur die Disposition zu einem bestimmten Character wird angeboren, wie der Katze die Neigung zum Mausen; aber da offenbar die besondere individuelle Leiblichkeit als der fest liegende Keimboden der Inclinationsunterschiede betrachtet werden muß, so kann man die mit der speciellen Characterdisposition identische Grundqualität, welche Jeder ohne sein Zuthun empfängt, dem Einzelnen eben nicht zur Last legen. (Dieß beeinträchtigt natürlich das Gewaltrecht der Gesammtheit: hervorragend disharmonisch geartete Individuen unschädlich zu machen, d. h. sie einzusperren oder wie wilde Thiere auszumerzen — in keiner Weise.)

**) Die Auffassung des Spiritualismus ist hinsichtlich dieses Punktes jedenfalls unvergleichlich sinnvoller: sie spricht nicht von einer durch Erbschaft d. h. von außen angeflogenen, sondern von einer mitgebrachten selbsteignen Mißbeschaffenheit der in neuer Leibeshülle die Erdenbühne wiederbetretenden Individualgeister, kann also, indem sie in dem neuen Weltbürger einen grauen Sünder aus Vorweltszeiten sieht, mit einem Schein von Recht denselben darüber zur Rede stellen, warum er als Fuchs und nicht als Taube wiedergekommen sei, oder, (wie Frau von Vay sagen würde), warum er sich nicht „passendere Eltern" zur Wiedereinverleibung ausgewählt habe. Hätte Schopenhauer von dieser Auffassung etwas erfahren, so würde er sie gewiß als Stütze seines Satzes: daß Schuld und Verdienst im esse liege — hochwillkommen geheißen haben. Wenn nur die spiritualistische Prämisse nicht den üblen Haken hätte, daß Niemand sich im Geringsten irgendwie bewußt ist, sein Erdengewand selbst zugeschnitten oder daran mitgewebt zu haben. Hier kann nur ein Glaube helfen, der stark genug ist, um der Vernunft — das Genick zu brechen!

2) Lehre die Kirche: „Alle Seelen werden vor ihrer Geburt im menschlichen Körper gleich geschaffen, da Gott gerecht ist; erst durch ihre Geburt ziehen die Seelen die Erbsünde an sich, ohne es selbst zu wollen, und sind verlorene, verdammte Geister, wenn sie im Zustande der Erbsünde ohne Taufe sterben. Die materielle und geistige Taufe jedoch befreien die Neugeborenen von jeder Sünde."*) — Die geistige Lehre sage: „Gott ist allgerecht; er erschuf alle Geister gleich; ein gleicher Fortschritt, ein gleicher Weg war ihnen vorgezeichnet. Sie fielen nach ihrer Erschaffung.**) Die Erde

---

*) Wie muß es doch in den nach Millionen zählenden Köpfen aussehen, die solche Glaubensartikel beherbergen können?!

**) Derselbe Unsinn, nur in anderer Form: Waren die Erschaffenen wirklich gleich, so waren sie durch und durch von gleicher Qualität; und gingen sie sämmtlich aus einem absolut vollkommenen Wesen hervor, so ist die Depravation des einen oder andern von ihnen gerade so denkbar, wie die Annahme, daß von den Goldstäubchen in die etwa ein Klumpen gediegenen Goldes zerfiele, einzelne zu Bleistäubchen entarten könnten.

Der Fall vollkommen geschaffener Wesen ist ein nie zu fassender, durch keine Deduction zu rettender, durch kein Sophisma plausibel zu machender Widerspruch. „Sind wir schlecht beschaffen, so sind wir schlecht geschaffen" — sagt Schopenhauer. Gegen diesen Schluß giebt es keinen Einwand. Denn schon die Möglichkeit des Abfalls ist nur denkbar als Consequenz eines Urgebrechens, eines dem Erzeugten von Hause aus anhaftenden, d. h. als immanent zu denkenden Mangels an — Widerstandskraft nämlich. Es würde zu nichts helfen, wenn man aus einer von außen an den „ganz vollkommen" Geschaffenen herangetretenen Versuchung die Möglichkeit des Falles erklären wollte. Denn von wo hätte irgend eine Versuchung, d. h. eine Provocation zum Abfall aus der Harmonie in die Disharmonie in einer Schöpfung herkommen sollen, die als Emanation eines absolut reinen Urgeistes gedacht, nicht nur jede Mißregung, sondern jede Möglichkeit des Entstehens einer solchen ausschloß?!

ist ein Ort der Prüfung und Sühne für diese gefallenen Geister. Die materielle Taufe kann die dem Neugeborenen anhaftenden geistigen Fehler nicht abwaschen; nur das Befolgen der geistigen Gesetze Gottes, die geistige Taufe, erneuert den gefallenen Geist."

3) Sage die kirchliche Christenlehre: „die Geister leben nur einmal als Menschen auf Erden; nach kürzerem oder längerem Erdenleben wird ihr Schicksal auf ewig entschieden zum Guten, zum Bösen oder zum Mittelmäßigen." — In diesem Punkte unterscheide sich die Lehre des Geistigen ganz entschieden von der Christenlehre, denn sie sage: „Viele Einverleibungen, ein fortwährendes Wiedergebären, Reinigen und Büßen ist den Geistern zu ihrer geistigen Vollkommenheit nöthig" — und stehe hiermit keinesweges im Widerspruch zu dem Evangelium, d. h. zu dem Worte Christi selber, da Christus ausdrücklich und wiederholt (Ev. Joh. III. 3, 7.) erkläre: „Ihr müsset wiedergeboren werden." Eine einzige

---

Mancher meint vielleicht: der nicht als Defect sondern umgekehrt als das größte Vollkommenheitsgeschenk zu betrachtende „freie Wille" könne das Räthsel des Abfalls lösen; aber er bedenkt nicht, daß der freie Wille vollkommen geschaffener, also durch und durch harmonischer Wesen, die Frage: ob Harmonie oder Disharmonie — gar nicht kennen, noch weniger als eine Entscheidungsalternative vor sich haben würde, sondern daß die Bethätigung dieses freien Willens, sowohl hinsichtlich der seiner Auswahl offen stehenden Zielpunkte, wie hinsichtlich der Wege zu ihrer Erreichung, nothwendig innerhalb der Sphäre des Makellosen sich vollziehen müßte; da es in einer von einem vollkommenen Gotte geschaffenen Welt nie eine andere Sphäre — nicht einmal dem Gedanken nach — geben könnte. Könnte jedoch in einem wahrhaft harmonischen Wesen ein Disharmoniegedanke wirklich aufkommen, so könnte es denselben nur verachten, niemals ihm nachgeben, so wenig wie ein Musiker sich durch die Vorstellung eines Kratzgeräusches verführen lassen würde, demselben den Vorzug vor seiner edleren Ohrenkost einzuräumen.

fleischliche Geburt genüge also nicht für die Ewigkeit, auch würde eine solche Beschränkung ungerecht sein, da Zeit und Art des Erdenlebens bei den einzelnen Menschen so große Unterschiede zeige.

Wer hier die oben angezogene Stelle im Evangelium Johannis aufsucht und nachliest, wird mit Verwunderung wahrnehmen, daß dieselbe gar nicht besser von Demjenigen hätte gewählt werden können, der gegen die Wiedereinverleibungslehre die Autorität der Bibel in's Feld führen wollte.

Untersuchen wir die Sache:

Christus sagt dem bei der Nacht zu ihm gekommenen Nicodemus auf dessen lichtscheue Huldigung und das Zugeständniß: „Meister, wir wissen, Du bist ein Lehrer von Gott gekommen, da Niemand die Zeichen thun kann, die Du thust, es sei denn Gott mit ihm" —

„Wahrlich, wahrlich, ich sage Dir: Es sei denn daß Jemand von neuem geboren werde, (sonst) kann er das Reich Gottes nicht sehen" —

und als Nicodemus ob dieser Rede verdutzt, naiv entgegnet: „Wie kann ein Mensch geboren werden, wenn er alt ist? Kann er auch wiederum in seiner Mutter Leib gehen, und geboren werden?" —

weist Christus diese buchstäbliche Auffassung seines Ausspruchs mit den Worten zurück: „Wahrlich, wahrlich, ich sage Dir: Es sei denn, daß Jemand geboren werde aus dem ‚Wasser‘ und dem ‚Geist‘, so (i. e. sonst) kann er nicht in das Himmelreich kommen" — ja er fügt, um jeden Zweifel abzuwehren, daß er den Ausdruck „wiedergeborenwerden" bildlich, nicht wörtlich verstanden wissen wolle, noch hinzu: „Was vom Fleische geboren wird, das ist Fleisch, und was vom Geiste geboren wird, das ist Geist. Laß Dich's daher nicht wundern, (sondern verstehe den Sinn meiner Rede recht, begreife was ich meine) wenn ich Dir gesagt habe: Ihr müsset von neuem geboren werden."*)

Deutlicher konnte Christus seine Worte wohl nicht commentiren; und wer trotz der ausdrücklichen Anweisung, das „Wiedergeborenwerden" geistig, nicht fleischlich zu nehmen, dieses letztere dennoch thut, ja die citirte Stelle für besonders geeignet hält, um der Lehre von der leiblichen Reincarnation zur Stütze zu dienen, bekundet gewiß kein sehr helles Auffassungsvermögen, noch weniger kann er verlangen, daß man in einer so materiellen Betrachtungsweise die Bewährungen einer „geistig" zu nennenden Lehre sehe. Einen fast komischen Eindruck macht es daher, wenn die Verfasserin, gleich nachdem sie selbst diese Musterprobe einer grob äußerlichen Auffassung des Ideellen gegeben — die „Buchstäblichkeit" der kirchlichen Bibelauslegung verurtheilt, und diesen „Fehler" als eine der Hauptursachen bezeichnet, „welche die Wissenschaft zum extremsten Materialis=

---

*) Christus wollte dem Nicodemus einfach sagen: Deine heimliche Weise, (unter dem Deckmantel der Nacht) zu mir zu kommen, um mir Deinen Glauben an mich und die Heiligkeit meines Strebens einzugestehen, mißfällt mir. Das ist nicht die rechte Art: ein tüchtiger edler Character hat den Muth, seine Ueberzeugungen offen vor aller Welt zu bekennen, und für dieselben einzustehen. Es nützt nichts, dem Lichte schräg sich zuzuwenden, man soll es ganz und voll thun, das als wahr Erkannte von Grund aus auf sich wirken lassen, seine Gesinnung durch und durch nach der gewonnenen besseren Ueberzeugung umgestalten, gewissermaaßen ein neuer Mensch, oder — bildlich zu reden — „wiedergeboren" werden, wenn man in das „Himmelreich" kommen, d. h. der beseligenden Macht der Wahrheit und des Hochgefühls, ihr rückhaltlos zu dienen, theilhaftig werden will. Nur so tritt man in das „Reich Gottes", d. h. in den Kreis der wahrhaft edlen Naturen ein, die in dem Bewußtsein ihres inneren Werthes, in dem Glücke der Zufriedenheit mit sich selbst ihren Himmel suchen und finden.

mus gezwungen habe." Das Erstaunen des Lesers nimmt zu, wenn er in diesem Schlußaufsatze noch weiteren, die sinnliche Auffassung geistiger Dinge verwerfenden, Aeußerungen begegnet, während doch das ganze Buch eine fortlaufende Kette von Versinnlichungen abstracter Begriffe, also von Versündigungen gegen die Logik jener Forderung ist. So heißt es z. B.:

"Es muß den Menschen gesagt werden, daß "der Teufel und die Hölle, die Engel und der "Himmel in ihnen selbst liegen.".... Man hat den "Dämon als wahrhaftigen brüllenden Löwen, die Hölle als "wahrhaftige Quälanstalt, mit Beißzangen, Flammen und "materiellen Schmerzen dargestellt.... Wie sollte aber "wohl ein Gott, der nur die Liebe lehrt, der da sagt: "Was du nicht willst das dir geschehe, das thue auch keinem "Andern" — ein Gott, der dieß Gesetz der Liebe und "Barmherzigkeit als Hauptsache hingestellt, eine Hölle in "seinem Reiche haben, eine Anstalt der raffinirtesten "Schmerzen für Solche, die auf Erden, oft in schweren "Verhältnissen fehlen? Nein! das Unlogische dieser mensch= "lichen Erklärungen hebt solche Behauptungen von selbst "auf" u. s. w.

Wahrlich, man traut seinen eigenen Augen nicht, wenn man diese Sätze liest, und ihrer klaren Vernünftigkeit den Wirrwarr der Bay'schen Jenseitsmalereien, die nach Dutzenden zählenden Stellen in den Kundgebungen der Geister gegen= überhält, welche gerade in dem hier perhorrescirten Sinne an unsere Vorstellungen appelliren, in denen z. B. vom Fege= feuer vielfach ganz unzweideutig im Sinne eines wirklichen Ortes der Qualen und Martern gesprochen wird. Man erinnere sich, daß von der Vatermörderin Valerie Amadé durch den Geist Gilda (siehe Seite 200) berichtet wird, daß

Gott dieselbe „im Höllengeisterchor gezüchtigt", daß sie drei=
hundert Jahre lang furchtbar gelitten, ja (in dem von ihr
durch Baron Ödön v. Vay magnetisch gezeichneten Bilde)
selbst mit dem Finger auf den „Ort" gedeutet habe, wo
sie ihre Fehler abbüßte

Man denke ferner an die Worte des verstorbenen Grafen
Ernst Wurmbrand, (des Vaters des Mediums): „Die Pla=
neten sind Fegefeuer*). Der Mond und der Mercur aber
sind wahre Höllen. Betrachtet betend den Mond, denn viele
arme Seelen leiden dort große Qual" (siehe Seite 203). In
Betreff des („nicht zu personificirenden") Teufels heißt
es Seite 202 „Der Teufel arbeitet gegen diese göttliche Wissen=
schaft des ‚Magnetismus' (wie der Geist des Grafen den
Spiritualismus im Allgemeinen nennt) — doch wo das
Gute stark ist, da ist der Teufel schwach."

Anmerkung. Uebrigens ist — wie wir schon bei einer früheren
Gelegenheit, (Seite 177) kurz hervorhoben — gar nicht einzu=
sehen, weshalb Diejenigen, welche das Gute zu einem Per=
sonenwesen — „Gott" — machen, sich so sehr dagegen sträuben,
auch das Böse als „Teufel" zu personificiren. Die letztere
Consequenz ist vielmehr eine zwingende: Muß oder kann
Liebe als Person gedacht werden, so muß oder kann es auch
der Haß! — Was hülfe es, mit Sallet zu sagen:

„Gott setzt' in sich das wesenlose Nein,
„Daß es das Ja erstürme Schanz' auf Schanze!" —

Da etwas „Wesenloses" weder sein, noch gedacht, noch „ge=
setzt" werden, noch weniger — als ein nonens — Erstürmungs=
schwierigkeiten bereiten kann. (Hier ficht selbst ein Sallet mit
Worten, statt mit Begriffen). Das Böse und das Uebel sind
aber da, wirklich da; dieß bezeugen die zu ihrer Bekämpfung
nöthigen Anstrengungen. Das Negative ist somit kein Schein=
object, sondern hat furchtbare Realität. Wer also trotzdem die

---

*) Vermuthlich in ihrem Inneren.

eine der kämpfenden Gewalten ein Schemen nennt, macht auch die andere zu einem Schemen; wie die Ritterschaft St. Georgs zum Gelächter werden würde durch den Nachweis, daß sein Drache ein papierner gewesen. Ist die Wesenheit des Guten Person, so ist es auch die des Bösen; und ist es diese nicht, so ist es auch jene nicht, d. h.: es ist keine von Beiden! Vor dieser Alternative giebt es kein Entrinnen. Die Menschheit hat nur die Wahl, entweder: Gott und Teufel zu behalten — oder: mit dem letzteren auch den ersteren aufzugeben! — Qui vivra verra!

An einem anderen Orte, (Seite 60 der Geisterstudien) sagt der Geist Thomas: „Wir hatten diese vergangenen Tage furchtbare Kämpfe um euch zu bestehen; es waren ‚wahrhafte Teufelsgeister' hier, die uns verdrängen wollten, um eure Mediumschaften zu beherrschen; doch euer beständiges Gebet half uns, sie alle zu besiegen, und wir stürzten sie zurück in ihre ‚furchtbare Hölle', wo sie ewig sein werden, wenn sie sich nicht bessern."

Hier ist die Hölle doch gewiß als ein Ort bezeichnet und nicht als eine Gesinnung. Auch wäre ja, dächte man das letztere, das Zurückstoßen in ihre „furchtbare Gesinnung" eine sehr unmoralische That der Stoßenden gewesen. Man muß und soll also hier jedenfalls an einen Ort denken, wobei es freilich sehr merkwürdig ist, nicht nur, daß „wahrhafte Teufelsgeister" auf Zeit aus diesem Orte entspringen konnten, sondern daß die guten Geister das schreckliche Verließ so schnell zu finden, und hinter den wieder glücklich Expedirten so geschickt zu verriegeln wußten.

Aber betrachten wir andere Fälle von unbestreitbar sinnlicher (also, nach der Schlußbelehrung, unzulässiger) Auffassung des Abstracten: denken wir an die „nervengeistigen Verletzungen", welche die Geister (wie z. B. im Kriege) „durch Entladung ihrer gespanntesten Elektricitäten" einander sollen beibringen können, und welche den Aethergebilden, d. h. den geistigen Leibern offenbar gerade so weh' thun sollen, wie den materiellen oder körperlichen Wesen, da die Verletzten dadurch „kampfunfähig werden".

Bedenkt man ferner, daß in den irdischen Leibern die Möglichkeit des körperlichen Schmerzes durch dasselbe Medium, die Nerven, bedingt ist, welches auch die Empfindung der Geistwesen vermitteln soll, da deren Schmerzen ausdrücklich als „nervengeistige" Verletzungen, (d. h. als Nervenschmerzen) definirt werden, so folgt, daß (im Sinne der Bay'schen Geisterlehre) von einem qualitativen Unterschiede zwischen körperlichen und geistigen Schmerzen gar nicht mehr zu reden ist, sondern daß die Geister ad vocem Schmerz sich in nichts von materiell genannten Wesen unterscheiden, sodaß man mit demselben Rechte die Schmerzen der Geister „körperliche", wie die Schmerzen der Körper „geistige" nennen könnte, da auf den bedauernswerthen Prügelknaben „Nervengeist" die Streiche aus beiden Reichen fallen.

Von den sonstigen kraß materiellen Schilderungen angeblicher Jenseitigkeitszustände, welche sich in den „Geisterstudien" schockweise finden, frischen wir in der Erinnerung des Lesers nur noch das in allen Schmutzfarben schillernde Selbstconterfei des eklen Geistes Jairus auf, der nicht etwa sagt: Ich „war" (als Mensch) — sondern: „ich bin", (also jetzt, als Geist) — „ein lausiger Lump, ein Gauner, ein Fresser, ein Säufer, und lebe in der ‚vielgepriesenen' Geisterwelt als Wüstlingsgeist*;".... meine Hülle nimmt zu; ich werde

---

*) Hier ist der Hinweis auf die durchaus materiell zu denkende Beschaffenheit der Jenseitszustände von so handgreiflicher Drastik, daß über die Sinnlichkeit des Bay'schen Geisterreiches nicht der geringste Zweifel bleibt. Ob der den Leib des ordinairen Gesellen bildende „Stoff" einige Millionen mal dünner gedacht wird, wie

dick, feist und schwer; bald kann ich mich gar nicht mehr bewegen, und sitze da — sinnlich und gierig ... Ich bin schmutzig und verwildert, mit langen Nägeln und Haaren" u. s. w. u. s. w.

Wird uns nun plötzlich gesagt, alle diese Schilderungen seien nicht buchstäblich, nicht sinnlich zu nehmen, so fragt es sich, wie man es anzufangen habe, Ausdrücke und Bezeichnungen zu verstehen, die nur unter der Voraussetzung ihres wörtlich zu nehmenden Sinnes verstanden werden können; wie man es anzufangen habe, sich einen dicken, feisten, schweren, schmutzigen Geist mit verwilderten Haaren und Nägeln vorzustellen, wenn man dabei nicht an wirkliches Schwer= und Schmutzigsein, an wirkliche Haare und Nägel denken soll, kurz — was man unter einem **hölzernen Eisen** zu verstehen habe.

Könnte uns die Verfasserin auf diese Frage keine Antwort geben, müßte sie vielmehr gestehen, auch sie sei genöthigt, bei dem Worte „Haare" an wirkliche Haare, bei dem Ausdruck „feiste Hülle" an Massigkeit u. s. w. zu denken, kurz, vermöchte sie selbst nicht eine unsinnliche Sinnlichkeit zu fassen, so kann sie sicherlich nicht verlangen, daß wir verstehen sollen, was sie selbst nicht versteht, oder daß wir wissen sollen, was sie meint, wenn sie es selber nicht weiß.

Der naive Versuch, zum Schlusse mit Sack und Pack in das Lager des mißachteten Gegners zu flüchten, erscheint somit als ein zweckloser Luftsprung, als ein leeres Scheinmanoeuvre, das aller practischen Bedeutung schon deshalb entbehrt, weil in das wunderliche Selbst=désaveu der eigent-

---

derjenige irdischer Leiber, ist dabei völlig nebensächlich! Der Hauptpunkt ist das Zugeständniß von der Materialität der angeblichen Geisterwelt.

liche Kern der Bah'schen Theorie —: Die Wahnvorstellung von einer moralischen Continuität und solidarischen Haftung des Ichs durch die Kette seiner Incarnationen — nicht mit eingeschlossen, dieser Wahn vielmehr ausdrücklich festgehalten wird. Denn auch die Collectiverklärung variirt das Thema von den Ursachen der Ungleichheit der menschlichen Lebensloose im Sinne dieser horriblen Solidarität, deren Gefühl und Verstand beleidigende Widersinnigkeit wir an verschiedenen Stellen dieser Kritik genügend beleuchtet zu haben glauben. — Noch einmal müssen wir hören:

„Nicht als neugeschaffene, sondern als schon gefallene „Geister kommt ihr auf die Erde, auf diese Welt der Un„gleichheiten und der Gegensätze, um an diesen eure eigenen „geistigen Ungleichheiten und Gegensätze abzuschleifen. Es „hat seinen Grund, seinen Zweck*), warum gerade dieser „ein Krüppel, gerade Jener gesund, Dieser ein Bettler, „Jener ein König ist, Dieser ein kurzes, Jener ein langes „Erdenleben hat . . . . . Durch die Verbreitung der „Geisterlehre, durch die klare Auffassung eurer geistigen „Vergangenheit**), eures Zweckes auf Erden und eurer „geistigen Zukunft müßte ein großer Friede, eine demüthige „Ergebung in eure Herzen einziehen. So aber sagt ihr: „die Armuth zwingt mich zum Stehlen, die Lebensmüdig„keit zum Selbstmord, der Reichthum zur Genußsucht, die „Schönheit zur Eitelkeit, die Amtswürde zum Stolz. — „Ihr schiebet somit eure Fehler auf Nebenumstände des „Lebens. Wir aber sagen euch, o Menschen: Du bist ein „Bettler, mußt darben und hungern, als Strafe für frühere „Vergeudung und Unbarmherzigkeit; — Du bekämpfe den „Lebensüberdruß und verfalle nicht in den alten Fehler,

---

*) Warum sollte es nicht genügen, zu sagen: seine „Ursache"!?
**) Von der Niemand das Geringste weiß!

„den du mitgebracht hast auf diese Erde; harre standhaft
„aus! Du, der du dir als Probe den Reichthum, die
„Schönheit, die hohen Würden aussuchtest, bestehe sie nur
„standhaft. Und du, der du dich vor dem Tode fürchtest,
„fürchte nichts; oft schon hast du diesen Kampf durchge=
„macht, schon oft Körper abgestreift und Hüllen gewechselt"
. . . . u. s. w. u. s. w.

Erkennen wir somit, daß auch diese Schlußbelehrungen,
obwohl sie untrügliche Lichtesworte des himmlischen Klee=
blattes „Maria — Buddha — Laurentius" sein sollen, un=
serem Denken Unmögliches zumuthen —, daß sie, statt die
Widersprüche der Bay'schen Geisterlehre aufzuhellen, dieselben
nur noch tiefer verwirren, das hochangeschwollene Debet des
Verstandesunkostenconto's nicht entlasten, sondern — den Ernst
der eingegangenen Verbindlichkeiten ableugnend — dasselbe
einfach streichen —; finden wir ferner, daß auch diese „hohen
Geister" ächt menschlich, resp. Bayisch, irren, z. B. so hand=
greiflich falsch interpretiren können, daß — wie gezeigt —
die für die Wahrheit der Wiedereinverleibungslehre in's Feld
geführte Bibelstelle umgekehrt zu einem Zeugnisse gegen
dieselbe, die vermeintliche himmlische Legalisirung der Rein=
carnationsphilosophie also zu einem Notariatsact mit ver=
weigertem Siegel wird; sehen wir endlich, — wie überall in
dem theoretischen Theile der „Geisterstudien" — so auch in
dieser letzten Offenbarung durch die apodiktische Form der
Sätze die innere Unsicherheit eines autodidaktischen Ringens
hindurchschimmern — so wird der denkende Leser wohl end=
lich gern' von dem trüben Wuste spiritualistischer Weisheit
Abschied nehmen, und sich mit gestärkter Zuversicht zu der
nüchternen Helle abstracter Geistigkeit, von den Bay'schen
Dunstautoritäten zu der einen, ewig wahren und untheilbaren
Autorität — der „Königin" Vernunft — zurückwenden,

die weder einer Krone noch Hände bedarf, um jenes allmäch=
tige Scepter zu führen, das unter dem Namen der logischen
oder Causalitätsgesetze die Welt — und zwar die wirkliche
Welt — regiert, aus deren Schatten und Reflexen der Spiri=
tualist sein gespenstisches Traumreich zimmert.

Die Menschheit hat sich darüber klar zu werden, daß
mit einer von den Gesetzen der Causalität regierten Welt der
Begriff der Magie unvereinbar ist; denn die Magie statuirt
den Ungedanken eines vermittelungslosen Wirkens. Ent=
weder Magie — dann nicht Causalität! Oder Causalität —
dann nicht Magie!

Berichtigungen.

Seite 45, Zeile 10 und Seite 67, Zeile 15 von oben, lies: Entelechie statt: Entelechie.

„ 45, Zeile 9 von unten, lies: Soweit statt Somit.'

„ 57, Zeile 14 von unten, lies: Focalwirkung statt: Vokalwirkung.

„ 137, Zeile 8 von unten, lies: sei statt: bei.

„ 181, Zeile 3 von unten, lies: Und wie statt: Und wer.

„ 183, Zeile 10 von oben: lies: Zwerchfell statt: Zwergfell.

Druck von Hundertstund & Pries in Leipzig.

www.ingramcontent.com/pod-product-compliance
Lightning Source LLC
Chambersburg PA
CBHW030801230426
43667CB00008B/1015